本研究得到教育部哲学社会科学研究后期资助项目（19JHQ063）和国家自然科学基金（72273134，72303174）的资助

中国天然气全产业链市场安全问题研究

ZHONGGUO TIANRANQI QUANCHANYELIAN
SHICHANG ANQUAN WENTI YANJIU

肖建忠　彭甲超　著

人民出版社

前　言

　　党的二十大报告明确指出，深入推进能源革命，加强煤炭清洁高效利用，加大油气资源勘探开发和增储上产力度，加快规划建设新型能源体系，统筹水电开发和生态保护，积极安全有序发展核电，加强能源产供储销体系建设，确保能源安全。

　　随着"双碳"目标的提出以及能源转型的实践，天然气市场在迈向低碳能源或者零碳能源经济体中的地位被重新审视起来。2018 年 9 月国际天然气技术大会提出"天然气是新能源共生共荣的最佳伙伴"，天然气在未来能源体系中的地位逐渐清晰。在"双碳"目标下，天然气的地位会进一步加强，其"清洁低碳"特性决定"以气代高碳能源"，其"灵活易储"特性决定"与新能源相融合"。中国天然气行业经过多年的改革与发展，既为天然气产、销、供、储、运等全产业链市场体系建设打下坚实基础，也为天然气行业更好地适应"碳达峰""碳中和"目标和经济社会新形势绘制了蓝图。为此应统筹能源市场化改革发展和能源安全，不断完善天然气产供储销体系，满足经济社会发展对清洁能源增量需求，推动天然气对传统高碳化石能源存量替代，构建现代能源体系下天然气与新能源融合发展新格局。在此背景下，厘清中国天然气市场产业链及安全的特征与影响因素对新发展格局下实现能源革命、经济高质量发展具有重要的理论价值和现实意义。

本书首先梳理中国天然气市场发展的特征事实，从天然气储量、供应量和需求量回顾天然气市场发展；从供给角度分析国内常规天然气与非常规天然气，并梳理进口天然气市场特征；从消费角度分析中国天然气需求量、消费结构以及区域性差异，讨论我国天然气市场化改革效果、难题等。其次总结国际天然气市场贸易格局规律与能源安全特点，分析全球近年来管道天然气和液化天然气的贸易流向与供应安全问题。再次从天然气价格视角分析天然气市场的历史演变，利用VAR模型讨论天然气价格趋势变迁，识别原油价格冲击的特点和不同的应对机制。最后从全产业链角度讨论天然气市场安全的影响因素、发展趋势、供应、贸易潜力、保障，以及规制政策引致的配置等，运用系统动力学分析天然气企业的勘探开发生产价值链过程，建立天然气企业勘探开发系统动力学模拟模型；运用贸易引力模型，考察中游环节的中国LNG进口影响因素，从经济规模、距离、技术、合同类型、定价方式、政策层面进行实证分析；结合社会网络分析方法，构建我国天然气市场网络的模型，分析市场网络的中心性、派系和关联性，揭示天然气市场网络的联系程度，以及各省在网络中的影响力，并从民用和工业部分天然气市场资源配置角度着手，分析政府规制的具体影响以及社会福利变化。

本书是团队多年研究的结晶，并获得教育部哲学社会科学研究后期资助项目和国家自然科学基金的资助。研究和撰写的分工如下：周迎（第二章）、康莉（第三章）、路祥翼（第四、九章）、董雨萱（第五章）、温阳（第六章）、孔维成（第七章）、李卫伟（第八章）。此外，文后附上了相关参考文献，如有遗漏，敬请谅解。本书的研究成果可以为从事产业经济学、能源经济学、资源经济学相关领域的研究人员提供理论参考，为有关政府部门完善天然气产业政策提供决策依据。同时，本书也可以作为高等院校研究生能源经济学课程的辅助资料。

肖建忠　彭甲超

2023 年 9 月于湖北武汉

目　录

绪　论

一、研究背景

（一）能源转型给天然气设置了新的定位和角色

在全球化视野下，能源安全问题一直是国际政治、经济、环境保护等诸多领域的核心议题。大国间围绕世界能源的话语权、定价权以及控制权进行激烈的争夺。随着"双碳"目标的提出以及能源转型的实践，天然气市场在迈向低碳能源或者零碳能源经济体中的地位被重新审视起来。理论界和实务界对于天然气的预测从原来的"步入天然气的黄金时代"（国际能源署，2011）到"审慎进行天然气的投资，因为它也面临资产搁浅"（欧盟，2021）。天然气过去被认为是提供更清洁空气和脱碳的"清洁能源"之一，这就是许多研究展望认为到2035年或2040年全球依旧需要天然气的原因，即便在1.5℃的严格约束下也是如此。也有很多机构仍然质疑天然气能否在能源转型中发挥作用，其在环境排放上的优势因伴生气燃除、甲烷泄漏等因素而受到削弱。

在不同的能源转型情景下，天然气在不同的国家、不同市场上有不同的替代路径，因此对天然气未来的发展进行笼统的描述和预测可能有失武断。在某些国家，从石油、天然气转向可再生能源是一条合乎逻辑的脱碳道路；而在有些国家，更多使用天然气将带来减碳效应。对此，把握天然气在能源转型和气候变化中的作用以及这些特性如何因地区而异是很有意义的。

第一，要正确认识天然气在能源转型中的地位。对于能源消费大国，天然气是一种更清洁的能源选择。天然气指以气态碳氢化合物为主的各种气体的混合物，主要成分为甲烷（占85%—95%）。天然气的碳排放系数为1.63吨二氧化碳/标准煤，远低于石油的2.08和煤炭的2.64，是相对清洁的燃料。在全球加速能源转型和碳减排的背景下，天然气作为过渡能源的重要性日益凸显。2021年，全球天然气、煤炭、石油等价格加快上涨，凸显了新旧能源体系转换期能源安全面临的多重挑战。关于天然气定位问题，2018年9月国际天然气技术大会上提出"天然气是新能源共生共荣的最佳伙伴"，天然气在未来能源体系中的地位逐渐清晰。在"双碳"目标下，天然气的地位会进一步加强，其"清洁低碳"特性决定"以气代高碳能源"，其"灵活易储"特性决定"与新能源相融合"。①

第二，要正确认识天然气在气候变化中的作用。从全球范围看，近60%的动力需求来自石油，同样，超过60%的煤炭使用量用于发电。相比之下，只有40%的天然气消耗用于电力。其余的大部分作为民用、商业以及工业用气，这些数字因地区而异。在经济合作与发展组织（OECD）国家，80%的天然气用于工业或电力。而在中国，对天然气的依赖程度并不高，它与石油、煤炭或新能源争夺市场

---

① 陆家亮：《天然气必须在能源转型中发挥关键作用》，《石油商报》2022年3月16日。

份额。

如图 0-1 所示，笔者运用四象限理论来概化天然气在一国气候变化中的表现。第一象限是天然气可能获得市场份额或捍卫市场份额的部门和国家，在中短期内有助于脱碳；在第二象限，天然气可以帮助实现气候变化收益，但由于较低的经济性而不太可能有长期的发展；在第三象限，天然气既无助于实现气候目标，也不具备经济性，无法取得预期的发展；在第四象限，天然气处于有利的竞争地位，但最终以低碳方式逐步退出。

天然气高度利于脱碳，仍需与其他能源竞争市场份额。如煤改气、燃气重卡、燃气发电。

天然气脱碳作用小，与其他能源竞争市场份额。如电力系统、乘用车的可替代选择。

高气候收益；低经济性　　高气候收益；高经济性

低气候收益；低经济性　　低气候收益；高经济性

天然气高度利于脱碳，在保护其市场份额中处于有利地位。如工业、发电部门的煤改气。

天然气脱碳作用小，在保护其市场份额中处于有利地位。电力系统中的低碳选择。

图 0-1　气候变化与天然气作用框架

在北美、俄罗斯、中东等地，天然气因价格便宜具有明显的经济性；在欧洲，天然气价格昂贵，对脱碳的推动力度最大，但在工业中天然气短期难以替代；在亚洲，天然气的作用较不稳定，其在发电领域的贡献不太可能大幅增长，甚至可能萎缩。在补贴的情况下，天然气才可能与其他能源展开竞争；在撒哈拉以南的非洲，天然气很可能成为一种利基燃料，为解决该地区的能源贫困问题发挥一定的作用。

第三，新时代能源转型对天然气市场的发展提出更高的要求。能源转型是推动人类社会发展的原动力。近 200 年来，世界已发生过两次能源转型，当前正处第三次能源转型阶段。[①] 能源转型大致可分为三个阶段：其一，煤炭替代薪材。随之而来的第一次科技革命推动蒸汽机与内燃机的发明与应用。其二，石油替代煤炭。以能量密度更高、使用更方便的石油作为主要燃料和动力。其三，新能源替代油气。这也是能源利用模式的变革，如储能、能源互联网、能源清洁低碳等。发达国家依次完成了前两次能源转型。

国际能源署（International Energy Agency，IEA）早在其 2011 年的报告中就指出，"世界正在迎来天然气的黄金时代"。21 世纪以来，由于石油危机的出现和天然气产业化的成熟，天然气作为一种优质清洁能源，成为目前世界能源供应的重要组成。目前，天然气产业被赋予了更多更重要的意义，合理地使用天然气资源，可以减少温室效应的进程，也能推动社会经济的发展；天然气贸易也逐渐成为世界能源贸易的重要组成部分，合理地进出口天然气会为国家带来巨大的收益，推动全球经济发展。《BP 世界能源统计报告》显示，截至 2021 年底，全球天然气消费约为 4 万亿立方米，同比增长了 4.6%，天然气在一次能源消费中的比例已稳步上升至约 25%。根据国际能源署的能源预测报告，在 1973 年全球一次能源需求结构中，煤炭、石油、天然气和可再生能源占比分别为 24.5%、46.2%、16%、13.2%，到 2018 年以上数据分别为 26.9%、31.6%、22.8%、18.7%。[②] 预计到 2040 年，煤炭、石油、天然气和可再生能源占比分别为 22%、27.5%、24.8%、

---

① 史丹：《新一轮能源革命的特征与能源转型的体制建设》，《财经智库》2018 年第 4 期。
② IEA，"key World Energy Statistics 2020"，August，2020，p.6.

25.7%。而我国则显示出迭代特点，处于第二次能源转型加速过程中，同时力求占领全球向新能源转型的制高点。无论如何，相当长的时间内油气仍将是我国重要的基础能源，在第二次和第三次能源转型迭代之中，我国能源行业的转型之路并没有单一的方案，油气行业面临亟待解决主动融入能源革命的问题。油气市场对实现能源转型安全、国家经济安全乃至国家总体安全起到至关重要的作用，其地位不是减弱而应加强。

（二）"双碳"目标下天然气行业发展

中国是世界上最大的发展中国家、最大的制造业国家，伴随着工业化、城镇化快速发展，对能源密集型重工业的依赖难以减轻，碳排放仍处于攀升期，因而实现双碳约束下能源转型的难度比发达经济体更大。在这样的背景下，从实践意义而言，能源转型可以同时容纳化石能源资本和清洁能源资本的积累，摆脱传统化石能源资本"硬着陆"的困境，以保证转型安全。煤炭在一次能源结构中占比居高不下，成为支撑中国经济社会发展的基础性能源品种。尽管如此，中国政府一直致力于可再生能源开发利用，清洁能源在电力能源结构中所占的份额不断增加。2020年，天然气、水电、核电、风电等清洁能源消费量占能源消费总量的24.3%。[①] 应注意到，当20世纪90年代以后我国在清洁能源资产上的投资启动时，基于化石能源的电力装机容量也在显著增加。同期，中国是少有的天然气和可再生能源年消费量均呈指数级增长的大国，这是市场和政府共同选择和推动的结果。安萨里和霍兹（Ansari 和 Holz，2020）对于中东、中国和拉美三个国家和地

---

① 国家能源局：《超过24%，清洁能源"风光好"》，《人民日报（海外版）》2021年8月13日。

区搁浅资产和绿色转型的关系进行了模拟预测研究，指出尽管存在较高的煤炭相关资产搁浅的风险，但中国比中东和拉美地区更有可能实现绿色转型。[①] 所有这些经验事实和经验研究都表明，考虑到我国油气资源禀赋的特点，我国的转型路径是大力推进化石能源清洁开发利用，同时在一定程度上削减石油消费，并以天然气作为过渡能源。[②]

　　对此，国内外多家研究机构对"双碳"目标下的能源消费结构与趋势[③]以及天然气消费的趋势进行了预测[④]，借鉴跨模型的研究成果，将其中最严格的 1.5℃温升情景下的预测结果展示如下（见图 0-2）。综

（单位：十亿立方米）

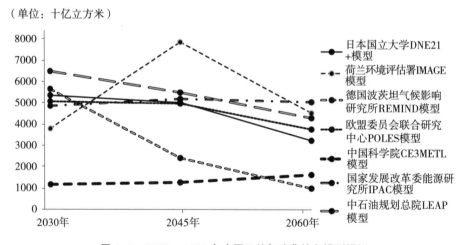

图 0-2　2030—2060 年中国天然气消费的多模型模拟

资料来源：段宏波、唐旭、任凯鹏等：《多模型比较框架下中国天然气消费的中长期发展路径》，《天然气工业》2021 年第 2 期。

① Dawud Ansari Franziska Holz, "Between Stranded Ossets and Green Transformation : Fossil-fuel-producing Developing Countries towards 2055", *World Development*, Vol.130, 2020, p.1.
② 范英、衣博文：《能源转型的规律、驱动机制与中国路径》，《管理世界》2021 年第 8 期。
③ 王建良、唐旭：《大变局下的中国能源安全：挑战与破局》，《国家治理》2022 年第 20 期。
④ 段宏波等：《多模型比较框架下中国天然气消费的中长期发展路径》，《天然气工业》2021 年第 2 期。

合多家机构研究成果，笔者认为：以 2020 年我国天然气消费 3300
亿立方米为基线，在中国 2060 年碳中和目标对应的情景下，未来
20 年中国天然气需求仍将缓慢增长，2045 年达峰，峰值均值水平在
4592 亿立方米，2060 年后大幅下降。即便如此，到 2060 年天然气
消费在一次能源结构中仍占比 10% 左右，对于能源保障仍具有重要
作用。

　　严格的碳排放目标给天然气行业提出更严格的挑战，天然气行
业要寻求更高质量的发展，寻求更为有效的转型路径，需要加强市
场化建设，需要从全产业链的角度来突破短板，需要更有针对性的
政策措施。只有这样，才能统筹好非化石能源特别是新能源与化石
能源之间的互补和优化组合。在能源可靠供应方面，发挥好天然气
的调节作用。

　　（三）天然气行业的特殊性

　　第一，天然气行业上有着产运销储用等众多主体。上游气源环节，
天然气气源结构以自有天然气开采为主、进口气（含进口管道气和进
口液化天然气）为补充，但各气源受供气增速存在差异影响导致气源
结构占比发生变化，其中进口气占比逐渐增加，自采气占比逐渐下
降。中游储运环节，进口管道气进入中国后和自采气一并通过骨干管
道运输至各个省，省级管道进入各市，其间部分管道气通过液化工厂
加工成为液化天然气（Liquefied Natural Gas, LNG），通过槽车运送至
没有管道铺设的区域；而液化天然气通过接收站进入市场后，部分被
气化进入骨干管道，部分通过槽车运输到分销设施，该环节设置储气
库用于天然气的储存、调峰。下游分销环节，管道气进入各市后通过
市级管道进入下游用户；槽车运输的液化天然气通过加气站销售给下

游汽车及工业用户。天然气终端用户主要为居民用户、工业用户、商业用户、交通用户等。

第二，天然气行业的发展严重依赖于基础设施。如前所述，天然气产业链包括上游勘探开发、中游储运、下游销售利用。每个环节需要有大量的前期投入，如风险勘探、开发井、管网建设、分输站、液化天然气接收站、液化天然气运输船、地下储气库等。例如，开采环节需要对油气藏勘探开发、采收、净化后经骨干管道将其输出，对资金投入规模及开采技术具有很高的要求。其中勘探开发主要为地震勘探，支出规模很大，陆上水平井平均完井成本 1500 万元／口；在中游管网环节，每公里长输管道投资在 1000 万—1200 万元的水平。对此，需要持续性投入到基础设施的发展，需要建立基于市场的投资激励机制。而一旦资金投入，会在产业链条上形成规模巨大的固定成本和沉入成本，具有很强的资产专用性。传统上为了保证资金的回收，长期照付不议合同应运而生。天然气市场表现出明显的基础设施依赖性和区域性，即"管道铺设到哪里，市场才会一定程度上发展到哪里"。也因大部分天然气通过管道运输，从全球来看，天然气市场在某种程度上呈部分分割态势，不像原油市场那样更加一体化，并且在大多数地方以单一价格交易。天然气市场的这种分散状态不仅意味着价格在不同地区存在差异，而且世界上某个地方的高价并不一定会传递给其他地方的买家。

第三，天然气行业具有网络性。和电力行业一样，石油、天然气等行业的最基本特征是具有网络性，即必须借助于其有形或无形的网络系统才能将产品或服务提供给最终的消费者。网络系统是这些网络产业的供应链中不可或缺的环节，通常由特定产业中一家或少数几家企业垄断经营。[①] 产业的中游则由一家国有企业垄断,大部分支线管网则由各省的省级管网公司垄断经营。其他企业在向消费者提供产品过程中,必须借助管网。因此,网络产业中竞争性业务领域的经营企业在向消费者提供产品或服务过程中,必须通过的由垄断企业经营的网络系统便成为网络"瓶颈"。[②] 随着油气产业市场化改革的深入,产业的上游与下游环节已引入并不断强化竞争机制,市场主体也开始呈现多元化。对网络瓶颈的规制以及确定合理的接入价格对于资源安全配置来说变得尤为重要。

第四,天然气被视为能源转型过程中的过渡燃料。能源转型是有助于世界缓解气候变化的环境和经济可持续能源技术的转型。《巴黎协定》提出到 2050 年建立气候中性经济的长期愿景。尽管世界各国在《京都议定书》期间也制定了雄心勃勃的全球目标,但二氧化碳排放量仍在继续增加。2019 年,二氧化碳排放量已达到 414 百万分率(ppm)的临界水平,距离保持在 450 百万分率以下的全球目标仅一步之遥。

与其他化石燃料相比,天然气具有大约一半的二氧化碳污染效应,在可再生能源的技术可行性能够超越其生产安全和可持续能源的挑战之前,天然气已被视为一种过渡燃料。在此背景下,过渡燃料意味着,用低碳燃料(天然气)替代高碳化石燃料(煤炭和石油),以减少二氧化碳排放。天然气在污染更严重的化石燃料和零碳技术之间

---

① 王俊豪、程肖君:《网络瓶颈、策略性行为与管网公平开放——基于油气产业的研究》,《中国工业经济》2017 年第 1 期。

② 王俊豪、程肖君:《自然垄断产业的网络瓶颈与接入管制政策》,《财经问题研究》2007 年第 12 期。

的桥梁作用仅被视为一种临时作用，因为天然气仍会排放二氧化碳。天然气作为一种过渡燃料脱颖而出，与新兴的可再生技术相比，天然气具有经济可行性，与其他化石燃料相比，其污染影响较小。总的来说，天然气可以通过提供不间断的能源来帮助可再生能源，并通过取代煤炭来减少排放，从而直接影响能源转型。

根据《2023 世界能源年鉴》的数据，从发电的来源来看，2007年全球 40.98% 的电力由煤炭贡献，21.23% 来自天然气，水电贡献 15.74%，核能占比 13.78%，可再生能源仅为 2.5%；到 2022 年，煤炭下降到 35.7%，天然气略增到 22.1%，水电为 15.16%，核能下降到 9.15%，可再生能源升至 15.74%。这种转变对于气候变化是积极的。

二、研究意义

（一）深入挖掘能源安全的新内涵

能源安全的内涵正发生深刻变化。传统意义上的能源安全指的是数量的充足，即供给与需求保持基本平衡的状态。国际能源署将能源安全定义为能源供给满足能源需求的水平与能力。[1] 杨东辉（2006）认为能源安全就是"买得到、买得起、运得回"，能源安全是以合理的价格可靠地且不间断地提供充足的能源。随着时代的不断发展，能源安全内涵也发生了变化，强调"量"的同时也强调"质"，不仅要保证数量的充足，还要考虑环境的保护。[2] 张艳（2011）认为能源安

---

① IEA, "Toward's a Sustainable Energy Future", 2021, p.76.
② 杨东辉：《石油安全战略探析》，《学术交流》2006 年第 1 期。

全内涵不仅包括供应安全还包括使用安全。[①]布鲁姆和莱吉（Blum
和 Legacy，2012）认为能源安全是一个经济体能够提供价格可承
受性、充足的和不破坏环境的能源服务，同时维持经济体最大的利
益。[②]魏一鸣等（2012）认为能源安全就是买得起、可靠、不中断
的能源供给，且不破坏和污染环境。[③]刘立涛等（2012）认为能源
安全是在特定时间、一定技术经济条件下（地质条件可用、经济技术
可行、价格合理），能源供应能够稳定、高效、清洁地满足指定地域
空间内（国家、区域）能源需要（经济增长、居民基本生活、生态
健康和环境友好）的状态。[④]沈镭和薛静静（2013）将能源安全定
义为 5 种基本含义：数量的含义、质量的含义、结构的含义、均衡的
含义、经济或价格的含义。[⑤]史丹（2013）认为在低碳发展条件下能
源安全的含义不仅是指供应充分、价格合理，而且还包括了对环境
的影响。[⑥]

　　在能源安全研究领域，传统的评价指标体系仅涉及供应安全。随
着时代的不断发展，能源安全评价指标也在不断地完善与扩充。索瓦
科尔和穆克吉（Sovacool 和 Mukherjee，2011）认为能源安全应该包含
5 个维度：可用性、可购性、技术发展效率、环境社会可持续性、监

　　①　张艳：《我国东部沿海区域能源安全评价及保障路径设计》，博士学位论文，中国地质
大学（北京），2011 年。
　　②　Helcio Blum, Luiz F.L. Legacy, "The Challenging Economics of Energy Security Ensuring
Energy Benefits in Support to Sustainable Development", *Energy Economics*, Vol.34, 2012, p.2.
　　③　魏一鸣等：《石油市场风险控制技术与决策支持平台的研制及应用》，北京理工大学，
2012 年 3 月 8 日。
　　④　刘立涛等：《中国能源安全评价及时空演进特征》，《地理学报》2012 年第 12 期。
　　⑤　沈镭、薛静静：《基于粮食安全的中国能源可持续发展：机遇和挑战》，*Journal of
Resources and Ecology* 2013 年第 1 期。
　　⑥　史丹：《全球能源格局变化及对中国能源安全的挑战》，《中外能源》2013 年第 2 期。

管治理。[①] 刘立涛等（2012）从供应稳定性、使用安全性两个维度构建了 11 个指标全面分析了能源安全问题。[②] 埃拉曼等（Erahman 等，2016）从能源可获得性、经济性、便利性、可承受性、效率五个维度构建了 14 项指标对 71 个国家能源安全做了比较研究分析。[③] 郭明晶等（2018）从供应安全、储运安全、市场安全、环境安全四个方面构建了 18 个指标对中国各省域天然气安全进行了分析。[④] 李云鹤等（2020）从天然气资源可获得能力、技术可利用能力、环境可承载能力以及国民可负担能力四个方面构建了 12 个指标分析了中国天然气安全问题。[⑤]

　　综合来看，在不同的时代、不同的语境，能源安全被赋予不同的内涵。以供应安全的传统能源安全观主要包括以下四个方面，开发利用的安全性、供给数量的充足性、生态环境的友好性、利用的可持续性。这种能源安全观本质上仍是供需安全，如果供应跟不上需求，那么就是不安全状态，以致造成了以粗放的供给满足增长过快需求的局面。随着能源市场化进程的深入推进，人们对能源安全的理解有了更多新的思考。2014 年 6 月 13 日，中央财经领导小组第六次会议上提出"四个革命、一个合作"能源安全新战略，明确指出推动能源消费、供给、技术和体制革命，全方位加强国际合作，有效利用国际资源，努力实现开放条件下的能源安全。总之，能源安全的内涵发生深刻变

---

① Benjamin K., Sovacool, Ishani Mukherjee, "Conceptualizing and Measuring Energy Security : A Synthesized Approach", *Energy*, Vol.36, 2011, p.5343.

② 刘立涛等：《中国能源安全评价及时空演进特征》，《地理学报》2012 年第 12 期。

③ Erahman Q.F., Purwantoww, Sudibandriyo M., Hidayatno A., "An Assessment of Indonesia's Energy Security Index and Comparison with Seventy Countries", *Energy*, Vol.111, 2016, pp.364–376.

④ 郭明晶等：《中国天然气安全评价及影响因素分析》，《资源科学》2018 年第 12 期。

⑤ 李云鹤等：《中国天然气能源安全评价研究》，《华中师范大学学报》2020 年第 2 期。

化，能源的可用性是最重要的，此外，能源安全的范围已经扩大，环境、治理、基础设施、价格和能源效率等问题现在经常被提及。在"四个革命、一个合作"能源战略指引下，能源安全有了新的解读：供应来源多样化，对经济发展提供保障程度高的供应，并能有效应对各种内外部条件变化，有足够的适应和调节能力，为国民经济提供持续稳定的能源供应。具体来说，有以下几个维度：（1）节能绿色贯穿于化石能源利用的全过程；（2）立足国内多元供应保安全，形成以非化石能源为主增长、以煤油气为基础的多轮驱动的能源供应体系；（3）健全能源储运调峰体系；（4）构建有效竞争的能源市场，完善主要由市场决定能源价格的机制；（5）加强全方位国际合作，实现开放条件下能源安全。

因此，本书从市场主体出发，以期推进能源供给侧改革，推进能源革命，完善能源资源配置，以利于更有效地解决中国的能源安全问题。

（二）重塑包含天然气市场化的能源安全框架

自1998年以来，我国油气体制基本上是按照"行政性垄断＋局部市场化"的逻辑演进。一方面，政府部门制定各种政策逐渐将天然气产业链的主导经营权赋予国有企业；另一方面，逐渐推进价格市场化改革，局部地区探矿权开放招标试点等改革措施。《关于深化石油天然气体制改革的若干意见》把"市场化"从个别领域扩展到了油气行业的所有领域，行政垄断必然被打破。[1] 在国际视野下，作为当今世界上最大的天然气进口国，我国已成国际天然气市场最大的利益相

---

[1]　朱彤：《能源转型能增加天然气消费吗？——德国的实证与启示》，《中国能源》2017年第12期。

关者。中共中央、国务院 2020 年 3 月发布的《关于构建更加完善的要素市场化配置体制机制的意见》指出，完善要素市场化配置是建设统一开放、竞争有序市场体系的内在要求，是坚持和完善社会主义基本经济制度、加快完善社会主义市场经济体制的重要内容。因此，强调"市场配置资源的决定性作用"即"效率优先"是我国石油、天然气市场体制机制改革的核心目标。

决策者针对当前我国在能源领域面临的严峻挑战，将之前的"能源体制机制改革"提升到"能源体制机制革命"的高度，意味着需要对当前能源体制机制发生根本变革，改革思路应不仅局限于一枝一叶的修修补补，而应该从长远的、全局的、系统性的角度统筹考虑。

因此，本书推演天然气市场化的进程，有利于厘定天然气开发、生产、流通过程中的真实成本，公平、透明的市场机制可让能源消费者最终受益。全面推进天然气能源市场化改革，打通其中影响资源有效配置的梗阻，最终将大幅降低能源市场的风险，实现天然气市场的可持续安全运行。对推进中国特色天然气市场化改革与能源安全的理论突破，具有重大理论价值。

（三）提供中国天然气全产业链改革顶层设计的决策依据

天然气全产业链体系是一个非线性、多主体、复杂产业网络，由勘探、开发、生产、供应、运输、需求和政府等主体构成。各主体在时间和空间上的多维非线性以及信息不对称不充分产生的风险将阻碍资源的有效供给，导致市场配置的扭曲；参与主体各自的诉求和关切点不同，利益博弈更为复杂和激烈，进而影响体制机制改革的进程。我国天然气市场的整体竞争程度还有待提升，天然气定价仍然存在

"分级""分部"现象，导致天然气上下游价格传导路径的扭曲，终端价格并不能真实反映稀缺资源成本和用气的差异性。

本书从全产业链分解出发，以社会主义市场经济理论、能源转型理论、习近平总书记能源革命重要论述为基础，在总结现有文献中有关资源稀缺理论、系统论、资源价格理论、多主体均衡理论等理论和方法的基础上，沿袭天然气全产业链条破解市场激励不足、市场价格扭曲、激励相容机制不完善等深层次问题，建立天然气全产业链利益协调机制，激励能源勘探和研发活动，形成多元供应主体，市场定价保障天然气供需平衡，最终对中国天然气全产业链改革的深入推进具有重大的实践价值。

三、研究内容与创新

（一）研究内容

本书的研究对象为中国天然气市场安全，基于全产业链视角系统性讨论天然气市场安全问题，所涉及数据库涵盖国家天然气市场、中国主要省市天然气市场、天然气勘探市场、天然气管网市场、天然气节点网络数据以及天然气终端市场等，力图从国内外天然气行业安全的特征事实出发，系统性多维度分析中国天然气市场安全，运用多种"反事实"分析手段探讨中国天然气市场安全及其福利效应。

本书主要的研究内容包括：

第一，梳理中国天然气市场发展的特征事实。首先从天然气储量、供应量和需求量回顾天然气市场发展；其次从供给角度分析国内常规天然气与非常规天然气，并梳理进口天然气市场特征；再次从消费角度分析中国天然气需求量、消费结构以及区域性差异；最后讨论我国天然气市场化改革效果、难题等。

第二，总结国际天然气市场贸易格局规律与能源安全特点。首先总结了近年全球天然气的储量、产量和消费量的趋势；其次分析了全球近年来管道天然气和液化天然气的贸易流向与供应安全问题；最后梳理国际上具有代表性国家或地区，如美国、欧盟、英国及俄罗斯等的天然气管网主要发展历程。

第三，从天然气价格视角分析全球天然气市场的历史演变。分析国际天然气定价方式和英美、欧盟、亚太等主要市场的定价机制演变，利用向量自回归模型（VAR 模型）和误差修正模型（VECM 模型）讨论主要区域天然气价格之间的联动关系。

第四，从全产业链角度讨论天然气市场安全的影响因素、关键环节、贸易潜力、供应保障、管输价格优化以及规制政策引致的配置等。首先，运用系统动力学分析天然气企业的勘探开发生产价值链过程，建立天然气企业勘探开发系统动力学模拟模型；其次，运用贸易引力模型，考察中游环节的中国液化天然气进口影响因素，从经济规模、距离、技术、合同类型、定价方式、政策层面进行实证分析；再次，结合社会网络分析方法，构建我国天然气市场网络模型，分析市场网络的中心性、派系和关联性，揭示天然气市场网络的联系程度，以及各省在网络中的影响力；又次，在混合互补模型和边际节点价格体系的基础上，为解决管网拥堵优化节点定价，以期实现资源的安全有效配置；最后，从民用和工业部分天然气市场资源配置角度着手，分析政府规制的具体影响以及社会福利变化。

第五，结合未来天然气市场面临的调整以及当前研究热点，概括本书相应研究结论以及研究启示。

（二）研究创新点

本书基于全产业链理论系统梳理中国天然气市场安全问题，主要创新点包括以下内容：

第一，从上游勘探开发、中游管网运输、下游销售与市场保障等环节全面梳理中国天然气市场安全面临的痛点、难点以及影响因素。中国天然气市场面临复杂的国内与国际环境，通过多种经济统计方法讨论天然气全产业链面临的市场安全环境，基于实证方法模型分析具体的影响因素。

第二，利用政策模拟分析方法系统讨论中国天然气市场化改革的社会福利变化。本书分别通过系统动力学模型（上游勘探开发市场）、混合互补分析模型（中游管网运输市场）以及情景分析（下游燃气销售市场）等综合讨论天然气上游勘探开发市场、中游管网运输市场以及下游天然气销售市场的趋势、引致的社会福利变化，全面系统地考察基于天然气产业链条因外部因素引致的市场安全变化。

第三，全景式梳理国内外天然气市场发展的特征事实，总结提炼天然气市场化改革经验，为保障能源安全提供事实依据。本书在特征事实基础上，通过总结发达经济体天然气市场化改革的经验等，为中国天然气市场化改革、实现中国天然气能源安全提供借鉴参考。

四、研究方法与技术路线

（一）研究方法

针对研究思路与研究内容，本书综合运用多种方法分析中国天然气市场安全及其相应问题，主要包括：

（1）文献资料法。利用图书馆、档案馆及互联网等广泛查阅相关的文献资料，全面梳理全产业链视角的能源行业研究现状，并加以分析。

（2）文本分析法。重点梳理《"十四五"现代能源体系规划》《煤层气产业政策》《页岩气产业政策》《关于规范煤制天然气产业发展有关事项的通知》《天然气利用政策》《天然气基础设施建设与运营管理办法》等权威文本，通过分析研究法律条文，深刻理解精神实质，分析其中关于天然气市场规则及能源安全的含义。

（3）案例分析法。对国内外天然气市场化改革或试点地区的典型案例进行持续追踪调查，进行剖析，深入研究，总结天然气市场化改革成功经验及保障能源安全的相应措施。

（4）比较研究法。比较研究美、日、欧盟等发达国家或地区天然气市场发展的做法与特点，总结成功经验，得出启示，以供借鉴。

（5）计量分析法。综合运用引力方程模型、VAR 模型、社会网络分析模型、面板回归模型等统计我国天然气市场安全的演变趋势、影响因素以及治理措施的影响效果，提炼、总结天然气市场安全水平和质量提升的发展空间。

（6）政策模拟分析法。本书通过系统动力学模型（上游勘探开发市场）、MCP 规划分析模型（中游管网运输市场）以及情景分析（下游燃气销售市场）等综合分析天然气市场发展过程中的关键因素的变动趋势，系统性分析引致的社会福利变化。

（7）分析归纳法。研究分析查阅的文献资料，归纳总结其研究内容并合理分类；根据比较研究及案例分析的结果，总结归纳国内外天然气市场发展中好的做法和经验。

（二）技术路线

首先，根据全产业链理论梳理能源行业发展研究现状，尤其是全面整理天然气市场发展的相关特征，结合研究条件和自身研究优势，确定基于产业链的中国天然气市场安全研究的主要内容。其次，查阅大量相关文献和权威政策文本，了解国内外研究现状，奠定研究的理论基础。再次，从中国天然气储量、供应量、需求量、不同天然气供应总量与消费需求等厘清中国天然气市场化改革的效果，选取油气体制改革和价格改革等方面整体概览天然气市场化改革特征。同时，结合国际发展实际，总结国际天然气市场贸易格局与能源安全，选取典型国家和地区天然气市场化改革情况、定价模式，从理念、体制机制、路径、模式及政策等方面进行比较研究。在此基础上，从上游环节的勘探开发、中游环节的进口安全、中游环节的市场保障、中游环节管网运输以及下游环节的销售等环节产生的不同问题，具体分析中国天然气市场发展的特征、趋势、影响因素以及福利变化等，从而总结提炼中国天然气市场安全的体制机制。最后，结合比较研究、案例研究得出的总结与启示，针对具体问题，提出中国天然气市场发展的战略构想（见图0-3）。

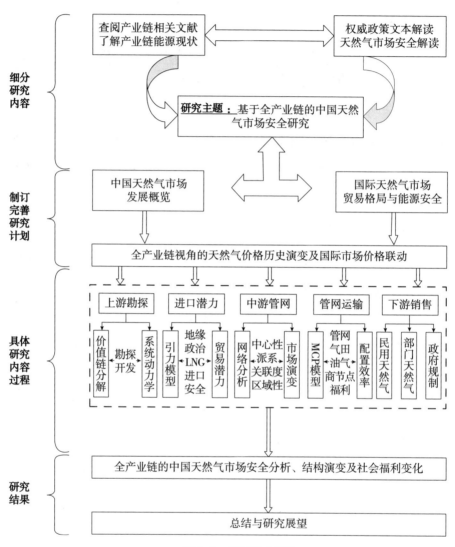

细分研究内容

查阅产业链相关文献了解产业链能源现状 ⟷ 权威政策文本解读天然气市场安全解读

研究主题：基于全产业链的中国天然气市场安全研究

制订完善研究计划

中国天然气市场发展概览 ⟷ 国际天然气市场贸易格局与能源安全

全产业链视角的天然气价格历史演变及国际市场价格联动

具体研究内容过程

上游勘探　进口潜力　中游管网　管网运输　下游销售

价值链分解　勘探开发　系统动力学　引力模型　地缘政治LNG进口安全　贸易潜力　网络分析　中心性派系关联度区域性　市场演变　MCP模型　管网气田油气商节点福利　配置效率　民用天然气　部门天然气　政府规制

研究结果

全产业链的中国天然气市场安全分析、结构演变及社会福利变化

总结与研究展望

图 0-3　研究技术路线

第一章 国际天然气市场发展概览

全球天然气行业在页岩气革命后真正成为主体能源，国际能源署（IEA）甚至断言：天然气进入发展的黄金时代。2020 年，全球能源消费结构进一步向清洁化、低碳化加速转变，天然气消费占比稳步上升至 24%，增速领涨全球能源。2021 年，全球天然气需求增长了5.3%，恢复到新冠疫情大流行前的水平之上。根据英国石油公司（BP）的预计，到 2025 年，天然气在全球一次能源结构中的比重将超过煤炭，成为位居第二的主体能源。作为一种传统化石能源，一方面，天然气的开发和使用过程中会有甲烷泄漏和二氧化碳排放，但是比煤炭和石油的排放强度大为降低。美国能够较早进入碳达峰的重要原因就是通过页岩气革命提高天然气在一次能源消费结构中的比重，从而大幅降低碳排放；另一方面，天然气在解决风电、光伏发电存在的间歇式、不稳定问题方面也可以发挥重要作用，支撑可再生能源的健康有序发展。在全球能源转型进程中，如若解决好甲烷监测与降低排放问题，天然气行业将更加繁荣发展。而当前地缘政治的重组以及气候变化协议，全球天然气市场秩序持续重构，供需格局和国际贸易流向受到重大影响。

由此，本章从全球资源禀赋、资源流向、市场化与监管等方面分析国际天然气市场的格局和新趋势。

第一节　国际天然气资源态势

一、全球天然气探明储量

全球天然气探明储量近 20 年来有着明显的增长。《BP 世界能源统计年鉴 2022》的数据显示，2020 年，全球天然气已探明储量为 190.30 万亿立方米，较 2019 年下降 3.45%。天然气资源最丰富的国家有：北美地区的美国、加拿大，南美地区的委内瑞拉，欧亚地区的俄罗斯和土库曼斯坦，中东地区的伊朗、卡塔尔、沙特阿拉伯和阿联酋，非洲的尼日利亚、阿尔及利亚，亚太地区的澳大利亚、中国、印度尼西亚等（见图 1-1）。2021 年，全球天然气储量前五位的国家分别为俄罗斯（19.88%）、伊朗（17.07%）、卡塔尔（13.13%）、土库曼

（单位：万亿立方米）

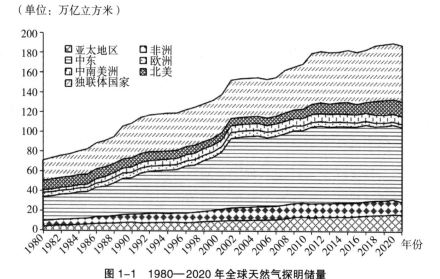

图 1-1　1980—2020 年全球天然气探明储量

资料来源：根据国际天然气协会（CEDIGAZ）公布的数据绘制。

斯坦（7.23%）和美国（6.70%）。

二、全球天然气产量和消费量

近年来，全球天然气的产量和消费量均呈稳步增长态势。《BP世界能源统计年鉴2022》的数据显示，2011—2021年，全球天然气产量快速增长，由3.26万亿立方米上升至4.03万亿立方米，年均增速2.2%，高于上一个5年平均1.5%的速度，全球天然气供应保障能力持续提升。2020—2021年，受新冠疫情与低油价双重冲击，世界天然气产量为3.85万亿立方米，同比下降3.1%。同时，全球范围内的产品生产与贸易也受到新冠疫情的严重影响，一次能源消费总量下降4.5%，天然气消费量3.82万亿立方米，同比下降2.1%。尽管如此，天然气在一次能源中的占比仍持续上升，创下24.7%的历史新高。从区域来看，美国是全球最大天然气生产国，2021年产量为9342亿立方米，年均增速4.2%，占全球比重约23.1%，实现液化天然气出口、供应能力快速增长，对全球液化天然气供应格局重塑起到较大影响。俄罗斯是全球第二大天然气生产国，2021年产量占全球比重约17.4%，管道气出口能力持续提升至4000亿立方米。

预计到2025年，全球三个重要的天然气产地产量发生变化。北美和中东地区在天然气产量增加方面遥遥领先，而俄罗斯则因出口前景下降而下跌。北美天然气供应在全球中期增长中处于领先地位（见图1-2），2021—2025年预计增加约85亿立方米。2021—2025年，该地区约占全球生产能力净增长的40%，占全球净生产增长的一半以上。俄罗斯在欧洲的出口前景迅速恶化，预计到2025年总产量将比2021年水平低10%。中东是全球天然气供应增长的主要贡献者，

2021—2025 年预计增加近 70 亿立方米的产量。中东正在推进多个大型液化天然气项目，包括伊朗南帕尔斯、沙特阿拉伯哈维耶、卡塔尔巴尔赞和以色列卡里什。

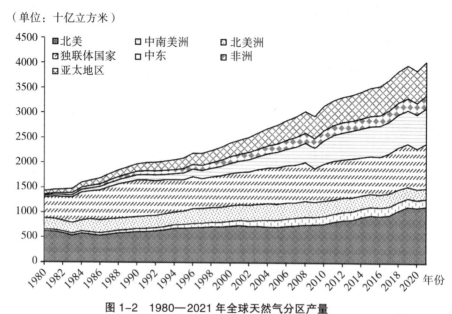

图 1-2　1980—2021 年全球天然气分区产量

资料来源：根据国际天然气协会（CEDIGAZ）公布的相关数据资料整理绘制。

　　近二十年天然气在全球能源结构中的提高主要是由强劲的经济增长和世界某些地区更高的天气需求推动的。2011—2021 年，全球天然气需求持续较快增长，天然气消费量由 2011 年的 3.23 万亿立方米增至 2021 年的 4.04 万亿立方米，年均增速为 2.2%，是增长最快的化石能源。从消费区域来看，美国和中国是天然气消费的两个主要贡献者，合计占天然气消费增长的 70%。从消费结构来看，发电、工业和居民用气是全球天然气市场消费的主要部门。多数国家出于环保和碳减排考虑，"弃煤"行动逐步盛行。2016—2020 年，全球发电用气在天然气消费结构中排名第一，由 1.2 万亿立方米增至 1.33 万亿立方米，年均增速为 1.5%，占比由 37% 上升至 40%。欧洲地区天然气资源状况与亚洲类似，区域内产量有限。在气候变化目标下，欧洲国家对可再生能源等绿色能源诉求较高，逐步减少对传统化石能源的进口依赖。近五年，欧洲天然气需求年均增速为 -0.8%。受天然气贸易全球化推动，欧洲与亚太天然气市场区域联动增强。亚太地区是全球主要天然气消费增量区，天然气消费量占全球的比重由 2016 年的 20.6% 上升至 2021 年的 22.7%（见图 1-3）。分国家看，2021 年，中国、日本、印度、韩国是该区主要消费国，占区域消费总量的比重分别为 41.2%、11.3%、6.8% 和 6.8%。

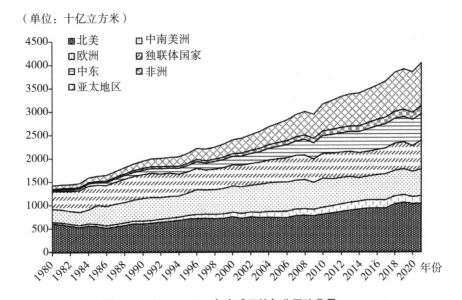

（单位：十亿立方米）

图 1-3 1980—2021 年全球天然气分区消费量

资料来源：根据国际天然气协会（CEDIGAZ）公布的相关数据资料整理绘制。

从供需平衡的角度分析，随着包括能源转型在内的多重因素推动，全球天然气需求近期持续增长，全球天然气市场供需平衡将大幅趋紧。2014 年下半年至今，受低油价等因素影响，国际石油公司持续降低投资，导致未来数年内上游板块天然气产量增速将持续放缓。预计未来三年增长有限，2022—2025 年总增长约 1400 亿立方米，不到前五年 3700 亿立方米增长的一半，也远低于 2021 年近 1750 亿立方米的异常需求增长。[①]2020 年以来，新冠疫情造成世界经济增长大幅放缓，对天然气产业发展同样影响较大，短期内在需求侧和供给侧都给天然气市场带来明显不确定因素。而近年来国际市场上天然气现货供应较为充足，现货价格相对较低，天然气进口国更愿意通过现货市场而非签订长协合同获取资源。持续的能源危机正在推动各国采取更强有力的政策，支持清洁能源，减少对化石燃料的依赖，可再生能源在电力领域的迅速渗透，将使传统化石能源乃至天然气的需求在 2030 年结束前达到峰值。[②]

第二节　国际天然气资源流向

一、国际天然气管输网络

（一）美国天然气管输网络

美国自页岩气革命以来成为世界第一大天然气生产国、消费国甚至液化天然气出口国，天然气成为发电的主要燃料。这一全球重要的能源市场得到了世界上最广泛的管道输送网络的支持。

美国天然气管网是一个高度集成的输配体系，可以将天然气输送到 48 个州的几乎任何地方。美国天然气管网包括 210 个管道系统（其中州际管道系统 109 个、州内管道系统 101 个），415 座地下储气库，

---

① IEA, "Gas Market Report", Q3, 2022, p.7.
② IEA, "World Energy Outlook", 2022, p.60.

9座 LNG 接收站、超过 11000 个输送点、5000 个接收点和 1400 个互联点。供应区与消费市场的管网四通八达，保障了天然气远距离供应，同时配气系统建设相对成熟，实现了天然气到终端用户的最后一步。美国共计修建了长达 55 万千米的输气管道，而我国长输管道里程仅有 7.7 万千米。目前美国共有 109 个州际管道系统，占长输管道总长度的 71%，由美国联邦能源委员会管理；有 101 个州内管道系统，由美国各州管理委员会管理，各个管道管输价格受到政府严格监管且管输企业不得参与上下游业务，管道公司聚焦管输主业有助于推动上下游市场充分竞争，优化资源配置。

（二）欧洲天然气管输网络

天然气在大多数欧盟成员国的能源结构中发挥着重要作用，广泛用于供暖、发电和工业用途。欧盟每年消耗约 4000 亿立方米天然气，85% 以上来自外部来源，进口主要通过管道运输（约 85%），约 15% 的进口以液化天然气的形式抵达。这些进口的天然气中，约 50% 来自俄罗斯，约 30% 来自挪威，约 10% 来自阿尔及利亚。

欧盟天然气管输网络是在过去 70 年中逐步建立起来的。最初，欧洲天然气系统是围绕法国南部、意大利北部、德国和罗马尼亚的国家气田开发的。20 世纪 60 年代，在荷兰发现了格罗宁根大型气田。20 世纪 80 年代，在两次石油危机之后，挪威、俄罗斯和阿尔及利亚的大规模天然气进口成为天然气供应的主要来源。20 世纪 90 年代，希腊、葡萄牙和爱尔兰引进并开发了天然气。2000 年后，重点是将英国天然气市场与欧洲大陆和挪威气田连接起来，将新成员国与欧盟一体化系统连接起来，创建新的进口渠道，如来自北非、里海的管道，并建立新的液化天然气进口设施。

欧洲建立起相对完善的天然气管网体系，包括长约26万千米的高压输气管道和约140万千米的中低压配气管道，分别由输气和配气运营商运营。这些天然气基础设施在当前的欧盟能源系统中发挥着关键作用，将欧洲的天然气生产基地、欧洲边界的天然气进口点及液化天然气陆上终端的接入点与欧洲各地的需求中心连接起来。虽然来自挪威北海的天然气产量有所提高，但欧洲使用的大部分天然气是通过管道从俄罗斯、中亚、中东甚至非洲进口的。一些欧洲国家完全依赖俄罗斯天然气进口，如爱沙尼亚、芬兰、拉脱维亚和立陶宛。

此外，欧洲各国重视储气能力建设，建立以地下储气库为主，气田调峰、管道容量调峰和区域调峰等多种方式共存的调峰模式。目前，欧洲约有170座在运行的储气库，主要分布于德国、意大利、法国、荷兰、西班牙、波兰等国。截至2021年，欧洲国家在运行储气库总工作气量接近1160太瓦时（TWh）（见图1-4）。俄罗斯与挪威的天然气占据欧洲的主要供应量，在冬季欧洲会动用地下储气库（UGS）的天然气来增加供应量，同时在每年供暖季来临前会将库存填充到需求量以上。根据欧洲天然气基础设施（GIE）的数据，2022年1月10日欧洲UGS的总填充量下降至50.88%，为549.3亿立方米，比去年减少近180亿立方米。2022年4月10日，UGS的库存水平提高到26.84%。2022年5月的数据显示，UGS的储量水平已经超过40%。2023年8月，天然气储存水平已达到1045太瓦时，约为存储容量的90.12%。

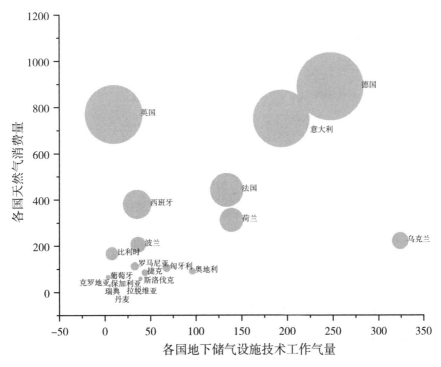

图1-4　2022年欧洲各国储气能力与用气需求（单位：太瓦时）

资料来源：GIE 数据库。

（三）俄罗斯天然气管输网络

俄罗斯作为全球第一大油气净出口国、第二大油气生产国，充分利用了得天独厚的天然气资源优势，修建了世界上最庞大的天然气管线干线系统——统一供气系统（Unified Gas Supply System, UGSS）。统一供气系统不仅保证俄罗斯国内天然气供应，而且还将天然气出口到欧洲。目前，包含干、支线输气管道共16.83万千米、配气管道65.44万千米、25座地下储气库，大口径输气管线（1220毫米和1420毫米）占50%以上。天然气管输系统的输送能力每年超过7000亿立方米。

长期以来，欧洲一直是俄罗斯天然气出口的最重要市场。俄罗斯共修建了 7 条通往欧洲的天然气管线，分别是"兄弟"管线、"北极之光"管线、"联盟"管线、"亚马尔—欧洲"管线、"蓝流"管线、"北溪"管线和"土耳其流"管线。

随着"中俄东线"管线的建成投产，俄罗斯天然气在亚洲市场的出口取得了突破性进展，以中、日、韩为需求重点的东亚地区在俄气出口中的地位从微不足道一跃成为新的发展点。乌克兰危机和西方国家的经济制裁使俄罗斯的能源出口逐渐向亚太市场倾斜，俄罗斯也正在规划新的输送东亚国家的管线。

二、国际天然气贸易网络的结构特征

与相对灵活和自由的石油贸易相比，天然气贸易的流动性受到市场结构的影响，并受天然气资源区域配置的影响。

首先，天然气贸易格局与天然气市场结构密切相关。由于不同区域市场所依据的定价机制不同，国际天然气市场分为三大不同的区域市场：北美、欧洲和亚洲。北美已经形成一个竞争性的市场体系；在欧洲市场，价格主要与石油挂钩，大多数贸易基于长期合同；亚太地区的天然气贸易主要通过石油指数化对进口液化天然气定价，贸易更是建立在长期合同基础上。长期以来，北美天然气价格最低，亚太地区价格最高，形成了"亚洲溢价"现象。即使在 2021—2022 年这种趋势没有发生很大变化。根据美国能源署的数据，2021 年 7 月—2022 年 6 月，作为美国基准的亨利中心天然气月平均现货价格几乎翻了一番，从 2021 年 7 月的 3.84 美元 / 百万英热上涨至 2022 年 6 月的 7.70 美元 / 百万英热。依赖液化天然气的亚太地区天然气价格 2020—2021 年快速攀升，两年间上涨 317.8%，一度达到 35.55 美元 / 百万英热的历史高点。

其次，天然气贸易一般采取管道贸易和液化天然气贸易两种贸易形式，各有不同的特点。长期以来，由于受到天然气配置的限制，天然气贸易主要通过管道进行，这种贸易形式极大地阻碍了贸易范围和贸易主体，液化天然气贸易的出现大大增加了国际天然气贸易的灵活性和流动性。管道天然气贸易是北美市场的主要贸易形式，液化天然气贸易是亚洲市场的主要贸易形式，两种贸易形式都存在于欧洲市场。管道气贸易相对集中并相邻，液化天然气贸易的进口地区和出口地区之间明显相异，成为管道气贸易的重要补充。具体来说，世界液化天然气贸易出口中心主要在中东（卡塔尔）、澳大利亚、美国和东南亚（印度尼西亚和马来西亚），亚太地区是主要的液化天然气进口中心之一。澳大利亚既是液化天然气出口国，也是管道天然气进口国。

从贸易网络结构（见图 1-5）来看，2007 年和 2021 年，全球管道天然气贸易网络并没有大的变化，都呈现典型的中心—边缘网络结构，贸易联系集中在俄罗斯、中国、哈萨克斯坦、德国、法国、挪威、荷兰等亚欧大陆国家之间，而在世界的其他地区，只是零散地分布着一些管道天然气贸易联系。除了亚欧大陆的其他地区，在北美，只有加拿大—美国—墨西哥连线；在中南美只有阿根廷—玻利维亚—巴西连线；在中东和非洲，只有卡塔尔—阿联酋这条孤立的连线；在亚太地区，也只存在马来西亚—印度尼西亚—新加坡这条孤立的连线；因此，受制于基础设施的建设和能源地缘政治因素，全球各大区域的管道天然气贸易市场相互分隔、以俄罗斯为中心的特征继续维系。

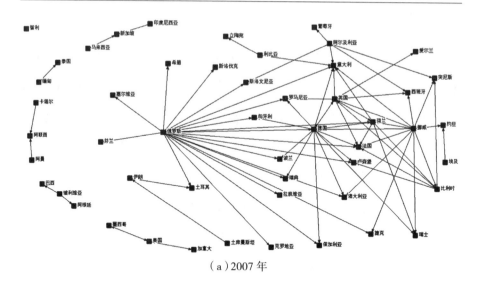

（a）2007 年

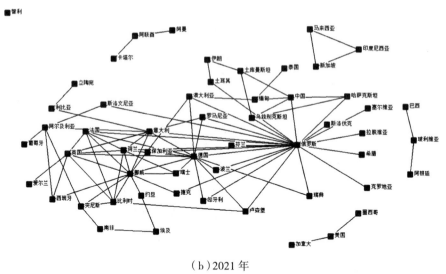

（b）2021 年

图 1-5　2007 年和 2021 年国际管道天然气贸易网络结构

资料来源：根据《BP 世界能源统计年鉴 2022》计算绘制。

液化气贸易网络结构则呈现不一样的特征。从 2007 年和 2021 年液化天然气贸易网络结构（见图 1-6）可以直观地看出，全球液化天然气贸易处于不断壮大的状态，节点数量、边的数量和贸易总量都在

不断增加；各节点间的贸易关系不断加强；贸易网络呈现幂律分布，
网络密度要明显大于管道天然气的网络密度，呈现多中心结构特征，网
络重要节点国家主要有中国、日本、韩国、印度、阿联酋、卡塔尔、俄

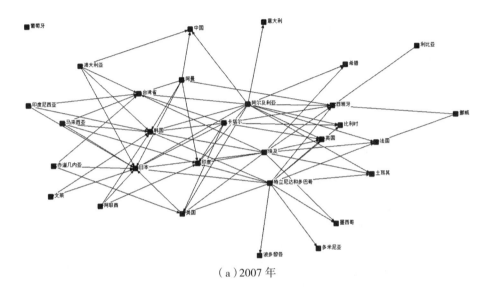

（a）2007 年

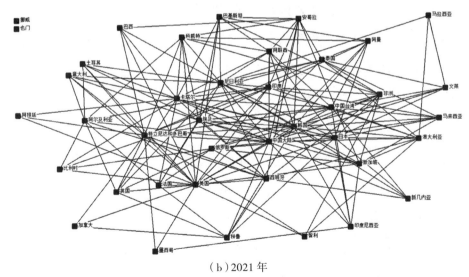

（b）2021 年

图 1-6　2007 年和 2021 年世界液化天然气贸易网络结构
资料来源：根据《BP 世界能源统计年鉴 2022》计算绘制。

罗斯、美国等。较之 2007 年，2021 年世界液化天然气的点度数比高
的网络重要节点国家大幅增加，世界液化天然气网络密度也明显增
加，同时贸易集群程度也大为提高且网络演化速度加快。表明全球
液化天然气贸易的流动性加强，贸易区域化和全球化特征得到强化。
2021 年中国的液化天然气进口渠道多元化非常明显，与日、韩在网络
中的地位相当，表明近年中国液化天然气进口来源多元化战略取得明
显成效。

三、主要供应国市场份额与天然气流向

　　进一步运用贸易流向图分析工具直观地反映天然气在主要供应
国和主要需求国的流动情况（见图 1-7）。2021 年，在全球管道天然
气贸易中，俄罗斯、挪威、美国、加拿大为主要供应国，市场份额近
67%；俄罗斯作为管道气的供气大国主要向欧洲及欧亚地区供气，集
中于德国、土耳其、意大利等国家；挪威主要向欧洲供气，集中在英
国、德国、法国、荷兰等国家。2020 年，管道贸易受到了不利影响，
贸易流量减少了 1210 亿立方米，主要原因是欧洲进口减少、液化天
然气的低市场价格以及足够高的储存水平，导致管道天然气进口下
降。美国的管道贸易平衡发生了显著变化，从加拿大进口的数量减少，
而向墨西哥出口的数量增加。与此同时，在亚太地区，天然气需求略
有增长，主要由中国推动。然而，该地区管道净进口量下降了 5%，
额外需求完全由液化天然气满足。

　　2021 年，管道天然气出口量增长了 6%，反映了全球经济活动的
复苏。美国对墨西哥的管道出口增长了 8%，而国内消费仍然很低。
在亚太地区，天然气净进口量增长了 17%，其中 1/5 的增量来自管道

进口的增加，这在中国表现得尤为突出，因为天气相关因素和经济活动增加导致进口量上升。自 2020 年以来，俄罗斯向欧洲输送的管道数量进一步下降，导致市场趋紧，天然气价格上涨。随着伊朗对土耳其的管道出口和以色列对埃及的管道出口大幅增长，中东地区的石油产量水平有所提高。非洲对欧洲的管道出口增长了 50%，其中阿尔及利亚对西班牙和意大利的出口大幅增长。

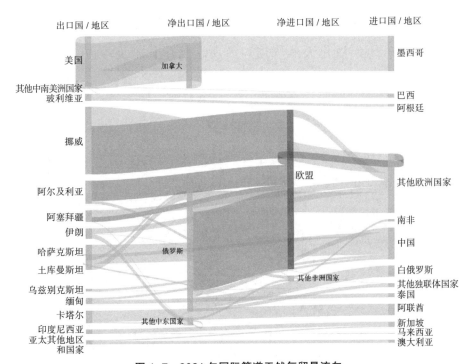

图 1-7　2021 年国际管道天然气贸易流向

资料来源：根据《BP 世界能源统计年鉴 2022》数据绘制。

2021 年，在全球液化天然气贸易中，澳大利亚、卡塔尔、美国、俄罗斯为主要液化天然气供应国，市场份额占 67.7%（见图 1-8）。根据国际天然气联盟（IGU）2022 年发布的报告，澳大利亚是世界第一大液化天然气出口国，2021 年的出口量达到了 1034 亿立方米，排在其后的液化天然气出口大国是卡塔尔（772 亿立方米）、美国（635 亿立方米）、俄罗斯（337 亿立方米）。中国在 2020 年是世界第二大液化天然气进口国，进口 825 亿立方米，2021 年反超日本跃居世界第一大液化天然气进口国。

2021 年，全球液化天然气贸易量为 3.85 亿吨，增长 6%，多个国家的经济活动有所回升。供应紧张和需求上升导致价格大幅波动，各国争相确保液化天然气储存水平，以满足冬季的潜在天然气需求。总体而言，2021 年液化天然气出口有所增长，其中美国以 2300 万吨领先。

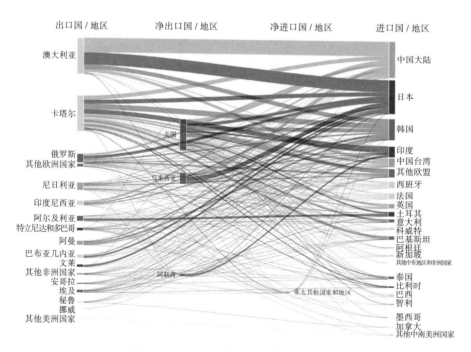

图 1-8　2021 年国际液化天然气贸易流向

资料来源：根据国际液化天然气进口国集团和埃信华迈的数据绘制。

四、乌克兰危机后全球天然气市场发生重大调整

乌克兰危机对全球经济和能源前景产生了广泛影响，全球天然气市场发生结构性调整。全球天然气市场的变化与整个国际地缘政治关系和国际贸易体系的变化进程相契合。

地缘政治博弈、突发事件等因素引发的经济政治形势变化对价格的影响将越来越大，并在能源金融市场的助推下，从短期看价格波动将会更加频繁。从长期看，乌克兰危机加速全球能源结构转型以及寻找替代能源或新能源的进程。传统能源供给地缘政治版图将发生变化。欧洲逐步减少对俄油气的依赖，美国将借机扩大油气出口规模，实现长期以来未能实现的能源大国目标。中东地区的油气出口商寻求替代俄罗斯的市场份额，并一举成为欧洲地区稳定的能源来源。在需求方面，全球能源贸易流向也将发生改变，俄罗斯将天然气出口主要目标转向亚太地区，向东拓展；美国能源出口重心转向欧洲，形成以中国、印度为主的"用俄罗斯能源"和欧洲为主的"用美—中东能源"的平行需求版图，打破原有的环形贸易格局。

天然气生产商之间争夺市场份额的竞争逐渐加剧。斗争主要在美国、澳大利亚等国和俄罗斯、卡塔尔、马来西亚、尼日利亚等国之间展开。北溪事件、乌克兰危机清楚地表明这些"黑天鹅事件"会造成中短期内国际能源合作的混乱。

全球天然气市场格局发生巨大的改变。欧洲天然气进口结构出现重大调整，美国成为最大的液化天然气出口国。俄罗斯对欧盟的管道天然气进口在 2022 年急剧下降。欧盟尽可能寻找俄罗斯天然气的替代品。欧盟承诺加快逐步淘汰俄罗斯进口天然气，这正在改变欧洲天然气市场，对全球天然气动态产生影响。国际能源署"减少欧盟对俄

罗斯天然气依赖的 10 点计划"确定了在一年内将俄罗斯天然气进口量减少 1/3 以上，十年内完全淘汰天然气。

贸易流向随着新的液化天然气项目投资和长输管网的建设重新调整。俄罗斯致力于加速建造向亚太方向的天然气管道，建立新的区域枢纽和进一步建设陆上基础设施。欧洲进口量激增导致全球液化天然气从亚洲流向欧洲，原先亚太地区为吸引大西洋盆地内液化天然气供应的亚洲溢价已不复存在。欧洲发挥天然气的价格杠杆作用，在控制内部需求的同时，吸引了大量国际现货液化天然气，填补了俄罗斯管道气进口量下降的缺口。

第三节　典型国家和地区天然气市场化改革

一、美国天然气市场化与监管改革

在美国天然气工业发展过程中，联邦和州政府对天然气生产、管输和配送的监管也在不断改革并完善，使之逐步适应天然气工业和天然气市场自身的特点，促进其发展。而天然气交易价格，主要通过市场交易中心由众多买方和卖方竞争形成。市场中心的交易价格，成为天然气产业链中各环节价格关系的连接点。

美国天然气市场体系建设和监管改革的进程（见图 1-9）经历了由政府缺乏监管的垄断定价、到政府全面管制的政府定价、再到价格管制和捆绑式销售逐步取消，最后到形成了发育完善、价格完全市场化的天然气市场。

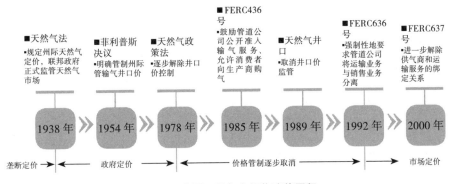

图 1-9　美国天然气市场化改革历程

美国的天然气市场化改革大致分为以下四个阶段：

（1）早期垄断定价（1938 年以前）

联邦对天然气监管的依据是宪法中的贸易条款，美国的政治体制联邦制要求在州和联邦之间进行分权。州政府监管州内的天然气业务，联邦政府则监管跨州的天然气贸易，但不干预天然气的生产和运输。由于管道公司具有的买方和卖方的双重身份，他们有很强的买方和卖方垄断力量。一个同时具有买方和卖方垄断力量的管道公司对其购买的天然气支付的价格低于竞争性批发价格，但其销售价格则超过竞争性零售价格。

1938 年联邦政府出台天然气法案，授权联邦电力委员会监管跨州天然气业务，规定州际间天然气运价，不能修建新的跨州管线到已经有管线服务的市场，这标志着联邦政府正式介入了天然气市场的监管。

（2）政府定价（1938—1977 年）

从 1938 年到 1954 年，联邦电力署的监管范围只是跨州天然气管道，不涉及天然气生产商。跨州销售价格不包括生产商在气田对管道公司收取的价格（井口价），该价格由天然气管道公司转嫁给终端用户。因此，过高的井口价很容易抵消终端用户受到的其他价格保护。最高法院在 1954 年将联邦电力署的管辖权扩展到包括生产商的价格。自此，美国天然气工业进入了全面监管时期。

但是，对井口价格控制的效果总体来看是失败的，联邦电力署对跨州销售天然气进行监管的严重后果是形成了跨州和州内两个市场，两个市场出现了价格差异。因为联邦电力委员会只管制跨州天然气交易的井口价格，销往州内的井口价格可以自由制定，生产商尽量在州内高价销售，导致了天然气消费州的供应短缺。而过低的井口价格挫伤了天然气生产商投入资金进行勘探寻找新储量的积极性。为了解决天然气的局部短缺，1977 年美国国会决定成立联邦能源监管委员会，替代联邦电力委员会，并于 1978 年通过了天然气政策法案。

（3）价格管制逐步取消（1978—1991 年）

天然气的严重短缺使美国国会意识到，为了保护消费者免受垄断价格影响而制定的价格管制政策损害了消费者利益，于是在 1978 年出台了《天然气政策法》。该法案有三个目标：建立全国统一的天然气市场、市场达到供需平衡、发挥市场的作用来决定天然气井口价格。

1985 年，为了响应《天然气政策法》开放更具竞争性的井口市场的要求和应对天然气工业的经济变化，联邦能源监管委员会发布了第 436 号令。通过不断放松管制的过程使管道公司的贸易和运输业务相分离，为受到限制和不便于更换燃料的用户开放天然气管道的使用权。联邦能源监管委员会 436 号令同样产生了许多长期效果：（1）管道商的主要功能是提供运输服务，而不是提供天然气商品；（2）由于终端用户有了更多的选择，出现了多种天然气购买和运输的方式和实践；（3）出现了新的定价方式——"净回值法定价"，该方法在消费终端确定一个合理的价格，减去城市管网的配送成本和管道运输成本，得到支付给生产商的井口价格。

1989 年，美国国会颁布了《天然气井口解除控制法》，解除了联邦能源监管委员会对天然气生产商销售市场的所有监管，取消了井口价管制。

（4）价格完全放开（1992 年至今）

1992 年联邦能源监管委员会 636 号令颁布，完成了将管道运输和其他业务分离的最终步骤。此法令要求重构跨州管道业，跨州管道商的生产和营销业务要求重构成独立的子公司，这些子公司不能比其他任何管道商的顾客有任何优先权（在价格、采购量、天然气运输的时间安排等方面）。此法令的主要目的是管道商必须将其管道运输业务和销售业务分离，以便顾客能够从任何提供商、以任何数量来自由选择天然气销售商、管道运输商、仓储商。2000 年的 637 号法令进一步解除了天然气销售与管道运输的绑定。

自此，美国通过解除对天然气井口价格的控制、强制性地要求管道公司公开准入、逐步取消捆绑等一系列措施，完成了对天然气市场的调整与改革，气对气竞争定价的机制也随之建立起来。

二、欧盟天然气市场化与监管改革

欧盟地区天然气价格形成机制的发展历史可以分为欧盟成立前的各国单独定价阶段和成立后的市场开放阶段。1993 年欧盟成立之前，欧盟各国单独制定本国天然气定价政策。欧盟成员国按天然气自给情况分为两类：一是以英国为代表的，天然气基本自给的国家；二是以

法国为代表的，绝大部分天然气消费依靠进口的国家，这也是欧盟成
员国的普遍情况。

　　欧盟的天然气供应主要依赖于进口俄罗斯的管道天然气。欧盟天
然气市场形成初期也同世界上其他国家一样，由大型纵向一体化能源
企业自然垄断输气和储气设施，从而避免了由基础设施重复建设带来
的投资浪费和高额运输成本等问题。由于天然气供给链条中管道和储
气库等基础设施具有自然垄断性，为打破市场垄断、营造自由竞争的
市场环境与增强天然气流动性，欧盟自 1998 年正式开始推行天然气
市场化改革，具体过程如图 1–10 所示。

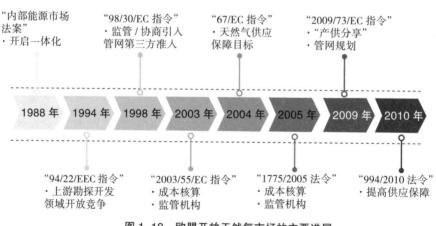

图 1–10　欧盟开放天然气市场的主要进展

　　（1）第一项指令

　　欧洲委员会在 1988 年通过了"内部能源市场法案"，自此开启了
欧洲能源领域的市场一体化和自由化。1994 年公布的"94/22/EEC 指
令"，开始开放上游能源领域（勘探和开发），该指令明确了各项基本
规则，以确保天然气勘探、开发及生产活动的无歧视性准入，建立竞
争性市场和有效保障天然气的供应。该项指令主要涉及的是天然气市

场的上游领域。

针对中下游能源领域推行的自由化始于 1998 年。1998 年 6 月，欧盟发布了"天然气指导意见（一）"，其中第 3 条明确提出了以监管或者协商的形式引入管网的第三方准入，为欧盟天然气市场化发展奠定了基础。在管道政策方面，提出无歧视开放 20% 的市场运输服务，并引入"解除绑定"概念，但不做强制要求。第三方准入制度是指在该燃气管网领域内运作的、经济上相互独立的事业体有权利进入和使用由其他公司拥有的各种燃气管网设施。引入该机制的主要目的是防止燃气管网基础设施的所有者利用自然垄断优势滥用市场支配权力，保证其他各方都能公平地使用管道等基础设施，通常需要政府发挥监管作用。

管网设施的第三方无歧视准入是天然气市场化的关键，管网设施的第三方准入有利于打破天然气上、中、下游一体化的垄断经营模式，有助于非垄断企业和其他能源类企业参与天然气管输，使更多的企业参与到天然气行业，提高竞争性，有助于天然气市场化发展。

（2）第二项指令

2003 年 6 月，欧盟发布了"天然气指导意见（二）"（也就是"2003/55/EC 指令"），其中第 3 条中明确规定以监管的形式实施管网第三方准入，第 22 条规定新建的大型天然气基础设施可以免除第三方准入，这样降低了基础设施建设风险，加大了成员国间的竞争。2003 年的"98/30/EC 指令"与 2005 年的"1775/2005 法令"，这些措施加强了阻塞管理的协调，有助于解决成员国间的容量分配以及服务平衡方面的问题。在此，天然气和电力作为并行提案。该指令提出了法律分离，强制所有成员国设立监管机构，进一步提高第三方准入要求，对需要监管的管网费用计算规则作出了规定——基于实际成本的有效成本，适当的投资收益率以及新建基础设施的激励机制。2004 年天然气市场对所有非居民用户开放，并于 2007 年 7 月完全开放。该法令虽为强制性的，但是收到的效果却不尽如人意，各国天然气垄断形势并未得到改善。

（3）第三项指令

2009 年 7 月，欧盟发布了"天然气指导意见（三）"（"2009/73/EC 指令"），明确了天然气基础设施准入条件，并且明确了欧盟各国输气系统的运行商需要向公众公开的信息，例如，准入节点气质参数、压力等。另外，在跨境运输方面，欧盟输气系统运营商联合会在其网站上公布跨境管道的节点名称、天然气流向等相关信息，以保证全欧洲范围内天然气输送的安全可靠性。改革方案还要求各国建立独立的监管机构，以确保大型能源企业实现有效的"产供分离"，使相关能源市场自由竞争的法则得到真正落实。

2010 年，基于天然气供应中断的现象，欧盟执行了新的法令来进一步提高供应保障，即"994/2010 法"，该法令将供应保障纳入了欧盟成员国之间的市场整合，从而确保特殊或紧急情况下天然气的正常贸易与供应，法令还要求明确所有市场竞争者的角色与职责，加强成员国（区域层面）、监管机构与市场参与者之间的合作。

随着欧盟逐步推进天然气市场化，传统天然气产业链中的自然垄断环节被逐渐剥离，形成独立的输配气、储气公司，无歧视的第三方准入得到了比较好的贯彻，终端用户有更多燃气销售商可供选择，从而提高了市场的竞争性。市场化后的天然气产业链不再是单纯串联结构。伴随着新参与者的出现，天然气在产业链中的流动趋向多元化。

三、俄罗斯天然气市场化与监管改革

俄罗斯拥有世界上最大的天然气探明储量，也是世界上最大的天然气生产国和出口国之一。

俄罗斯天然气工业股份公司（Gazprom，简称俄气）是俄罗斯最大的天然气生产商，其份额占 2013 年俄罗斯天然气总产量的 71.3%。俄气也是一家国有企业，政府持股比例略高于 50%。俄气是一家垂直整合的公司，经营天然气的生产、分销和输送，属于自然垄断。为避免俄气对独立天然气生产商的垄断行为，政府对天然气的输送关税进行监管。

到 20 世纪末，俄罗斯政府学习美国改革天然气管网市场的做法，1995 年专门成立管道利用跨部门委员会，制定文件法规规范保障独立天然气生产商无差别的管道输送配额权，逐步在天然气勘探开发领域放开，使得除俄气之外的其他独立生产商进入上游市场。2000 年俄罗斯联邦政府颁布的《关于在俄联邦境内天然气价格与输送费率政府调控的议案》中，提到从事天然气销售运输等各个业务的公司必须建立分离记录。随着独立天然气生产商的出现，天然气市场引入竞争。因此，从长远来看，俄罗斯天然气工业股份公司在国内市场的份额将继续下降，但是管道出口仍被俄气所垄断。对此，俄政府于 2013 年 12 月通过了相关法律，制造商可以从自己的工厂销售液化天然气产能。随着今后液化气出口的扩张以及出口业务的放松，其他企业的市场渗透将逐步提高。

从历史上看，俄罗斯天然气价格长期由政府定价，采用了成本加成批发价格。批发价格自由化的必要性在 2000 年被首次提出，2007 年正式确定从 2011 年初开始过渡。为了与欧盟天然气价格接轨，实

施与欧洲市场天然气挂钩机制，即出口净回平价等于欧洲市场天然气价格减去关税和国内外运输成本。此后，俄罗斯工业用天然气批发价格显著提高。显然，为了实现出口平价，需要进一步大幅提高价格，这将继续抑制工业部门的天然气消费。自 2013 年以来，实现等价的想法被无限期冻结。取而代之的是，根据政府确定的计划年增长率进行季度价格审查，但这一机制后来被放弃。此后，俄欧双方甚至探讨在欧亚经济联盟天然气单一市场的框架内确定共同定价的方法。

俄罗斯能源结构中天然气消费占 50% 以上，国内天然气价格受到行政监管，大大低于出口净回值价格。2012 年，平均国内天然气价格仅为平均出口净回价格的 30%。俄罗斯政府从 2018 年起将国内批发天然气价格的监管转变为输电电价的监管，住宅天然气消费的国内天然气价格仍将受到监管。此前，国内批发天然气价格的放松管制本应在 2012 年和 2015 年进行。由于油价上涨、经济危机以及欧盟实施基于枢纽定价，天然气价格改革不断被推迟。人们意识到，统一天然气价格对俄罗斯经济而言并不合理。

本章从全球资源禀赋、资源流向、市场化与监管等方面分析了国际天然气市场的格局和新趋势，主要结论如下：

第一，因全球天然气资源分布不均及供需双方的时空差异，天然气资源需在全球范围内流动，形成了全球天然气贸易网络。近年来，各国对天然气的需求增长将导致全球天然气贸易网络愈加复杂，贸易活动的增加将提升天然气进口风险。全球天然气的产量和消费量的趋势表明，中国将是未来全球消费的主要增量，美国是未来全球供给的主要增量。国际天然气市场供需、贸易流向等方面对国内天然气市场都会产生影响。在当前全球天然气资源流动性增加的背景下，亚洲、欧洲天然气交易方式发生变化，由长期合同交易更多地转为短期合同交易。国际天然气资源的争夺对国内天然气市场形成挤压，不同气源的定价在市场上发生冲突。因此，应从供需两侧发力保障天然气供应安全。提升国内天然气勘探开发和投资力度，提高国内供给能力。进一步深化与中亚国家、俄罗斯的天然气合作，还可考虑利用中美贸易谈判从美国扩大油气进口。

第二，向低碳能源体系的过渡很可能导致全球能源市场的根本性重塑，能源组合不再单一，而是更加多样化，消费者选择的作用更大。在过去大约百年的大部分时间中，能源系统一直由单一能源主导：20世纪上半叶的煤炭，随后是20世纪70年代的石油。当前，可再生能源和其他非化石燃料与传统化石燃料一起，在世界能源中所占份额越来越大。这意味着燃料组合越来越受消费者的选择，而不是简单的此消彼长。未来的能源可靠性要求全球减少碳排放的努力，包括将天然气作为实现这一目标所需的长期燃料，可再生能源和天然气的合作并推动能源转型的有序接替。

第三，典型国家天然气市场化和监管改革的进程不尽相同，各有特色。综合国内外经验来看，市场是配置资源的有效途径，除了销售与管输分离外，市场设计、第三方准入规则、交易中心建设、监管能力等方面都非常重要。这些共同作用，才能从根本意义上加强供应链的韧性，减缓外部价格变动对国内市场的冲击。

第二章　国际天然气市场价格变动的动态冲击效应分析

　　与石油相比，天然气在运输和储存过程中有很高的成本，因而其生产历来关注邻近国家和地区的市场供需，与此同时，不同国家或地区都在发展其自身的定价规则；管道气远距离输送和液化天然气贸易的增长推动了国际天然气市场从区域性逐步走向全球性。而多数天然气进口国为了能源安全的考虑普遍采取的进口来源多元化，使得不同地区天然气市场的定价机制存在冲突。国际天然气价格将逐步影响国内天然气定价，同样影响天然气进口国的国内市场安全，因此，本章主要揭示国际天然气各区域市场价格变动对其他地区的冲击与影响。

第一节　天然气定价、效率与配置

　　在市场经济体系中，天然气价格到底由什么来决定？经济学理论的回答通常是来自市场供求的因素。关于能源定价的理论不得不提到豪泰林对不可再生资源定价的假设：不可再生资源的价格应反映未来替代品价格的利率上升。然而，豪泰林模型假设市场是完全出清的，对于天然气价格并不完全适用。天然气价格背后的决定因素是效率与配置的权衡。

一、经济效率

效率目标意味着天然气应反映全社会对于天然气其他用途的机会成本。该目标的出发点是经济最优化，市场定价机制就成为必须考虑的选择。实际上，许多天然气市场依靠指导价格或者管制的价格，从整体社会福利而言，这并不意味着无效率，与之相应，气对气竞争的市场也并不一定是有效率的。无效率的原因产生于资源的扭曲。

天然气产业链中普遍存在潜在的扭曲，扭曲导致经济效率的低下。扭曲的来源之一是经济租金，不同区块的气田禀赋（如地质条件、采出难易程度、位置、大小、储量规模等）所产生的租金导致其成本的显著差异，当企业内部边际成本低于市场价格时，租金就产生了。租金可通过许可、资源垄断等方式获得或者占有。扭曲的来源之二是资产专用性，长输管网、液化天然气接收站等基础设施一旦投入，会形成较强的资产专用性，强化厂商对从生产者到终端用户供给链的控制力。扭曲的来源之三是天然气长期合同中的双边垄断，尤以液化天然气长期供货协议为代表，大型买家在面对卖家时拥有买方议价能力，而卖方在面对终端消费者时拥有卖方垄断势力。当然，扭曲的另一重要来源是政府行为影响国内定价，如国家管网公司实行回报率规制等。

二、公平配置

长期以来，效率和公平配置一直是政策权衡的目标。实际上，发展中国家政府使用其对于天然气定价的权力来达成分配目标非常普遍。例如，中国目前天然气按照最终用途分为居民用气与非居民用气。由于存在不同用户间的交叉补贴，居民用气价格远低于非居民用气价格，其差价甚至超过 1 元 / 立方米；再如天然气以低价提供给化肥厂，以推动化肥产业的发展并降低农业生产成本。这些交叉补贴的存在都是从公平和社会总体福利出发所进行的选择。

公平配置的目标通常导致对国有企业的依赖，但却是凸显国有企业社会责任的重要环节。从效率的角度而言，很多国家的天然气市场是扭曲的，这是出于分配和能源安全等其他政策角度考虑的不可避免的结果。

第二节　国际天然气定价方式及发展

一、八种国际天然气定价方式

天然气定价问题困扰着世界各国，我国天然气价格制定同样面临着能源安全、经济效率和分配带来的复杂性。自 2006 年以来，国际天然气联盟（IGU）每两年发布一次《天然气批发价格调查》，2012 年之后每年发布一次。

国际天然气联盟梳理出全球现有的八种天然气定价方式，具体如下：（1）气对气竞争定价（GOG）：天然气价格是由供需相互作用决定的，通过不同地区的天然气与天然气的竞争，并在不同时期（日、月、年或其他时期）进行交易。（2）油价指数挂钩定价（OPE）：通过基准价格和变化条款，天然气价格与竞争性燃料挂钩，通常使用的是原油、柴油或燃料油。在某些情况下，煤炭价格和电价可以一样使用。（3）双边垄断定价（BIM）：由大型卖方和买方之间的双边讨论或协议决定，价格在一段时间内固定，通常为一年。（4）从终端使用替代能源价格逆推定价（NET）：天然气供应商收到的价格，是买方得到的最终产品价格的函数。这种情况可能发生在天然气被用作原料的化工厂，如氨或甲醇，并且天然气是生产产品的主要可变成本。（5）监管（服务成本）定价（RCS）：允许卖方收回成本并获得合理回报的定价方式。（6）监管（社会/政治）定价（RSP）：价格由政府确定，考虑买方的支付能力、卖方的成本及政府的收入要求。（7）监管（低于成本）定价（RBC）：政府确定低于成本的价格来补贴买方，否则可能会补偿卖方的差价。（8）没有价格（NP）：低于成本但没有差价补偿。

八种天然气定价模式中，OPE、GOG、BIM、NET 可以广义地描述为"市场"定价；RCS、RSP、RBC、NP 可以广义地描述为"受监管"定价。目前，主流的定价模式为 OPE 模式和 GOG 模式。从总体情况看，有以下规律：

第一，市场型定价比重上升，监管型定价比重下降。市场型定价方式从 2005 年的 62% 上升到 2020 年的 71.5%，监管型定价从 2005 年的 38% 下降至 2019 年的 28.5%（见图 2-1）。在价格形成机制中，转向市场型定价取决于许多因素。俄罗斯市场从管制定价转向 GOG（气对气竞争）后，独立生产商开始相互竞争，生产商也和俄罗斯天然气公司 Gazprom 竞争向电力部门和大型工业企业出售天然气。阿根廷、尼日利亚也有类似转向 GOG 市场定价的趋势。自 2013 年起，中国两个试点省份开始从 RCS 转向 OPE，2014 年全国范围内开始有这种趋势，比起 2012 年天然气大幅增产。2015 年，除了居民住宅天然气和肥料领域，几乎都转向 OPE 模式。2018 年居民天然气定价也向 OPE 模式转变。

第二，天然气逐渐摆脱与石油挂钩，自身供需主导的定价模式占比持续提升。全球天然气未来将形成由自身供需主导的价格体系。根据国际天然气联盟统计,GOG 占全球天然气消费量的比重从 2005 年的 31.3% 上升到 2020 年的 49.3%,成为全球天然气交易中占比最大的定价模式。

21 世纪之前,欧洲的大多数天然气价格是由与石油价格挂钩的长期合同决定的,天然气价格跟随石油价格趋势平滑变动,为上游项目、运输管道和液化天然气终端的大规模投资提供了相对稳定的参考价格。然而,OPE 定价模式并未反映天然气市场本身的供需基本面,欧洲无法在天然气价格较低时获取收益。根据国际天然气联盟的数据,自 2005 年以来欧洲的天然气价格逐渐从 OPE 定价模式转向 GOG 定价模式,GOG 定价模式占据的市场交易份额从 2005 年的 15.0% 提升至 2020 年的 79.9%。

亚洲 GOG 定价模式起步最晚,发展最快。2016 年起亚洲地区 GOG 定价模式占比便随着该地区液化天然气进口的增加而逐渐提高。截至 2020 年,GOG 定价模式占亚洲市场交易份额的 21.7%。

第三,从管道气和液化天然气定价趋势来看,各地市场竞争定价的比例不断提高,这是以监管定价下降为代价的。2005 年至 2019 年,管道气 GOG 定价模式从 23% 持续上升至 62%,这一变化以 OPE 定价模式的下降为代价。就 2019 年欧洲管道气进口而言,GOG 定价模式占 76.5%,而 OPE 定价模式占 23.5%。这与 2005 年相比形成了鲜明的对比,当时的 OPE 定价模式占比为 91%,GOG 定价模式占比仅为 7%。管道气定价仍然多元,可以分为三类,即 OPE 定价模式、GOG 定价模式和 BIM 定价模式三种。GOG 定价模式占所有管道气进口量的 62%,总计近 4000 亿立方米,其中欧洲 2680 亿立方米,北美 1140

亿立方米，乌克兰从欧洲进口 140 亿立方米。大多数欧洲天然气进口国都有部分 GOG 管道气进口，排名前五的国家是德国、意大利、法国、英国和荷兰。OPE 定价模式约占所有管道气进口的 29%，总计约 1860 亿立方米，主要集中在欧洲，约 820 亿立方米，其中土耳其和西班牙是主要贡献者。亚洲（主要是中国）约 540 亿立方米，亚太地区（泰国、新加坡和马来西亚）约 230 亿立方米，拉丁美洲（主要是巴西和阿根廷）约 100 亿立方米。BIM 定价模式占比为 9%，总计约 590 亿立方米，这一定价方式主要存在于欧洲。

2005 年至 2019 年液化天然气 GOG 定价模式从略高于 13% 上升到 2012 年的 32%，同期以 OPE 定价模式的下降为代价。GOG 定价模式份额包括运往北美和欧洲交易市场（英国、比利时和荷兰）的液化天然气，以及运往亚太和欧洲"传统"液化天然气市场和一些较新市场的现货液化天然气货物。2005 年至 2007 年，GOG 定价模式大幅增长，这主要是由于亚洲和亚太地区现货液化天然气进口量的增长以及北美进口量的小幅增长。

自 2007 年以来，北美液化天然气进口（均为 GOG 定价模式）下降，欧洲进口（主要是英国进口）在 2009 年和 2010 年增加，亚洲和亚太地区液化天然气现货进口相对稳定，抵消了这些变化。2012 年，随着欧洲液化天然气进口量的下降，这些进口量在 GOG 定价模式类别中被抵消了，亚洲和亚太地区现货液化天然气进口量增加。2013 年的下降反映了现货液化天然气进口份额的下降以及英国、美国和加拿大液化天然气进口的下降。2014 年的进一步小幅下降主要是由于亚洲和亚太地区的液化天然气现货量较低，长期合同下的 OPE 定价模式相应较高。2015 年的反弹主要是由于所有市场（尤其是日本和新市场）

的液化天然气现货货物增多，因为液化天然气现货价格的下跌先于与石油相关的合同价格的下跌。2016 年，液化天然气价格下降是由于液化天然气贸易日益收缩，现货液化天然气货物减少，这使 OPE 定价模式受益。2017 年，随着现货液化天然气货物的增加，这一趋势发生逆转，部分原因是亨利中心定价的美国液化天然气出口量增加。2018 年，液化天然气进口都发生了重大变化，这是由亨利中心定价的美国液化天然气出口的持续增长以及现货液化天然气货物的普遍增长推动的。2019 年，GOG 定价模式占欧洲液化天然气进口量的 68%，高于 2017 年的 33%，而 GOG 定价模式在亚洲的份额从 2017 年的 23% 上升了 40%，在亚太地区的份额从 2017 年的 18% 上升到了 23%。

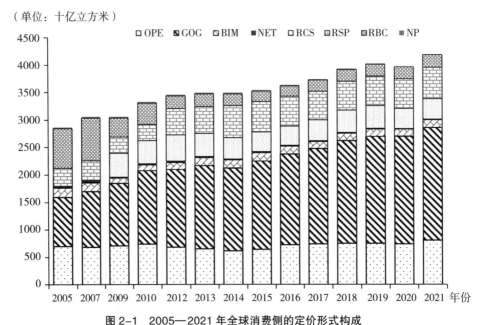

图 2-1　2005—2021 年全球消费侧的定价形式构成

资料来源：国际天然气联盟（IGU），批发天然气价格调查，2021 年。

二、四大区域性定价标杆

目前，欧洲、北美、东亚等区域性市场重要性日益凸显，他们各用自己的定价枢纽来确定交易价格。全球四大主要天然气价格（指数）——美国的亨利枢纽（HH）、英国的国家平衡点定价（NBP）、荷兰的天然气交易中心（TTF）以及日本的东京商品交易所（JKM），是各地区的定价标杆（见表2-1）。未来10年，区域性国际市场并存局面将继续存在，交易价格将继续呈现区域化和差异化，一体化全球市场仍难以形成。表2-1展示了主要地区或国家天然气市场定价标杆。

表2-1　国际主要天然气市场定价标杆

国家或地区	定价方式	天然气需求	定价标杆
北美	完全市场定价	自用并出口	HH 价格
英国	完全市场定价	依赖进口	NBP 国家平衡点定价
欧盟	市场净回值法定价	依赖进口	TTF 定价
亚太地区	石油价格指数定价	存在较大缺口	JKM 定价

（1）北美基准价格

北美（美国、加拿大）实行不同气源之间的竞争定价（GOG）。随着天然气监管政策的发展，多元化的供应端保障了充足并富有竞争力的供应，用户能够在众多供应商中自由选择，管输系统四通八达并实现了公开公平的"第三方准入"。1992年美国联邦能源管理委员会发布FERC 636指令鼓励发展市场中心枢纽，亨利中心成为供给市场定价的天然汇集点，在北美形成了以亨利枢纽（Henry Hub）为核心的定价标杆。

目前美国共有 24 个基于实体枢纽的交易中心。亨利中心的优势主要体现在地理位置和储存设施等方面。地理位置上，亨利枢纽联通了德州和路易斯安那州的天然气运输，拥有 18×10^8 立方米的管道输送能力。德州是美国天然气产量最大的州，占美国市场销量的 27%；路易斯安那州其次，占美国销量的 7%；储运方面，亨利枢纽与杰斐逊岛、阿卡迪亚和索伦托等在内的储存设施联通，每年可以有多个开采和注气周期，交付能力强。加上连接亨利中心的 16 条州际公路，该枢纽同时也是纽约商业交易所天然气期货合约指定交割地，因而其价格是北美天然气交易的基准价。

（2）英国基准价格

欧洲天然气市场交易中心始于 20 世纪 90 年代，目前有英国 NBP、荷兰 TTF、德国 NCG 和 GPL、比利时 Zeebrugge 等。与北美不同，欧洲的天然气交易中心大多为虚拟型，将区域性的管网视为一个虚拟的点，而不区分实际交割地点的差异。英国于 1996 年开创了虚拟交易枢纽，将全国范围的整个高压输气管网划定为国家平衡点（National Balancing Point），建立了统一高效的天然气批发市场，在英国定价系统中形成了一个国家虚拟平衡点定价（NBP），英国 NBP 天然气市场是欧洲历史最悠久的天然气现货交易市场，自 20 世纪 90 年代末期开始运行，被广泛用作欧洲天然气批发市场的指标。尽管采用相同的商品定价机制，但北美与英国的天然气市场相互独立。

（3）欧洲大陆基准价格

这一模式源于荷兰在 1962 年针对格罗宁根的超大气田采取的国内天然气定价政策，将天然气价格调整与石油燃料（柴油、高硫和低硫重质燃油）的市场价格按照一定的百分比挂钩，然后根据"传递要素"进行调整以分担风险。这一模式随后被出口合同所采用，进而影响东北亚的液化天然气定价。2003 年荷兰政府建立了虚拟所有权转移设施（Title Transfer Facility）交易中心，打通了国内因历史原因形成的高低热值两套天然气管网，目标是让其成为欧洲天然气环岛。得益于荷兰优越的地理位置、完善的基础设施、充足多元的气源供应以及政府的大力支持，TTF 发展迅速，并于 2016 年超过 NBP 成为欧洲 21 个交易枢纽中最活跃、影响力最大的一个。TTF 目前是欧洲大陆的基准枢纽，其他欧洲大陆枢纽的价格基本按照 TTF 价格升贴水定价。洲际交易所和欧洲能源交易所等能源交易所都推出了以 TTF 为交割地的天然气现货、期货、期权品种。

（4）亚洲现货市场基准价格

在东亚地区，早期日本是进口液化天然气量最大的国家，而日本进口液化天然气主要是为了替代原油发电，故其液化天然气长约合同采购定价的参考指标主要为日本原油清关价格指数（JCC）。随着全球液化天然气供应增加，液化天然气现货交易量提升，液化天然气现货市场主要参考的国际价格指数 JKM，即日韩综合到岸价格指数逐渐得到应用。现货交易流动性的增长使得 JKM 更多地被用于亚洲天然气实物交割以及衍生品的定价参考，甚至在液化天然气长约合同中，传统采购定价模式已经出现和国际原油价格指数强关联松动的趋势。

三、上海石油天然气交易中心价格指数

2014 年 6 月，中央财经领导小组第六次会议要求，积极推进能源体制改革，抓紧制定电力体制改革和石油天然气体制改革总体方案。2015 年，由国家发展改革委、国家能源局直接指导，上海市政府

批准设立的上海石油天然气交易中心试运行。这家注册在上海自贸区的国家级能源交易平台，已成为助推我国能源市场化改革的重要实体；2018 年，重庆石油天然气交易中心上线交易，交易中心开展储气库容量招标、管道气预售交易上线、LNG 槽车运力竞价、调峰储备 LNG 竞价采购、天然气发电交易、储气服务交易以及线上结算融资等业务；2020 年，深圳天然气交易中心在深圳前海正式挂牌运营，上线涵盖重量、热值、体积等计价的 6 个天然气交易品种；天津、新疆也正在积极筹建区域性天然气交易中心。2021 年，上海石油天然气交易中心天然气双边交易量达到 816.63 亿立方米，2022 年接近 1000 亿立方米，奠定了亚洲最大天然气现货交易中心的地位。

上海石油天然气交易中心 LNG 价格指数的推出有助于建立全国统一现货市场体系，日益成为国内现货交易价格的标杆（见图 2-2）。

（单位：美元 / 百万英热）

图 2-2　2019 年 1 月至 2022 年 11 月上海石油天然气交易中心 LNG 价格指数
资料来源：根据上海石油天然气交易中心网站数据整理。

该体系并不是简单的全国"同价",而是结合不同区域的情况因地制宜,形成整体与部分相结合的综合体系。区域价格反映该地区实时供需状况,全国价格指数则更具有监测、跟踪和预测的功能,反映国内和国际整体的供求变化,为政府和市场主体提前应对、规避市场价格剧烈波动等极端情况发生提供抓手。

第三节　国际天然气市场价格变动的冲击效应检验

一、特征事实

尽管近些年国际天然气市场的连通性日益增强,但传统上天然气市场一直表现出区域性。北美、欧洲、亚洲三大区域天然气市场定价机制的形成有其历史渊源。由于石油与天然气之间存在很强的替代关系,早期三大区域市场的天然气价格都参照国际原油价格,其后不同区域天然气市场价格呈现不同程度的脱钩。北美市场从以国际原油价格为基准的定价方式转变到现在完全依靠市场供需定价的定价机制;欧洲天然气长期合同价格虽然主要参照国际原油价格定价,但欧洲的天然气定价正在逐渐向市场化定价机制转变;亚洲市场天然气长期合同价格完全参照国际原油价格,使得亚洲天然气价格长期高于北美以及欧盟天然气价格,形成所谓的亚洲溢价。

图 2-3 描绘了美国、德国、日本和石油经合组织国家自 1984 年以来的天然气价格变化情况。分别用美国亨利中心的现货价格、俄罗斯出口到德国天然气的到岸价格、日本 LNG 进口到岸价、石油经合组织国家天然气到岸价来表示。

1984—1988 年,三大区域气价基本平稳,价差保持稳定。该时期天然气区域性双边垄断程度高，气源稳定，俄罗斯主要供应欧洲，东南亚主要供应日本，加拿大供应美国。陆上通过管道输送，海上通过船运，客观上天然气国际贸易往来中的长期协议价格是稳定的，气对气竞争价格与油气挂钩价格也是稳定的。

1999—2008 年，三大区域气价持续走高，价差缩小。该时期天然气作为清洁能源受到更多关注，新兴市场消费能力快速崛起，天然气进入发展的快速轨道，也促使价量齐升。中东国家开始在全球天然气贸易体系中居于中间"联结"作用，液化天然气出口量增长 1.5 倍，一定程度上缓解了欧亚天然气的供需矛盾，价差缩小，也使得各区域天然气市场的连通性开始增强。

2009—2022 年，三大区域市场价格波动明显，天然气作为一个独立的能源品种逐步和其他能源品种脱钩。随着美国页岩气产能释放，美国从一个液化天然气进口国转变成为世界重要的液化天然气出口国；而金融危机后国际原油价格持续上涨使得以国际原油价格为定价基准的欧洲和日本天然气进口价格快速上涨，市场溢价明显，尤以亚洲溢价最为显著；然而近五年来，受供需宽松影响，天然气市场逐步转向买方市场，天然气价格震荡下降。欧盟天然气市场与俄罗斯脱钩，液化天然气现货交易在国际市场日趋重要，在全球天然气市场的一体化进程中波动性加强，凸显了供应的脆弱性和敏感性。

二、研究方法与变量选取

本书基于 2000—2022 年天然气价格的月度时间序列数据，采用向量自回归（VAR）模型对国际天然气市场价格和原油价格的长期和短期关系进行探讨。向量自回归模型是多元时间序列中应用比较广

（单位：美元 / 百万英热）

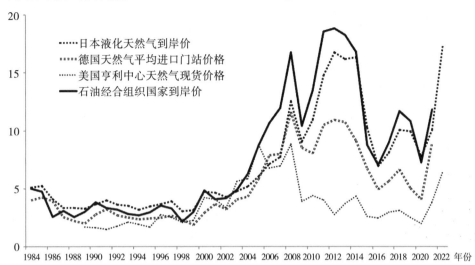

图 2-3　1984—2022 年日本、德国、美国、石油经合组织国家天然气价格变动情况

注：美国亨利中心于 1988 年成立，故无 1988 年之前的数据。

资料来源：国际货币基金组织（IMF）大宗商品数据库。

泛的模型之一，在经济学中，常用于分析相互联系的时间序列间的动态交互影响和随机扰动项对变量系统的动态冲击，从而解释各种经济冲击对经济变量造成的影响，推动了经济系统动态性分析的广泛应用。

VAR 模型是一种非结构化模型，其解决了结构化模型难以描述变量之间动态关系的问题。该模型基于数据的统计性质建立模型，把系统中每一个内生变量的滞后值作为系统中其他内生变量的自变量来构造模型，从而将单变量自回归模型推广到由多元时间序列变量组成的"向量"自回归模型。VAR 模型的主要意义还在于，给定足够的初始值，它可以使用不变均值、方差和协方差结构生成平稳时间序列。

根据西姆斯（Sims, 1980），一个包括 K 个内生变量 $y_t = (y_{1t}, \cdots, y_{kt}, \cdots, y_{Kt})$, $k = 1, \cdots, K$ 的 VAR 模型 VAR(p) 可以定义为：

$$y_t = A_1 y_{t-1} + \cdots + A_p y_{t-p} + \mu_t \qquad (2-1)$$

其中，y_t 是（$k \times 1$）向量组成的同方差平稳的线性随机过程，A_i 是 $K \times K$ 阶参数矩阵，其中 $i = 1, \cdots, p$，u_t 是 $E(u_t) = 0$ 的 K 维过程，不变正定协方差矩阵 $E(u_t u_t^T) = \sum u$。对于一个给定的样本：$y_1, \cdots, y_T$ 以及足够的样本值：$y_{-p+i}, \cdots, y_0$，对于任何一个价格序列，VAR(p) 模型的系数可以用 OLS 分别估计。在经济分析中，y_t 可以是原始经济变量序列，也可以是其差分序列，即变化率。在实证部分的 VAR 模型构造中使用各变量的差分序列及其滞后期。

如果所建立的 VAR 模型的 AR 特征多项式的根的倒数全部位于单位圆内，表明 VAR 模型是稳定的。也就是说，当模型中某个变量发生变化（生成一个冲击）时，就会使其他变量发生变化，但随着时间的推移，这种影响会逐渐地消失。因此，通过建立 VAR 模型可以判断出变量所构成的经济系统是否稳定。

为研究天然气价格和原油价格的长期和短期关系，研究选取了世界三大天然气区域代表国家的天然气进口价格（来自印度尼西亚的日本液化天然气进口价格，美国的天然气进口价格，以及德国天然气进口价格）和布伦特（Brent）原油价格作为研究对象，收集了从 2000 年 1 月至 2021 年 11 月的月度数据，每个价格序列都有 265 个样本，数据来自国际货币基金组织（IMF）、美国能源信息署（EIA）和 Wind 数据库。天然气价格的单位为美元 / 百万英热，根据 1 桶原油 =5.8 百万英热，将原油价格的单位也换算为美元 / 百万英热。文中分别用 JP、

US 和 Ger 代表日本、美国和德国的进口天然气到岸价，用 Bre 来代表 Brent 原油价格。为减少数据波动带来的影响，在研究中对价格数据进行自然对数处理，相应的研究对象名称为 LNJP、LNUS、LNGer 和 LNBre（见表 2-2）。

表 2-2　数据描述性统计

	原价格				价格取对数			
	JP	US	Ger	Bre	LNJP	LNUS	LNGer	LNBre
均值	9.3959	4.4185	7.2849	63.8683	2.1095	1.3775	1.8489	4.0429
最大值	35.0652	11.99	29.7876	133.8991	3.5572	2.4841	3.3941	4.8971
最小值	2.0321	1.51	1.4475	18.6	0.7091	0.4651	0.3698	2.9232
标准差	5.0981	2.1406	3.9306	29.2135	0.5089	0.4121	0.5328	0.4944

三、结果分析

本书旨在分析世界三大天然气区域代表国家的天然气进口价格和 Brent 原油价格之间的长期关系、短期动态均衡调整过程和价格波动的相互影响。因此，首先对价格序列进行平稳性检验，其次建立 VAR 模型，最后在 VAR 模型的基础上进行脉冲响应和方差分解分析。

（1）平稳性检验

在进行 VAR 建模分析之前，需要保证 VAR 模型中包含的内生变量是平稳的时间序列。为验证天然气价格序列和原油价格序列是否是同阶单整序列，分别对它们的水平值和一阶差分进行单位根检验，运用 ADF 检验、PP（Pillips and Perron）检验和 KPSS（Kwiatkowski-Phillips-Schmidt-Shin）检验三种方法进行平稳性检验。检验结果如表 2-3 所示。

表 2-3　标准单位根检验

价格取对数	ADF 检验		PP 检验		KPSS 检验	
	水平值	一阶差分	水平值	一阶差分	水平值	一阶差分
LNJP	−2.210	−6.557***	−1.972	−13.599***	1.8456***	0.0936
LNUS	−3.055	−8.095***	−3.288	−13.361***	1.3131***	0.0656
LNGer	−2.166	−6.333***	−1.505	−11.523***	1.8364***	0.0575
LNBre	−1.968	−7.222***	−2.163	−11.903***	1.9296***	0.0655

注：*** 表示在 1% 的显著水平下拒绝原假设。

从表 2-3 中可以看出，所有价格序列的一阶差分在 1% 的显著性水平下都拒绝了存在单位根的原假设。因此，所有价格的水平序列都是随机游走过程，而它们的一阶差分序列都是稳定的，即所有的价格序列都是一阶单整的。因此，三个 VAR 模型中所包含的内生变量均为平稳的时间序列。

（2）VAR 模型滞后阶数的确定与稳定性检验

为了估计 VAR，首先需要确定 VAR 模型的最优滞后阶数，结果如表 2-4 所示。其中，LL 表示对数似然函数；LR 表示似然比检验；FPE 度量向前一期预测的均方误差。表 3-4 显示，不同信息准则所选择的滞后阶数并不一致。参考斯托克和沃森（Stock 和 Watson，2001）与贝克特（Becketti，2013）等学者的研究以及 Stata 软件的检验结果，确定最优滞后期为 4 期。

表 2-4　VAR 最优滞后期检验结果

滞后	LL	LR	FPE	AIC	SC	HQ
0	−369.007	NA	0.0002	2.8804	2.9353	2.9025
1	786.099	2310.2	0.000000032	−5.9158	−5.6412	−5.8054
2	851.556	130.92	0.000000022	−6.2977	−5.8034*	−6.0989*

续表

滞后	LL	LR	FPE	AIC	SC	HQ
3	862.072	21.03	0.000000023	−6.2554	−5.5413	−5.9683
4	885.347	46.552*	0.000000021*	−6.3116*	−5.3777	−5.9361
5	868.915	19.185	0.000000022	−6.2793	−5.0961	−5.8031
6	881.18	24.531	0.000000023	−6.2494	−4.8409	−5.6825
7	911.002	59.644	0.000000020	−6.3600	−4.7261	−5.7024
8	933.36	44.714	0.000000019	−6.4109	−4.5516	−5.6626
9	963.153	59.586	0.000000017	−6.5212	−4.4365	−5.6822
10	1009.54	92.77	0.000000014	−6.7643	−4.4542	−5.8346
11	1024.76	30.441	0.000000014	−6.7581	−4.2226	−5.7376
12	1041.32	33.118	0.000000014	−6.7625	−4.0017	−5.6514
13	1065.04	47.439*	0.000000013*	−6.8243	−3.8381	−5.6224

注：＊表示根据相应准则选择的最优滞后期数。

VAR 模型稳定的充分必要条件是所有特征值都在单位圆内，或者特征值的模都小于 1。本章采用 Stata 软件通过 AR 根表和根图对模型进行平稳性检验，所有特征值均在单位圆之内，即证实模型中不存在大于 1 的特征根，因此 VAR（4）是一个稳定的模型；但有一个根十分接近单位圆，这意味着有些冲击可能有较强的持续性。

（3）Johansen 协整检验

迹统计量和最大特征根统计量均显示三大天然气进口国的天然气到岸价与原油价格的对数序列在 5% 的显著性水平上存在 1 个协整关系，即：

LNBre=0.0018+0.8561LNJP+0.2863LNUS+0.5664LNGer　　（2−2）

该协整关系反映了三大天然气进口国的天然气到岸价与原油价格的对数序列之间存在稳定的长期均衡关系：Brent 原油价格与三个

天然气进口大国的进口价格均呈同向变化，Brent 原油价格每变化 1 个百分点，将使日本、美国和德国的天然气进口价格分别正向变动 0.8561 个、0.5664 个和 0.2863 个百分点，三大天然气进口国的天然气到岸价与原油价格具有一定的联动性，存在长期均衡关系，即为协整系统。

表 2-5　Johansen 协整检验结果

协整数量 原假设	迹统计量			最大特征值统计量		
	特征值	λ trace	5% 临界值	特征值	λ max	5% 临界值
r=0	0.1559	78.6662	54.64	0.1559	44.2627	30.33
r=1	0.0727	34. 4034	34.55	0.0727	19.7111	23.78
r=2	0.0432	14.6923	18.17	0.0432	11.5265	16.87
r=3	0.0120	3.1658	3.74	0.0120	3.1658	3.74

（4）格兰杰因果关系检验

在经济变量中有一些变量显著相关，但未必是有意义的。格兰杰提出一个判断因果关系的检验，解决了 x 是否引起 y 的问题，其实质是检验一个变量的滞后变量是否可以引入到其他变量方程中。一个变量如果受到其他变量的滞后影响，则称它们具有格兰杰因果关系。

表 2-6　格兰杰因果关系检验结果

Equation	Excluded	chi2	Prob > chi2
LNJP	LNUS	12.425	0.014
LNJP	LNGer	15.685	0.014
LNJP	LNBre	39.298	0.000
LNJP	ALL	62.983	0.000
LNUS	LNJP	26.445	0.000
LNUS	LNGer	5.8563	0.210

续表

Equation	Excluded	chi2	Prob > chi2
LNUS	LNBre	4.2615	0.372
LNUS	ALL	53.418	0.000
LNGer	LNJP	10.13	0.038
LNGer	LNUS	7.9323	0.094
LNGer	LNBre	20.458	0.000
LNGer	ALL	43.333	0.000
LNBre	LNJP	7.3661	0.118
LNBre	LNUS	0.73693	0.947
LNBre	LNGer	4.7719	0.312
LNBre	ALL	10.864	0.541

表 2-6 显示，在 LNJP 被解释变量的方程中，如果检验变量 LNUS 系数的联合显著性（在方程中排除变量 LNUS），其卡方统计量为 12.425，相应的 p 值为 0.014，故可认为 LNUS 是 LNJP 的格兰杰原因。如果检验 LNGer 系数的联合显著性，其卡方统计量为 15.685，相应的 p 值为 0.014，故可认为 LNGer 是 LNJP 的格兰杰原因。类似地，LNBre 也是 LNJP 的格兰杰原因。如果同时检验 LNUS、LNGer 和 LNBre 系数的联合显著性，其卡方统计量为 62.983，相应的 p 值为 0.000，强烈拒绝 "LNUS、LNGer 与 LNBre 都不是 LNJP 的格兰杰原因" 的原假设。表 2-6 还依次汇报了以 LNUS、LNGer 和 LNBre 为被解释变量的检验结果，此处不再赘述。综上所述，LNBre 是 LNJP 和 LNGer 的格兰杰原因，而 LNJP、LNUS、LNGer 却不是 LNBre 的格兰杰原因。由此可以得出这样的结论：在现阶段，Brent 原油价格会对世界主要天然气区域代表国家的天然气进口价格产生一定影响，而世界主要天然气区域代表国家的天然气进口价格对 Brent 原油价格的影

响却不够显著。

（5）脉冲响应函数分析

VAR 模型的主要功能并不是解释回归系数的意义，而是说明一个随机新变量的冲击对内生变量的影响和其相对重要性，这就需要用脉冲响应函数对其作进一步分析。脉冲响应函数可以描述一个内生变量对误差的反应，刻画的是一个标准差大小的冲击对 VAR 模型中内生变量当期值和未来值的影响。由于在 VAR 模型中，所有的变量都与其他的变量相关，因此，任何一个变量的冲击不仅会影响到自己的变化，而且会对其他向量中所有的变量产生影响。

根据前面的分析，VAR 模型稳定。为了进一步考察天然气价格和原油价格之间相互作用的时间和方向，本部分在 VAR 方程基础上进行脉冲响应函数分析。考虑到使用的是月度数据，比较灵敏，脉冲响应期调整为 20 期，结果如图 2-4 所示。

脉冲响应图反映了当 VAR 模型某个变量受到"外生冲击"时，模型中其他变量受到的动态影响。中间的黑色曲线是估计出的脉冲响应值，上下的虚线是 95% 置信区间估计的结果。

各变量对其自身冲击的响应总是波动的。具体来看，图（a）以 LNBre 为脉冲变量，分别描绘 LNBre 对 LNJP、LNUS 和 LNGer 的动态效应，可以看出，总体呈现正向响应波动状态，且开始时波动幅度较大，之后强度逐步减弱。这表明 Brent 原油价格上与日本天然气进口价格、美国天然气进口价格和德国天然气进口价格存在一定的关联，并且关联度逐渐弱化及至趋于稳定。图（b）描绘 LNGer 对 LNBre、LNJP 和 LNUS 的动态效应，德国天然气进口价格对美国天然气进口价格的波动始终处于正向响应波动状态，对 Brent 原油价格的影响则先

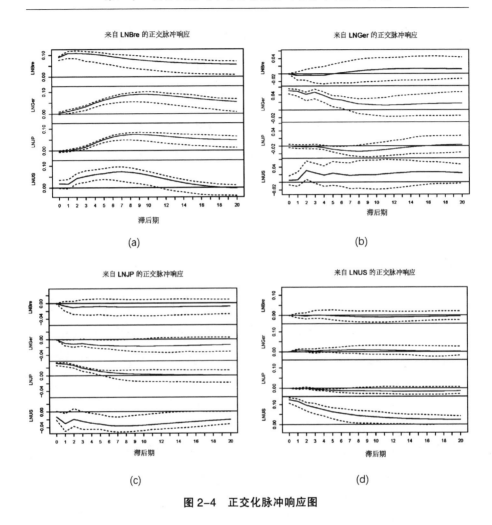

图2-4 正交化脉冲响应图

由负向响应波动状态转为正向响应波动状态，对日本天然气进口价格的波动最开始是正向响应波动状态，之后呈现负向响应，随后的负向响应先增大后减小。图（c）反映了LNJP对LNUS、LNGer和LNBre的影响，可以看到，日本天然气进口价格对Brent原油价格几乎没有作用，对德国和美国天然气进口价格具有负向影响，开始达到峰值后则逐步减弱，迅速回落。图（d）反映了LNUS对LNJP、LNGer和LNBre的影响，美国天然气进口价格对Brent原油价格以及德国、日本的天然气进口价格都几乎没有正向影响。原因可能是页岩气的成功开采极大增加了北美天然气的供给。许多研究认为，美国未来将成为巨大的液化天然气出口国，北美天然气交易中心的定价能力也有增强趋势，会对全球重要天然气进口地区辐射其价格影响力。

从脉冲响应图也可以看出，世界三大天然气区域代表国家的天然气进口价格之间也具有一定的联动性。原因可能是近年来液化天然气的发展有力地推动了洲际的天然气贸易，逐渐打破了天然气几大区域市场之间的贸易壁垒。尤其是随着技术的进步，液化天然气运输船开始更为频繁有力地在大洋上为不同区域的天然气市场"穿针引线"，液化天然气接收站更是在打破天然气区域市场壁垒中发挥了重要作用。因而，液化天然气的飞速发展为这种跨时间、跨区域的国际天然气贸易提供了很大的便利，这使世界各区域的天然气价格联动增强，世界各区域的天然气定价差异也有逐渐缩小的趋势。

（6）方差分解

脉冲响应函数描述了 VAR 模型中一个内生变量的冲击给其他内生变量所带来的影响，而要分析每一个结构冲击对内生变量变化的贡献度，并评价不同结构冲击的重要性，则需建立方差分解模型。方差分解是指对 VAR 模型的残差矩阵进行方差分解，它不仅是样本期间以外的因果关系检验，而且通过分析每一个结构冲击对内生变量变化（通常用方差来度量）的贡献度，进一步评价不同结构冲击的重要性，并给出对 VAR 模型中的变量产生影响的每个随机扰动的相对重要性的信息。为了反映每一次冲击的结构性影响，确定每次冲击对模型内生变量的相对重要性，对 VAR 模型进行方差分解分析。

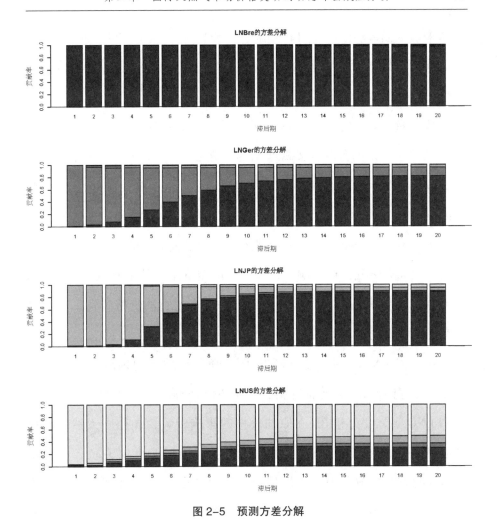

图 2-5　预测方差分解

图 2-5 反映了所有变量的预测方差分解，各图形的阴影面积由浅到深依次为 LNUS、LNJP、LNGer、LNBre。从变量 LNJP 的方差分解图可以看到，对 LNJP 进行向前 1 个月的预测后，其预测方差几乎完全来自 LNJP 本身；向前做 20 个月的预测，则预测方差主要来自 LNBre。这意味着日本天然气进口价格主要受其自身和 Brent 原油价格的影响，受美国天然气进口价格和德国天然气进口价格的影响较小。

具体来看，日本天然气进口价格与"JCC"挂钩，学者和大部分从业人员称为"日本原油综合价格指数"或"日本一揽子进口原油价格"，液化天然气进口价格按照原油价格的运动进行调整。

从变量 LNUS 的方差分解图可以看到，如果做一个月预测，变量 LNUS 有 99.98% 的预测误差源于自身；在 20 个月的预测结果中，也有 50% 以上源于自身。因此，美国天然气进口价格主要受自身因素影响，原因可能是北美天然气市场是发展时间最早、最成熟和最完善的天然气市场，美国的 Henry Hub 是全球天然气交易量最多的定价中心，具有较大的国际天然气价格影响力，而美国的定价主要基于 Henry Hub 交易的天然气期货价格，其天然气市场价格基本与石油价格脱钩，有自己内在的定价机制和独立的定价能力。

在变量 LNGer 的方差分解图中，20 个月预测的预测方差大部分源于其自身和 Brent 原油价格，只有少部分源于 LNJP 和 LNUS。这表明 LNGer 受自身和 Brent 原油价格的影响较大，即德国天然气交易中心有一定的定价能力，但在一定程度上仍与油价相关联。而变量 LNBre 的方差分解图中，无论是一个月的预测还是 20 个月的预测，预测方差都主要源于 LNBre 自身，占到 90% 以上，其余变量对 Brent 原油价格的影响较小。

本章通过对世界三大典型天然气市场的油气价格波动关系的分析，发现与原油价格挂钩的天然气定价制度的国家或地区其天然气价格受原油影响较大，影响的强弱程度为：日本最大，德国次之，美国最弱。随着天然气价格定价机制的日趋复杂，天然气价格受到基础和外部因素的多重影响。北美市场最早形成的天然气交易中心亨利港将北美市场的天然气定价机制转为市场化，天然气价格主要由供需双方决定，受原油价格影响较小，并出现脱钩现象。对于欧洲市场，虽然目前欧洲天然气现货价格和长期合同价格主要以国际原油价格为基础，但欧洲天然气定价已逐渐转向市场定价机制。而亚洲市场，市场机制不成熟，以原油价格为中心的天然气进口定价形式仍占主导地位，短期内难以改变，天然气长期合同价格完全与国际原油价格接轨，导致亚洲天然气价格明显高于美国和欧洲天然气价格。

本章的主要结论如下：

（1）世界三大天然气进口国的天然气进口到岸价和Brent原油价格均会对自身新信息立即产生大幅度反应，但持续时间差异较大；Brent原油对自身信息的反应一直较大，在20个月内只有微弱降幅，天然气价格对其波动影响一直不显著；三个天然气价格对其自身新信息的反应都是开始较大，之后直接进入下降趋势，与此同时Brent原油对天然气价格的方差贡献率会逐渐增大，说明长期内天然气价格会受到Brent原油的影响。

（2）长期内天然气价格受Brent原油价格影响的程度由强到弱为日本、德国、美国。一方面与自身天然气市场发展程度有关，另一方面与国内天然气供给有关。日本国内自身没有天然气产量，完全依靠进口，当原油价格由于受到冲击而发生变化时，其天然气价格不能依靠自身供给予以缓冲，而美国既是天然气进口大国又是天然气生产大国，德国自身也有天然气产量，其国内自身的天然气产量可以一定程度上缓冲原油价格对天然气价格的影响。

（3）近年来，全球天然气市场发生了巨大的变化，供给、需求和运输等方面的变化推动了天然气的国际贸易，世界三大区域天然气市场之间的联动正在增加，尤其是欧洲和东亚天然气价格的联动。但是，如果剔除原油价格的影响，各区域性天然气市场的连通性并没有预想中强烈。也就是说，区域天然气市场的联动是建立在天然气这一替代燃料特性的基础上的。因此，我国要加强天然气现货市场和期货市场的建设，提高天然气在能源转型中的地位和独立性，发挥超大规模市场优势来减缓价格冲击风险，提高天然气市场应对外部冲击的韧性。

第三章　中国天然气市场发展概览

2004年12月30日,"西气东输"工程正式商业运作,标志着中国天然气市场由启动期进入发展期。2017年,国家发展改革委和国家能源局等十三个部委联合印发了《关于加快推进天然气利用的意见》(发改能源〔2017〕1217号),明确了逐步把天然气培育成为中国主体能源之一的战略定位。在"十三五"时期,中国能源供给侧改革持续推进,天然气产业发展加速,在一次能源消费结构中的地位持续上升,逐步形成具有中国特色的产供储销体系。在"双碳"目标以及传统化石能源转型背景下,我国能源发展进入增量替代和存量替代并存的发展阶段,包括天然气在内的化石能源,既是保障能源安全的"压舱石",又是高比例能源接入的新型电力系统下电力安全的"稳定器"。推动能源绿色低碳转型,在工业、建筑、交通、电力等多领域有序扩大天然气利用规模,是助力能源碳达峰,构建清洁低碳、安全高效能源体系的重要实现途径之一。因此,本章综述我国天然气资源态势、供应、需求以及改革历程等角度,全面总结我国天然气市场发展的特征事实,为探讨国内天然气市场安全提供分析基础。

第一节　中国天然气资源态势

一、天然气储量、供应量、需求量

随着我国"四个革命、一个合作"能源安全新战略的实施，各大石油公司研究制订了"增储上产七年行动计划"。我国天然气储量快速增长，新增探明地质储量保持高峰水平。从图 3-1 可以看到，1998—2020 年，天然气探明储量、产量与消费量均保持稳定增长的趋势。"十二五"时期以来，国内天然气资源增储上产成效显著，储量产量实现快速增长。"十三五"时期，我国油气勘探开发总投资 1.36 万亿元，年均增长 7%。2022 年，国内油气企业勘探开发投资 3700 亿元，投资增量主要用于超深层、深水、页岩油气等领域的勘探开发。重点盆地和区域勘探获得重大发现，靖边、苏里格、安岳、延安、川西、米脂、东胜、渤中 19-6 等气田新增探明地质储量超千亿立方米；新区新领域获得新发现，新增库车博孜—大北、川南两个储量超万亿立方米气田。涪陵、长宁、威远、威荣和太阳等页岩气田新增探明地质储量超千亿立方米。"十三五"时期全国天然气新增探明地质储量保持高峰水平，新增探明地质储量 5.6 万亿立方米，其中常规天然气新增探明地质储量 3.97 万亿立方米、页岩气新增探明地质储量 1.46 万亿立方米、煤层气新增探明地质储量 0.16 万亿立方米。2022 年，天然气新增探明地质储量 1.29 万亿立方米。"十三五"时期国内天然气产量年均增长 7.4%，年均增量超百亿立方米。2020 年全国天然气产量 1925 亿立方米，比 2015 年增加 579 亿立方米，增幅达 43%。我国天然气探明储量远远高于产量，储产比也在逐渐降低，说明随着我

国天然气开采技术的提高，不断取得新突破，天然气增储上产的资源
基础得到进一步夯实。

自 1998 年开始，我国天然气产量和消费量都不断增加，截至
2022 年，我国一次能源消费结构中仍以煤炭为主，占比 56.20%；原
油次之，占比 17.90%；天然气占比 8.50%，较 2010 年的 4% 增长
4.5%，天然气在我国一次能源消费结构中重要性上升。

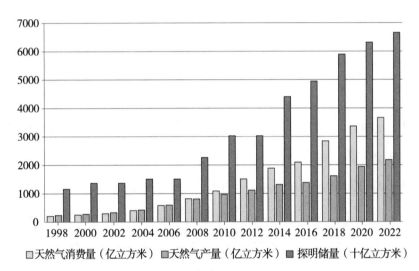

图 3-1　1998—2022 年我国天然气探明储量、总产量和消费量
资料来源：《BP 能源统计年鉴 1998—2022》。

过去 20 年间，我国天然气供需缺口持续扩大（见图 3-1）。2022
年我国天然气消费量达 3675 亿立方米，同比增长 0.20%；天然气产
量 2226 亿立方米，同比增长 6.80%。20 年间，我国天然气消费量年
均增长 13.85%，产量年均增长 10.28%，消费量增速大于产量增速，
天然气供需缺口从 2010 年的 123.3 亿立方米扩大至 2020 年的 1365.7
亿立方米。供需缺口扩大导致我国天然气进口量不断增长，进口对外
依存度不断提高，2020 年达到 46% 的顶峰，2022 年因疫情、地缘政

治、国内增产等原因下降为 41.2%。

二、中国天然气储运建设情况

（一）天然气管网

天然气管网是联系上游天然气生产地与下游天然气用户之间的物理纽带，管网的输配能力制约着天然气的平稳运行。制约管网储运能力的因素主要包含管网合理布局、城市门站和储气库。我国常规天然气主要分布在经济欠发达的中西部地区，而天然气的消费主要集中在经济发达的东部和南部沿海城市，因此，管道运输成为一种客观需求。20 世纪 90 年代初以来，中央政府推动了天然气基础设施的建设，现已初步形成以西气东输一线、西气东输二线、陕京一线、陕京二线、陕京三线、川气东送等为主干线，以冀宁线、淮武线、兰银线、中贵线等为联络线的国家基干管网。国内四大进口战略通道全面建成，国内管网骨架基本形成，干线管道互联互通基本实现，"气源孤岛"基本消除，支撑天然气多元供应的基础设施体系不断完善。

从各省已经建成投产或者部分投产的天然气管网来看，有以下特点：

第一，天然气管道建设发展迅速，基础设施网络基本成型。随着中俄东线天然气管道（北段）通气，中国四大进口天然气通道（东北、西北、西南和海上）全部贯通，一个"横跨东西、纵贯南北、覆盖全国、连通海外、资源多元、调度灵活、安全可靠"的天然气管网输送体系初具规模。同时，中国区域性天然气管网发展迅速并逐步完善。同时川渝、华北、长江三角洲等地区已经形成相对完善的区域管网，为区域性的交易中心的建立打下基础。截至 2021 年，中国天然气管网里程达到 11 万千米，比"十三五"时期初增加了 4.6 万千米，年输气能力超过 3500 亿立方米，其中国家管网集团拥有 4.82 万千米，占比为 40%，覆盖西气东输系统、陕京系统、俄气系统、"川气东送"系统、中缅中贵系统等跨区域管道，基本构建起"三纵三横"天然气骨干管网。中国石油、中国石化、中国海油三大石油公司的支线管道约为 2.6 万千米，占比为 22%，主要分布在川渝、南疆、山东等地，并在部分省份占据主导地位；全国 22 个省份成立了 48 家省级管网公司，地方省网和企业建设有 4.5 万千米支线，占比为 38%，分布在全国各地。我国基本形成以国家管网集团管道为骨架，以三大石油公司支线和地方支线为延伸的"全国一张网"。

第二，资源进口通道初步形成。西北方向，中亚—中国天然气管道 A、B、C 线建成，D 线项目稳步推进，2021 年来自土库曼斯坦管道天然气进口量超过管道天然气总进口量的一半。东北方向，中俄东线天然气管道已经开始输气。建成后累计输气量突破 100 亿立方米。西南方向，中缅天然气管道已建成，输气量已达 40 亿立方米。沿海地区，建成大型液化天然气接收站 24 座。

第三，管道输送规模不断提高。天然气管道覆盖率不断提高，用气人口从 2010 年的 1.9 亿人增加到 2022 年的 4.7 亿人。管道和铁路、水路、公路等交通方式分工合作、相互补充，共同形成我国天然气贸易运输体系。西气东输工程刚起步时，全国建成的输气管道只有 1.2 万千米，年输气能力不到 200 亿立方米。随着跨省管道工程的建设发展，到 2021 年底，我国天然气管道里程突破 11 万千米，覆盖全国 30 个省（自治区、直辖市）及香港特别行政区，主要天然气长输管线参数如表 3-1 所示。从 2019 年开始，为了深化国家油气体制改革，国家管网应运而生，分属于不同企业干线的天然气管网通过整合，形成了统一调度、统一运行、统一管理的新格局，运营效率提升近30%。"十四五"时期，我国将新建主干天然气管道20万千米以上，我国天然气管网将形成西北、西南、东北和海上"四大战略通道＋五纵五横"的管网新格局。

表 3-1　中国天然气长输管线主要参数

管道名称	起止点	管道长度（千米）	设计规模（亿立方米/年）	建成时间（年）
涩宁兰管线	青海涩北—兰州	953	30	2001
西气东输一线	塔北油田—上海	4200	120	2004
西气东输二线	霍尔果斯—上海、香港	8704	300	2012
西气东输三线	霍尔果斯—福州	7378	300	2014
西气东输四线	吐鲁番—中卫	1745	150	尚未开工
榆林—济南线	陕西榆林—山东济南	1045	30	2010
陕京一线	靖边首站—北石景山	1098	33	1997
陕京二线	陕西榆林—北石景山	935	12	2005
陕京三线	陕西榆林—北京昌平区西沙屯	896	15	2011
陕京四线	陕西靖边—北京高丽营	1231	250	2017
中贵线	中卫—贵阳	1898	150	2013
鄂尔多斯—沧州线	榆林市塔巴庙—河北省沧州	2422	300	2018
中缅线	缅甸皎漂—中国贵港末站	1100	120	2013
新粤浙管道	新疆伊宁—广东韶关末站	8000	300	在建
川气东送线	四川普光—上海白鹤镇	2203	120	2010
忠武线	重庆忠县—湖北武汉	1365	30	2004
冀宁线	仪征青山—河北安平	1498	100	2005
淮武线	淮阳—武汉	475	15	2006
大沈线	大连—沈阳	423	84	2011
克古线	内蒙古克什克腾旗—密云古北口	359	40	2013
秦沈线	秦皇岛—沈阳	406	80	2011

资料来源：根据安迅思、中商情报网等汇总整理。

（二）储气设施

国际天然气联盟认为，地下储气库是用来注入和采出地下储存天然气的地下和地面设施。储气库是天然气工业产供储销体系中的重要环节，其作用不可替代。地下储气库是天然气工业的"粮仓"和"银行"，具有季节调峰、应急保供、战略储备和市场调节四大功能，可以在极寒天气保温暖、极端条件保安全、减供期间保生产，发挥了保民生、保安全等重要作用。2017年，我国北方地区遭遇极寒天气，储气库在关键时刻快速增加应急供气2000万—5000万立方米。新冠疫情期间，我国天然气需求骤减，管道压力陡增，储气库发挥应急储气作用，保障了气田的平稳生产，确保了进口购气合同正常履约。

20世纪60年代末，大庆油田首次开展储气实验，1975年建成投产了中国首座气藏型地下储气库——喇嘛甸地下储气库。1999年建成第一座商业地下储气库——大张坨地下储气库，承担京津冀地区天然气"错峰填谷"任务和北京地区冬季调峰保供任务；2007年，在江苏金坛建成我国第一座盐穴储气库——金坛储气库；2013年，在新疆昌吉建成亚洲最大气藏型储气库——呼图壁储气库；2014年，在河北廊坊建成世界最深气藏储气库——苏桥储气库。截至2021年，我国已建成储气库27座。其中，中国石油23座，中国石化3座，港华燃气1座。中国主要储气库设计参数如表3-2所示。地下储气库在历年调峰保供中发挥了主体作用，支撑了我国东北、西北、西南一批枯竭气田改建成地下储气库，还为资源型城市转型升级提供了新的增长点。

长期以来，地下储气库是我国冬季季节调峰的主力。随着资源供应能力的提升，考虑照付不议的因素，地下储气库在夏季对富余气量进行填谷的功能也将显现。另外，随着国家管网的成立，各环节费用的理顺，峰谷差价的形成，以及在国际天然气供应宽松的局面下，可以在液化天然气现货价格较低时进行采购向地下储气库进行注气，在冬季用气高峰时向市场进行释放，实现套利。

截至 2022 年，中国已形成地下储气库调峰能力 145 亿立方米，占全国天然气消费总量的 4.5%，远低于 11.5% 的国际平均水平。从储气库未来需求来看，以 2030 年中国天然气消费量（平均水平）5500 亿立方米为基准，按照储气库工作气量占消费量的平均水平 11.5% 来测算，相应的储气库工作气量水平应达到 630 亿立方米；如果根据调峰系数分析，当消费量达到 5500 亿立方米，储气库调峰需求量则为 563 亿立方米，约占天然气消费量的 10.2%。

储气基础建设滞后、储备能力不足等问题仍然是整个天然气产业链的关键短板之一。中国天然气发展受资源与市场分离、对外依存度不断升高、进口通道存在长期安全风险、国内天然气市场局部存在巨大的用气不均衡性等因素影响，需加快建设地下储气库，提升储气能力，保障中国天然气的安全稳定供应。国家能源局《2023 年能源工作指导意见》指出，要以地下储气库为主，沿海液化天然气储气储罐为辅，推进储气设施集约布局，并加快地下储气库开工建设。将形成东北、华北、西北、中西部、西南和中东部六大储气中心，储气库将超 50 座，年工作气量将超过 1000 亿立方米。

表 3-2　中国主要储气库主要设计参数汇总

储气库	地点	库容（亿立方米）	工作气量（亿立方米）	调峰能力（亿立方米）	企业主体
大庆群库	黑龙江大庆	5.2	3.1	0.5	中石油
辽河双 6	辽宁盘锦	55.2	30.0	20.5	中石油
辽河雷 61	辽宁盘锦	5.2	3.4	0.5	中石油
双坨子	吉林松原	11.2	5.1	0.3	中石油
华北苏桥	河北永清	67.0	23.0	10.0	中石油
大港板南	天津滨海	7.8	4.3	2.0	中石油
长庆陕 224	陕西靖边	10.4	5.0	3.3	中石油
长庆苏东 39-61	陕西靖边	19.2	8.0	0.1	中石油
长庆榆 37	陕西靖边	6.0	2.7	0.1	中石油
新疆呼图壁	新疆呼图壁	117.0	45.0	29.0	中石油
西南相国寺	重庆渝北	43.0	23.0	23.0	中石油
中原文 96	河南濮阳	5.9	3.0	3.0	中石化
江苏金坛	江苏金坛	11.8	7.2	1.5	中石化
江汉王储 6	湖北潜江	2.3	1.4	0.5	中石化
大港库群	天津大港	76.8	34.6	19.0	国家管网
华北库群	河北永清	18.7	7.5	7.5	国家管网
江苏金坛	江苏金坛	26.0	17.1	7.8	国家管网
江苏刘庄	江苏刘庄	4.6	2.5	2.5	国家管网
中原文 23	河南濮阳	84.3	32.7	22.0	国家管网
江苏张兴	江苏淮安	31.26	18.5	6.3	中石油
金坛	江苏金坛	12.0	7.0	1.7	港华储气公司
南堡 1-29	唐山曹妃甸	18.1	10.5	5.5	中石油
铜锣峡	重庆	14.8	10.2	5.7	中石油

资料来源：根据安迅思、中商情报网等汇总整理。

（三）液化天然气接收站

与欧美等发达国家相比，中国液化天然气（以下简称 LNG）接收站建设及 LNG 产业发展起步较晚，2006 年投产的广东大鹏 LNG 接收站是中国内地第一座 LNG 接收站。"十一五"时期建成投产 4 座 LNG 接收站,接收能力合计 980 万吨。"十二五"时期 LNG 接收站进入建设高峰,共有 10 个项目建成投产,新增接收能力 3280 万吨。"十三五"时期新增接收能力 4970 万吨,其中 3030 万吨来自已有项目扩建;由于市场需求疲软,"照付不议"进口长协资源消纳困难,各方对 LNG 接收站建设意愿不强,5 年内仅有 7 个新建项目投产,贡献了 1940 万吨接收能力。到 2022 年,全国共建成投产 24 座 LNG 接收站(见表 3-3),接收能力合计 9730 万吨 / 年,配套储罐罐容 1175 万立方米。其中国家管网集团运营接收站 7 座,中国海油运营接收站 6 座,中国石油运营接收站 3 座,中国石化运营接收站 2 座,地方国有企业及民营企业广汇、九丰、新奥、深圳市燃气集团等公司运营 LNG 接收站 6 座。

受制于资源禀赋,进口 LNG 成为补足中国天然气需求缺口的重要来源。"十二五"时期 LNG 进口年均增速 15%,"十三五"时期达到 28%,2021 年 LNG 进口量增加到 7890 万吨,成为全球最大的 LNG 进口国。天然气市场需求的快速增长带动接收站运行负荷快速提升,2021 年中国 LNG 接收站运行负荷超过 80%,冬季采暖季大部分 LNG 接收站均处于满负荷状态,远高于全球主要国家 40% 左右的负荷水平。

表 3-3　我国进口 LNG 接收站主要参数一览

LNG 接收站名称	省份	储气能力(万立方米)	运营商	投运时间
深圳大鹏	广东	64	中海油	2006 年
上海 5 号沟	上海	12	申能	2008 年
上海洋山	上海	48	申能	2009 年
莆田 LNG	福建	96	中海油	2011 年

LNG 接收站名称	省份	储气能力（万立方米）	运营商	投运时间
大连 LNG	辽宁	48	国家管网	2011 年
如东 LNG	江苏	68	中石油	2011 年
宁波 LNG	浙江	48	中海油	2012 年
珠海金湾 LNG	广东	48	中海油	2013 年
南疆浮式 LNG	天津	42	国家管网	2013 年
东莞九丰 LNG	广东	16	九丰能源	2013 年
唐山曹妃甸	河北	64	中石油	2013 年
深南 LNG 储备库	海南	4	中石油	2014 年
海南洋浦	海南	32	国家管网	2014 年
青岛董家口 LNG	山东	64	中石化	2014 年
北海 LNG	广西	48	国家管网	2016 年
粤东惠来 LNG	广东	48	国家管网	2017 年
启东 LNG 转运站	江苏	26	广汇能源	2017 年
深圳接收站	广东	64	国家管网	2018 年
华安	广东	8	深圳燃气	2018 年
天津 LNG	天津	64	中石化	2018 年
舟山 LNG	浙江	64	新奥集团	2018 年
防城港 LNG	广西	6	国家管网	2019 年
江苏盐城绿能港	江苏	48	中海油	2022 年
浙江嘉兴 LNG 应急	浙江	26	嘉燃集团	2022 年

资料来源：根据安迅思、中商情报网等资料汇总整理。

第二节　中国天然气供给分析

国家能源局发布的《中国天然气发展报告（2022）》显示，过去五年，我国天然气勘探开发取得一系列突破。勘探围绕重点盆地、领域、区块，加大勘探力度，区块发现数量和新增储量均出现增长。国内常规天然气探明程度低，增储上产潜力较大。其中有 9 个增储区：

四川盆地、塔里木盆地、鄂尔多斯盆地、琼东南盆地、松辽盆地、莺歌海盆地、柴达木盆地、珠江口盆地、准噶尔盆地。预测 2030 年以前天然气年增探明地质储量可保持在 6000 亿—9000 亿立方米。根据周守为等（2022）的研究，全国常规气地质资源量为 67.4 万亿立方米，可采资源量 36.7 万亿立方米，探明地质储量为 14.2 万亿立方米，当前探明率仅为 16%。[①]

一、国产天然气供给稳步增长

中国天然气市场的发展历程中，政府主导的供给推动战略起了很大的作用。推动煤炭转天然气以减少空气污染的政策，一直是国内天然气生产和天然气进口快速增长的主要因素。2020 年是"十三五"规划收官之年，《中国天然气发展报告（2021）》显示，全国天然气产量 1925 亿立方米，同比增长 9.8%。其中，煤层气产量 67 亿立方米，同比增长 13.5%；页岩气产量超 200 亿立方米，同比增长 32.6%；煤制天然气产量 47 亿立方米，同比增长 8.8%。在习近平总书记"能源的饭碗必须端在自己手里"和国家"六稳""六保"经济方针引领之下，2021 年我国天然气产量连续五年超百亿立方米，总产量突破 2000 亿立方米。

2022 年天然气产量前十名的省市合计产量达到 2125.7 亿立方米，占天然气总产量的 96.5%。其中，产量排名前三的省份为四川、新疆、陕西，产量分别为 563.9 亿立方米、407.2 亿立方米、307.3 亿立方米，共计 1278.4 亿立方米，占国内天然气总产量的 58.1%。

[①] 周守为等：《中国天然气及 LNG 产业的发展现状及展望》，《中国海上油气》2022 年第 1 期。

从国内生产企业来看，"三桶油"提供了99%的国内供给份额。其中2021年中石油产量集中度为66.4%，中石化产量集中度为16.2%，中海油为10.9%。中石油的"三巨头"天然气生产企业长庆气田、西南气田、塔里木油田三家产量集中度为56.8%。从表3-4可以看出，2021年，中国前十五大油气公司的天然气产量均超过20亿立方米。纵向来看，这些企业在能源安全和保供的驱动下，天然气产量逐年上升（见表3-4）。

表3-4　2016—2021年中国前十五大油气公司的天然气产量　（单位：亿立方米）

油气公司＼年份	2016	2017	2018	2019	2020	2021
中石油长庆气田	365.0	369.4	387.5	412.5	448.5	465.4
中石油西南气田	190.1	210.2	226.3	268.6	318.2	354.2
中石油塔里木油田	235.6	253.2	266.2	285.5	311.0	319.3
中国海洋石油集团	134.6	143	160.3	172.7	198.8	226.1
中石化西南分公司	55.1	60.7	61.5	66.2	67.1	80.0
中石化江汉油田	51.7	61.3	61.4	64.4	68.1	73.0
陕西延长石油	20.4	25.8	33.7	48.1	57.1	71.4
中石化中原油田	40.0	59.8	65.6	70.7	64.0	69.4
中石油青海油田	60.8	64.0	64.1	64.0	64.0	62.0
中石化华北分公司	35.2	37.3	40.6	44.3	47.5	50.9
中石油大庆油田	37.7	40.1	43.4	45.5	46.6	50.2
中联煤层气	9.4	11.5	13.8	18.2	21.8	35.9
中石油新疆油田	28.5	28.4	29.2	29.3	30.0	34.9
中石油煤层气	12.7	18.9	21.0	23.6	24.6	25.6
中石化西北分公司	14.0	16.0	17.4	18.0	19.1	22.2

资料来源：根据国家统计局、各大油田年报等资料汇总整理。

随着勘探力度加大和开采技术的进步，国内天然气资源开发在"十四五"时期将会登上新的台阶，中国天然气的资源供给基础将不断夯实。随着国内天然气的开发和国外天然气的引进，我国将逐步形成国产常规天然气、非常规天然气、进口管道天然气、进口 LNG、煤制天然气等多元化气源格局（见表 3-5）。

表 3-5　2010—2021 年中国天然气资源供给　　（单位：10 亿立方米）

类型 ＼ 年份	2010	2011	2012	2013	2014	2015	2016	2017	2018	2019	2020	2021
国产气量	96.5	106.2	111.5	121.8	131.2	135.7	137.9	149.2	161.4	177.6	194.0	207.58
国产常规天然气	95.0	103.6	108.1	117.5	123.2	122.8	120.4	130.3	140.3	149.6	159.2	—
煤层气	1.5	2.6	3.4	4.1	5.7	6.3	7.5	7.0	7.3	8.9	10.1	10.47
页岩气	—	—	0.0	0.2	1.5	4.6	7.9	9.2	10.9	15.4	20.0	—
煤制气	—	—	—	—	0.8	1.9	2.2	2.6	3.0	3.7	4.7	—
进口气量	16.4	30.5	40.8	51.5	57.5	59.4	73.5	92.8	121.3	132.5	139.1	162.7
进口管道气	3.4	13.6	20.8	26.4	30.3	32.4	36.8	39.9	47.9	47.7	45.1	53,2
进口 LNG	13.0	16.9	20.1	25.1	27.3	27.0	36.8	52.9	73.5	84.7	94.0	109.5
供应量	113.0	136.7	152.3	173.3	188.7	195.1	211.5	242.0	282.8	310.0	333.1	370.30

资料来源：根据中国经济数据库数据整理。

　　非常规天然气成为保障国产气的重要来源。非常规天然气主要包括煤层气与页岩气。中国通过相关政策加以推进非常规天然气的发展，如《煤层气产业政策》《页岩气产业政策》《关于规范煤制天然气产业发展有关事项的通知》。

　　（一）煤层气

　　据煤层气资源评价，我国埋深 2000 米以浅的煤层气地质资源量约 36 万亿立方米，相当于 520 亿吨标准煤，主要分布在华北地区和西北地区。其中，华北地区、西北地区、南方地区和东北地区赋存的煤层气地质资源量分别占全国的 56.3%、28.1%、14.3%、1.3%。1000

米以浅、1000—1500 米和 1500—2000 米的煤层气地质资源量，分别占全国煤层气资源地质总量的 38.8%、28.8% 和 32.4%。全国大于 5000 亿立方米的含煤层气盆地（群）共有 14 个，其中含气量在 5000 亿—10000 亿立方米的有川南黔北、豫西、川渝、三塘湖、徐淮等盆地，含气量大于 1 万亿立方米的有鄂尔多斯盆地、沁水盆地、准噶尔盆地、滇东黔西盆地群、二连盆地、吐哈盆地、塔里木盆地、天山盆地群、海拉尔盆地。

表 3-6　2015—2021 年中国煤层气新增探明地质储量和剩余探明技术可采储量

（单位：亿立方米）

类型 ＼ 年份	2015	2016	2017	2018	2019	2020	2021
剩余探明技术可采储量	3062.5	3344.04	3025.36	3046.30	2865.4	3315.54	5440.6
新增探明地质储量	26.34	576.1	104.8	147.1	64.1	673.1	779.0

资料来源：中国国土资源公报。

根据国家统计局数据显示，2015—2022 年，中国煤层气产量整体呈上升趋势，2022 年中国煤层气产量达到 115.5 亿立方米。尽管如此，煤层气资源动用率不足 1%，工程成功率不足 60%，产能转化率不足 50%，除山西省的沁南、河东两个地区实现了初步规模的商业开发以外，其他地区仍在探索和期待中徘徊。近年来，国家能源局不断完善煤层气开发扶持政策措施，推动煤层气资源勘探开发、技术研发应用、管理制度改革等方面取得明显成效，努力将煤层气打造成为补充天然气供应的区域性气源，充分发挥煤层气在能源绿色低碳转型和供应保障中的重要作用。

表 3-7　2015—2021 年中国煤层气产量变化情况　　（单位：亿立方米）

年份	2015	2016	2017	2018	2019	2020	2021
产量	63.4	74.8	70.2	72.6	88.8	102.3	104.7

资料来源：中国国土资源公报。

（二）页岩气

页岩气与常规天然气埋藏条件不同，主要沉积在密闭性较好的页岩层底部，对开采技术要求极高。美国页岩气的井喷式增长和使用，让人们看到了页岩气广阔的发展前景。根据国际能源署发布的《全球页岩气资源初步评估》（2011），中国页岩气储量高达 30 万亿立方米，主要集中在四川、塔里木、准噶尔等地区，技术可开采量位居全球第一。

根据国家统计局数据，2020 年，全国页岩气新增探明地质储量为 0.16 万亿立方米，已发现涪陵、威荣、永川（中国石化）、长宁、威远、昭通（中国石油）6 个大中型页岩气田，中国成为北美以外最大的页岩气生产国，累计探明地质储量约 2 万亿立方米。

表 3-8　2015—2021 年中国页岩气新增探明地质储量和剩余探明技术可采储量

（单位：亿立方米）

类型＼年份	2015	2016	2017	2018	2019	2020	2021
剩余探明技术可采储量	1301.8	1224.1	1982.9	2160.2	3840.8	4026.2	3659.7
新增探明地质储量	4373.8	—	3767.6	1246.8	7644.2	1918.3	7454

资料来源：中国国土资源公报。

自 2012 年国土资源部推行页岩气探矿权公开招标以来，中国页岩气有效开发技术逐渐趋于成熟，埋深 3500 米以浅页岩气资源实现了有效开发，埋深 3500 米以深页岩气开发取得了突破进展，四川盆地海相页岩气已经成为中国天然气产量增长的重要组成部分。此阶段，壳牌、康菲、BP 等国际能源公司先后退出中国市场，第二轮中标的各类企业没有实现工业化开发。至此，国内只有中国石油、中国石化两家公司实现了页岩气的规模开发。2018 年，中国实现了页岩气年产量超过 100 亿立方米，2021 年产量进一步增长到 230 亿立方米，页岩气成为中国天然气产量的主要增长点。

二、进口天然气成为供应安全的重要环节

进口天然气作为国内天然气供应的重要组成部分，其稳定性和可持续性对中国天然气市场安全高效发展起着重要作用。到"十三五"期末，我国基本形成了"西气东输、海气登陆、就近供应、北气南下"的天然气供应格局。在需求潜力不断释放的情况下，供需缺口持续存在并加大，进口管道气和液化天然气已经成为我国天然气供应体系中不可或缺的部分。管道气方面，随着未来中俄东线北段的建成投产，东北、西北、西南三大管道气进口通道的输气量将继续保持增长，输送能力有望进一步提升。液化天然气方面，"十四五"初期国际市场供应的宽松态势，以及中国持续推行进口国来源多元化策略，将促使液化天然气进口在中国天然气进口总量中占比的稳步提升。然而中亚资源供应的稳定性仍存在风险，特别是哈萨克斯坦和土库曼斯坦等部分供应国，由于本国用气需求增速高于产量增速，未来可能出现减供。

中国从 2006 年开始规模性进口天然气，2006—2009 年主要以海运方式从澳大利亚进口液化天然气，进口源单一。从 2010 年开始，中国液化天然气的进口源呈现多区域、多国家的多元化特征，并逐步

实现管道天然气和液化天然气进口贸易同步化模式。到 2021 年，液化天然气的进口源依次是澳大利亚、美国、卡塔尔、马来西亚、印度尼西亚、俄罗斯、巴布亚新几内亚、阿曼、尼日利亚、埃及等（见表3-9），并继续成为世界最大的液化天然气进口国。

表 3-9　2017—2021 年中国主要管道天然气和液化天然气进口量及进口国

（单位：亿立方米）

类别　　　　　　年份	2017	2018	2019	2020	2021
天然气进口量	953	1257	1343	1414	1699
管道天然气	423	509	505	480	593
土库曼斯坦	341	352	335	288	332
哈萨克斯坦	11	59	71	74	65
乌兹别克斯坦	36	67	51	35	47
缅甸	35	31	48	42	42
俄罗斯	0	0	0	41	107
液化天然气	530	748	838	933	1106
澳大利亚	240	326	386	402	435
卡塔尔	104	128	116	113	126
马来西亚	59	80	96	84	114
美国	21	0	0	43	128
印度尼西亚	43	68	63	71	71
俄罗斯	6	10	35	70	64
其他	57	136	142	150	168

资料来源：根据海关总署公布的数据整理。

从我国天然气进口结构来看，我国主要以进口液化天然气为主，2015—2021 年我国液化天然气进口比重不断增长，由 2015 年的 45%增长至 2021 年的 65%。

相比之下，我国管道气进口增长较为平稳，总体增速要低于液化天然气贸易量。管道天然气贸易量占比从2015年的45%下降为2021年的35%。2015—2021年，我国管道气进口来源主要是中亚的土库曼斯坦、缅甸、乌兹别克斯坦和哈萨克斯坦。未来随着中俄管道线进一步投入使用，中俄管道天然气进口量有望迎来大幅度增长。

我国主要管道气进口国资源供应的潜力大。俄罗斯在《2035年前俄罗斯能源战略草案》中提出，2035年前将天然气产量中的31%出口到亚太地区。中亚地区天然气资源较为丰富，剩余探明储量21.8万亿立方米，其中，哈萨克斯坦2.3万亿立方米，土库曼斯坦13.6万亿立方米，乌兹别克斯坦0.8万亿立方米。该地区是世界重要的天然气生产和出口地区，2021年，该地区天然气产量1727亿立方米，出口量577亿立方米，占总产量的1/3。根据协议和管道建设情况看，中亚地区对我国出口量仍将逐步提高，到2025年向中国出口量可达500亿立方米。在亚太地区，缅甸天然气资源丰富。目前，缅甸天然气探明储量4322亿立方米，主要分布在德林达依、仰光、马圭及伊洛瓦底等省份。经过多轮油气勘探，陆上和浅海的勘探程度已很高，发现商业气田的难度很大，深海勘探程度较低，具有较大的勘探潜力。

随着中国境外多条天然气管道工程以及20余座液化天然气接收站竣工，中国已完成了西北、东北、西南和东南四大天然气进口通道的建设，天然气进口的多元化格局已经基本形成。然而，天然气管道的建设完成仅代表中国天然气进口通道有了战略路径保障，面对日益激烈的全球能源地缘政治博弈、极端事件导致的供应中断、天然气对外依存度的走高和天然气运输的地缘风险等多重压力，加强中国天然气贸易的地缘政治风险防控，才能确保天然气的进口安全。

从资源安全供应的角度来说，需坚持"立足国内，开放发展"的原则，既要充分发挥好中石油、中石化、中海油等国有大型油气企业在天然气供应方面的主导作用，又要有序放开天然气勘探开采，放开经营范围的限制，鼓励民营企业等多种所有制经济主体进入天然气行业。在重视陆地天然气开发的同时，加大海上天然气开发的力度，充分挖掘煤层气、页岩气、煤制天然气等非常规天然气开发潜力，并通过科技创新实现"可燃冰"等新型能源的开发和商业化。以构建多种所有制、多气源的天然气供应体系，增强我国天然气的基本供应能力和安全保障能力。

第三节　中国天然气需求分析

由于天然气市场对基础设施的依赖性比较强，在落实资源的前提下，需要积极主动甚至超前建设天然气基础设施，尽快提高管网的覆盖率和居民气化的普及性，天然气供应商应主动地开拓市场，通过一系列示范工程引导市场的发展，因而此期间以资源供应为主导。随着资源供应多元化、管网的不断完善，驱动市场的动能发生了变化。自2014年以来，中国经济发展进入新常态、大气污染防治力度加大、世界油气供应宽松并处于价格低位等影响天然气市场的因素在不断变化和转化，中国天然气市场的消费模式也发生了转变，即由供应驱动模式向需求拉动模式转变。自2017年以来，煤改气、北方清洁取暖就是需求拉动消费的典型模式。随着国家管网公司的成立，资源供应主体和供应方式更为多元，管网设施更为畅通，天然气普及率进入高位，市场化程度越来越高，供应越来越宽松。

一、中国天然气需求量

从国外天然气市场发展和 21 世纪我国天然气市场快速繁荣的历史经验来看，经济发展水平、人口总量和城镇化进程是驱动天然气消费增长的主要影响因素，与天然气消费总量均呈现正相关关系。"煤降气升"将继续成为中国能源结构调整的显著特征。未来，在城市人口持续增长、环境污染治理力度加大、天然气管网设施日趋完善，以及分布式能源系统快速发展等利好形势下，中国天然气消费持续增长期将持续到 2030 年或 2035 年；但在"双碳"目标下，也有多家研究机构下调了天然气消费预测量。

根据国家能源局（2021）的预计，通过合理引导和市场建设，2025 年天然气消费规模达到 4300 亿—4500 亿立方米，2030 年达到 5500 亿—6000 亿立方米，其后天然气消费稳步可持续增长，2040 年前后进入发展平台期。根据段宏波等（2021）的多模型估计，作为相对高效清洁的低碳化石能源，天然气在碳中和背景下将面临更多的不确定性。基于 8 个代表性的综合评估模型比较了不同气候政策情景下中国一次能源消费总量和天然气消费量的中长期演变趋势，表明，除国家自主减排（NDC）情景外，大多数模型的预测结果都表明 2060 年中国的一次能源消费总量将低于 2019 年水平；到 2030 年碳达峰目标年，在 NDC 情景、2.0℃情景下天然气消费量的跨模型平均水平分别为 4359 亿立方米、4591 亿立方米。因此，尽管因气候变化和能源转型给天然气市场的发展带来不确定性，中国天然气市场将保持市场规模且有扩大趋势。

（单位：亿立方米）

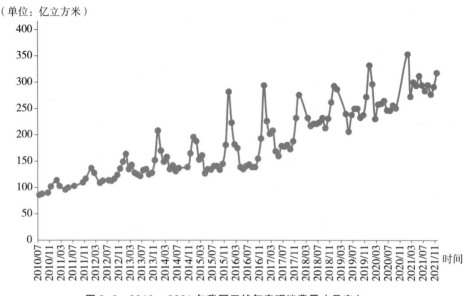

图 3-2　2010—2021 年我国天然气表观消费量（月度）

资料来源：根据中国经济数据库数据绘制。

二、中国天然气消费结构

依据《天然气利用政策》（2012 年 10 月 14 日国家发展改革委令第 15 号公布），根据不同用气特点，将天然气利用分为城市燃气、工业燃料、天然气发电、天然气化工四类。

21 世纪初期，由于天然气长输管道建设不足，中国天然气消费利用重心集中在油气田周边，主要消费结构为化工用气和工业燃料，这是典型天然气市场欠发达国家的天然气利用方式（见图 3-3）。进入 21 世纪以来，随着我国天然气长输管网（道）逐步建成，天然气消费结构也发生了巨大变化，呈现出以工业燃料为主的天然气利用结构，2022 年两者占比分别为 39.7% 和 32.0%。化工用气下降明显，同时，天然气发电也呈现稳步增长趋势，在消费结构中的占比年均增长16.5%。综合来看，我国天然气利用趋势符合天然气市场发达国家的消费利用发展趋势。

（一）城市燃气

城市燃气历来是天然气消费领域中传统且稳定的部分，城市燃气的主要利用方向为居民用气、公服用气、交通用气和采暖用气等。从消费量来看，我国城市燃气消费量从 1995 年的 67.34 亿立方米增长到 2019 年的 1608.55 立方米，年均增长 12.7%。从消费量占比来看，近 10 年我国城市燃气在天然气消费总量中的占比稳定在 35% 以上，基本达到发达国家城市用气水平。

随着我国城镇化水平逐步提高、大气污染防治力度增强，城市燃气在北方地区冬季清洁取暖、新型城镇化建设和新农村建设等方面还有较大增长潜力。此外，从二氧化碳、氮氧化物和颗粒物排放来看，天然气在交通领域对传统汽油、柴油的替代可有效缓解大气污染治理压力。可以预见，随着公路沿线和物流集中区等地加气（注）站加快建设，公共交通、货运物流和船舶燃料中的天然气消费量将会明显提高。

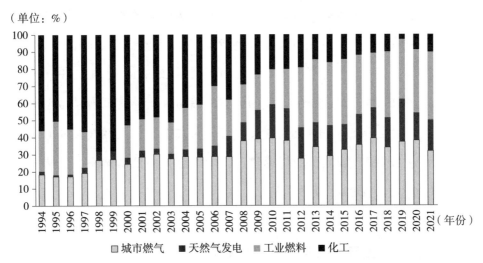

图 3-3　1994—2021 年中国天然气市场终端消费结构

资料来源：根据国家能源局、中国天然气发展报告各年公布数据整理汇总。

（二）工业燃料

工业燃料是天然气消费的重要组成部分。传统的工业燃料主要为煤炭、重油、石油焦、天然气等化石能源。但从长期来看，国家环保政策和工业"煤改气"推行等均利好天然气作为工业燃料消费，再加上天然气门站价格并轨、天然气管输企业让利用户等方面因素影响，以及工业用气消费量稳定且与季节相关性较低的特点，天然气在工业领域的清洁、高效、安全、稳定的优势有望得到进一步体现。从消费量来看，工业燃料从 1995 年的 51.87 亿立方米增长到 2019 年的 186.59 亿立方米。"十四五"时期，"煤改气"工程在中国仍将有序开展，工业燃料作为"煤改气"中占比最大的领域，有望得到一定的发展。那些能源成本在产出价值中占比较低的行业，如食品加工、制药等行业，比较容易接受"煤改气"。

（三）发电用气

天然气发电是当前天然气消费的重要领域之一，也是未来中国天然气消费市场持续繁荣增长的主要动力。从消费量来看，1995—2019 年，中国天然气发电用气量由不足 2 亿立方米增长至 500 亿立方米。但横向对比世界平均水平（37%）、俄罗斯（33%）、美国（35%）、英国（36%）和日本（60%），我国天然气发电在天然气消费领域占比还有较大差距。未来，随着我国天然气分布式能源、天然气调峰电站和天然气热电联产等工程的持续建设，能源结构向低碳转型，天然气发电将成为电力市场的重要补充。

三、中国天然气需求的区域差异

随着天然气管网的不断完善，天然气市场覆盖区域越来越广阔，天然气的消费地域在不断扩大。目前，全国基本形成了西南、环渤海湾、西北等多个不同类型区域性消费市场，环渤海、长三角、东南沿海等经济发达地区是我国主要的天然气消费中心，约占全国消费量的一半。从国内分地区天然气消费趋势图可以看出，我国天然气消费正处于快速发展阶段。分省份来看，2020 年四川、江苏、山东和广东 4 个省份天然气消费量超过 200 亿立方米，北京、河北、浙江、新疆、陕西、河南、天津和重庆等 8 个省（自治区、直辖市）天然气消费量超过 100 亿立方米。

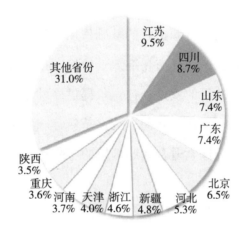

图 3-4　2020 年我国分省份天然气消费量占比
资料来源：中国经济数据库。

根据中石油经济技术研究院的预测，"十四五"时期天然气消费保持领先的为江苏、四川、广东、北京和山东等省份。江苏省和广东省都拥有众多的工业园区，在玻璃、陶瓷、电子等行业中已形成较大规模的工业用气需求。同时，这两省有着国内规模较大的天然气发电，所以天然气消费处于领先地位。四川省和山东省都是人口大省，并且都有较多的自产或者外供天然气资源。四川省主要依赖较高的城镇气化率和人口基数，山东省则偏重于工业领域的"煤改气"。北京市较高的消费量主要来自城镇燃气和天然气发电。而天然气消费较少的是西藏、云南、广西、贵州和宁夏等省份。

第四节　中国天然气市场化改革历程

一、促进竞争与放松规制

中国油气行业改革已经历了 20 余年，市场结构的改革一直是天然气市场改革的主线，通过不断地分拆重组，引入竞争因素，让市场机制在更多的领域发挥资源配置的基础作用。放松规制意味着放松或者取消诸多规制条款，包括市场准入、价格、投资等规制的一部分或者全部。放松规制的目的就是通过竞争提供多种新的服务，降低资费水平，使收费体系多样化，并促进技术革新等。我国不断探索对油气行业进行改革，积极探索适合我国国情的垄断行业改革模式与路径并取得了一些成绩。

（一）上游勘探开发由国有企业专属向区块勘探竞标的改革

1982 年后，中国政府出台了《中华人民共和国矿产资源法》《矿产资源勘查区块登记管理办法》《矿产资源开采登记管理办法》等法律法规，建立了我国天然气探矿权和采矿权采取许可证制度，国务院授权中国石油、中国石化、中海油和延长石油拥有陆上和海上天然气勘探开采的专属权。进入 21 世纪以后，中国政府开始鼓励私人资本进入天然气上游行业。2005 年和 2010 年，先后发布了《国务院关于鼓励支持和引导个体私营等非公有制经济发展的若干意见》《国务院关于鼓励和引导民间投资健康发展的若干意见》。这些规定允许符合条件的非公有制企业依法获得天然气勘探和开采权，并支持民营资本与国有企业合作进行天然气勘探和开发。2011年以来，共完成15次油气（含页岩气、煤层气）探矿权出让，成功出让87个区块，除"三桶油"外，39家企业进入油气上游市场。2023年7月26日，《自然资源部关于推进矿产资源管理改革若干事项的意见》印发，全面放开油气勘查开采，允许民营企业、外资企业进入油气勘探开发领域。

（二）中游管网从一体化垄断走向第三方公开准入

天然气管道传统上是由政府控制的，原石油工业部负责其建设和运营。中海油、中石化和中石油成立后，三家国有石油公司垄断了天然气管网，实行上中下游一体化运营。2013年以来，中国对天然气管道设施实施了一系列改革措施。首先，加快天然气管网向公用事业开放的联合步伐。2014年2月，国家发展改革委印发了《天然气基础设施建设与运营管理办法》，对天然气基础设施的运营业务实行独立核算，向第三方公平开放。2017年5月，党中央、国务院印发了《关于深化石油天然气体制改革的若干意见》，明确要求"完善油气管网公平接入机制，油气干线管道、省内和省际管网均向第三方市场主体公平开放"。2019年5月，国家发展改革委等四部门联合印发《油气管网设施公平开放监管办法》，对油气管网设施公平开放的制度基础、基本原则、解决方案、监管措施做了规定。这些政策的实施表明，中游天然气管网正在进入第三方接入时代。此外，天然气管网设施建设在向民间资本开放方面取得了重大进展。中石油、中石化大力推进"多元化所有制改革"，鼓励各类资本进入天然气管网建设。新疆广汇实业投资集团和新奥能源控股有限公司等民营企业已开始建设天然气管道、液化天然气接收站和储气罐等天然气设施。随后，国家又出台多项政策，加强长输管道、跨省管网、区域管网的管输配气费监管，为下一步管网公司成立打下基础。2018 年中海油通过上海石油天然气交易中心积极开展液化天然气接收站窗口期交易，首期试点由振华石油和胜通能源联合通过公开竞价购得。此外，随着管网等基础设施向第三方公平开放的稳步推进，我国持续推动管网互联互通，为形成"全国一张网"高效资源配置打下基础。

（三）下游面向终端消费从特许经营到放开竞争

1978 年以来，我国天然气下游（终端消费）的市场化改革大致经历了两个发展阶段。第一个阶段是 1978—2002 年。这一阶段，我国城市燃气管网建设、接收、运输配送、营销等环节仍然保持着国家投资、国有垄断、国家定价和财政补贴的格局。2002 年，原建设部发布了《关于加快市政公用行业市场化进程的意见》。此后，国家逐步放宽了对城市燃气行业准入的限制，通过独资、合作、合资、参股、特许经营等方式，将民间资本和外资引入城市燃气设施的建设和运营。第二个阶段是 2002 年至今。2004 年 5 月，原建设部颁布了《市政公用事业特许经营管理办法》，规定政府应当公开招标，选择投资者和经营者，授予其一定期限和范围内的天然气产品和服务经营权（特许经营权）。随着城市燃气市场的开放，越来越多的非国有投资者进入了城市燃气行业。

截至 2020 年，全国各类城市燃气企业共计 3000 多家，基本形成"五区、四市、N 大、众小"的城市燃气企业分布格局。其中"五区"是指跨区经营的五大全国性城市燃气企业（昆仑能源、新奥能源、华润燃气、中国燃气和港华燃气），"四市"是指为国内四个直辖市提供燃气服务的城燃企业，"N 大"是指以深圳燃气、合肥燃气、百川能源等企业为代表的年销售气量超过 1 亿立方米的城市燃气企业，"众小"是指天然气年销售量不足 1 亿立方米的小型城市燃气企业。2020年，中国五大燃气企业零售气量约 1435 亿立方米，占全国天然气消费量的 41.2%。

而随着天然气行业价格改革的深入，中小型城燃企业经营压力陡增。2017 年和 2019 年，国家发展改革委相继印发《关于加强配气价格监管的指导意见》《关于规范城镇燃气工程安装收费的指导意见》。其中，《关于加强配气价格监管的指导意见》将核定配气价格时的投资收益率上限确定为 7%，配气价格的上限管理规则要求城燃企业在可控的范围内尽量做到成本最优，中小型城燃企业面临较大的成本压力，加之上游供气企业的频繁调价，燃气最终销售价格的提价空间有限，因而近期城市燃气企业之间频繁重组合并，燃气行业集中度逐渐提高。

二、渐进式不断深入的油气体制改革

回顾新中国成立后中国石油工业 70 年的发展历程，油气体制改革一直在向前推进。其中，1988 年、1998 年、2017 年的体制改革和机构重组是三次重要时间节点。

第一阶段，从新中国成立到石油工业部主管的行政垄断（1949—1987 年）。1949 年新中国成立之初，设立燃料工业部主管石油工业，当时中国的原油年产量仅 12 万吨；1955 年 7 月，撤销燃料工业部，分别成立石油、煤炭、电力三个工业部，由石油工业部负责中国石油、天然气资源的勘探和开发工作。随着大庆油田和胜利油田的发现，中国石油工业的发展揭开了新的篇章。随后，大港、江汉、辽河、长庆、河南、华北、中原等一大批油田也相继发现并投入开发。改革开放后，开展了政企分开改革，1982 年 2 月中国海洋石油总公司成立，隶属石油部；1983 年 2 月中国石油化工总公司成立，将原来分属石油部、化工部、纺织部管理的 39 个石油化工企业划归中石化，总公司直属国务院。

第二阶段，"三桶油"的国有企业垄断时期（1988—1997 年）。1988 年 6 月，国务院机构改革，撤销石油工业部，成立能源部。同年 9 月，在原石油工业部的基础上组建成立中国石油天然气总公司。至此，中国石油天然气总公司负责陆上石油、天然气勘探开发和管道运输，中国海洋石油总公司负责海域油气勘探开发和对外合作，中国石油化工总公司负责石化炼制与销售。

第三阶段，市场化改革推进阶段（1998—2013 年）。1998 年国务院推行了新一轮油气企业重组改革，7 月，中国石油天然气集团公司和中国石油化工集团公司同时挂牌成立。根据国务院重组方案，两大石油公司重组后成为两个新的上下游、内外贸、产供销一体化的集团公司。同时，中国海洋石油总公司仍负责在中国海域对外合作开发海洋石油、天然气资源。1998 年的油气工业重组改革基本确立了现有国内油气经营格局，在打破垄断、引进竞争机制及规范市场运作方面起到了积极作用。西气东输工程的实施进一步推进了油气产业的对外开放。

第四阶段，管网独立推动油气体制深化改革阶段（2014 年至今）。2014 年，国家能源局颁布《油气管网设施公平开放监管办法（试行）》，提出油气管网设施向上、下游用户开放使用。2016 年 12 月，国家发展改革委发布《天然气发展"十三五"规划》，提出推动天然气管网运输和销售分离，大力推进天然气基础设施向第三方市场主体开放。

2017 年 5 月，中共中央、国务院印发《关于深化石油天然气体制改革的若干意见》从放开上游勘查开采、完善原油进出口政策、向第三方放开管网等 8 个方面对油气体制改革作出部署，绘制了油气全产业链改革的宏伟"蓝图"：通过油气体制改革顶层设计，推动油气行业在放宽准入、市场化改革、加强监督以及国企改革等方面实现新突破，从局部、点式改革转向覆盖全行业、全产业链的立体式改革。2019 年 5 月《油气管网设施公平开放监管办法》印发，要求油气管网设施运营企业不得阻碍符合规划的其他管网设施接入，并应当为接入提供相关便利，鼓励和支持油气管网设施互联互通和公平接入，逐步实现油气资源在不同管网设施间的灵活调配。2019 年 12 月，国家管网集团成立。至此，管网独立意味着油气体制向着真正意义上的"管住中间，放开两头"迈出了实质性的一步，我国天然气市场将逐渐实现天然气产业的产、运、销分离，向上游油气资源多主体多渠道供应、中间统一管网高效集输、下游销售市场充分竞争的"X+1+N+X"市场体系转变。

三、市场化改革的难题：天然气价格改革

天然气价格改革是市场化改革的重要抓手，也是天然气产业链发展完善的难点所在。

根据中国天然气产业链发展的不同阶段，国家相关部门对价格的规制也在发生变化。在天然气出厂价格形成的演变中，天然气出厂价格形成机制由管制定价逐步走向市场定价。

（一）从出厂和门站环节建立"理想起步价"，推进价格形成机制改革

1. 政府定价时期（1956—1981 年）。 我国对天然气定价始于

1956 年，此后在市场化改革之前都是政府定价，其间也进行了改革，但主基调是"人工调价"。1956 年制定的天然气井口价格为 70 元 / 千立方米，随后为了鼓励就近使用天然气，下调为 30 元 / 千立方米并维持较长时间。1982 年为了遏制产量下降提高生产的积极性，国家将天然气价格提高到 80 元 / 千立方米。这一时期的天然气定价职能由行业主管部门转移至国家综合管理部委和价格管理专业部门。当时的天然气生产主要集中在四川盆地，国家出台的天然气价格管理文件均以四川石油管理局及其天然气用户为对象，天然气价格长期保持总体稳定。

2. 价格双轨制时期（1982—2004 年）。 天然气价格双轨制，即对天然气实行计划垄断性定价和市场定价两种不同的定价机制。主要政策措施及价格变化情况如下：

一是实行天然气商品量常数包干政策。1982 年 4 月，国务院对四川省天然气实行了商品量常数包干政策，规定每年商品气指标为 50 亿立方米，商品率为 88%，包干内计划天然气由国家分配和定价，包干外天然气由企业自行定价，自行销售。同时决定自 1982 年 5 月 1 日起，四川天然气价格在原有价格的基础上每千立方米提高 30 元，提价收入作为天然气的勘探开发基金。这一政策成为我国实行天然气价格双轨制的标志。此后，我国天然气价格进入频繁调整期。调价后增加的收入全部转入勘探开发基金。随着其他油气田天然气产量的增长，国家对天然气价格的管理对象逐步由四川省延伸至全国。1987 年，国家将天然气商品量常数包干政策扩大到全国主要油气田，石油工业部每年的天然气商品量常数包干基数为 67.5 亿立方米，包干时间从 1987 年至 1990 年。

二是采取分类结构气价措施。1992 年 6 月，国务院专门制定了提高天然气价格实施方案，主要如下：（1）四川省天然气实行包干内外价格并轨，并根据不同性质的用户，实行分类气价，除化肥用气价格维持不变外，其他各类用气每千立方米的价格均有不同程度的提高。（2）其他油田天然气出厂价格不并轨。包干外气不分用气对象，一律执行同一气价，出厂价格为每千立方米 330 元。包干内气区分不同用气对象，实行分类气价。（3）非化肥用气按调整后的新价格执行，化肥用气仍按原价格供应。

三是实行自销气政策。1993 年 3 月，国家物价局决定自当年 4 月 1 日起，同意四川石油管理局按国家计划规定由企业自销的天然气实行市场价格。从此，四川石油管理局计划外超产天然气开始部分实行市场调节价格。自销气政策的实施，打破了几十年来天然气实行的单一政府定价模式，标志着我国天然气价格改革取得实质性突破。

四是天然气净化费与天然气出厂价并轨。1987 年 10 月，国家计委等四部门联合印发了《天然气商品量管理暂行办法》，明确各油气田商品气的价格由井口气价、净化费和输气费组成。1988 年初，四川省率先出台天然气净化费收费标准。1994 年 4 月，国务院下发了《国务院批转国家计委关于调整原油、天然气、成品油价格请示的通知》，决定从 2002 年 1 月 1 日起，将天然气井口价外加收的净化费并入价内，合并为统一的天然气出厂价，天然气出厂价每千立方米提高 30 元。

3. 政府指导价时期（2005—2010 年）。2005 年 12 月，国家发展改革委出台了改革天然气出厂价格形成机制的相关政策措施，对天然气统一实行政府指导价。

一是简化价格分类。将居民用气、商业用气及通过城市天然气管网公司供气的小工业用户合并为城市燃气用气，简化后的用气分类为化肥生产用气、直供工业用气和城市燃气用气。

二是天然气出厂价格归并为两档价格。将实际执行价格水平接近计划内气价且差距不大的油气田气量，以及全部计划内气量归并为一档气，执行一档价格，包括川渝气田、长庆油田、青海油田、新疆各油田的全部天然气和大港、辽河、中原等油田的计划内天然气。将除此之外的其他天然气归并为二档气，执行二档价格。

三是规范出厂价格浮动范围。一档天然气出厂价在国家规定的出厂基准价基础上，可在上下 10% 的浮动范围内由供需双方协商确定；二档天然气出厂价在国家规定的出厂基准价基础上上浮幅度为 10%，下浮幅度不限。

四是建立天然气比价挂钩机制。天然气出厂基准价格每年调整一次，调整系数根据原油、液化石油气和煤炭价格 5 年移动平均变化情况，分别按 40%、20% 和 40% 加权平均确定，相邻年度的价格调整幅度最大不超过 8%。

五是全面取消天然气价格双轨制。自 2010 年 6 月 1 日起，全面取消天然气价格双轨制，并适当提高国产陆上天然气出厂基准价格。各油气田出厂基准价格每千立方米均提高 230 元，取消价格双轨制。国产陆上天然气一、二档气价并轨后，将出厂基准价格允许浮动的幅度统一改为上浮 10%，下浮不限。

4. 市场净回值法定价（2011 年至今）。 2011 年 12 月始，国家发展改革委在广东、广西两省开展天然气价格形成机制改革试点，目的是探索建立反映市场供求和资源稀缺程度的价格动态调整机制。主要内容有：（1）实行新的作价办法，选取上海市场作为计价基准点；建立中心市场门站价与可替代能源价格挂钩机制。可替代能源品种选择燃料油和液化石油气，权重分别为 60% 和 40%，确定广东、广西两省天然气门站价格。（2）实行天然气门站价格最高限价管理。将天然气定价区分存量气和增量气，存量气为 2012 年用户实际使用气量，超出 2012 年的部分为增量气。将天然气价格管理由出厂环节调整为门站环节，门站价格为政府指导价，实行最高上限价格管理，供需双方可在国家规定的最高上限价格范围内协商确定具体价格。（3）调整非居民用存量天然气价格。在保持增量气门站价格不变的前提下，非居民用存量气最高门站价格每千立方米提高 400 元，广东、广西存量气最高门站价格按与全国水平衔接的原则适当提高。（4）实行天然气存量气与增量气价格并轨。2015 年 2 月，国家发展改革委下发了《关于理顺非居民用天然气价格的通知》，决定自 2015 年 4 月 1 日起，实现存量气和增量气价格并轨。试点放开直供用户用气门站价格；放开天然气直供用户（化肥企业除外）用气门站价格，由供需双方协商定价。（5）门站价格市场化改革。2016 年，国家发展改革委在福建省开展天然气门站价格市场化改革试点，西气东输供福建省天然气门站价格由供需双方协商确定。2017 年 9 月起，全国各地执行非居民用天然气基准门站价格，均价为 1.71 元 / 立方米。其中上海和广东基准门站价最高（2.08 元 / 立方米），新疆基准门站价最低（1.05 元 / 立方米）。

（二）在终端环节放开非居民用气价格，居民用气推行阶梯气价

第一，非居民用气价格改革放开。根据下游用户用气类别，可将天然气下游用气分为居民用气和非居民用气两大类。随着天然气价

格改革的推进，非居民用气的终端价格不断放开，市场化水平不断提升。放开非居民用气销售价主要通过以下两种方式实现：一是放开门站价，加强城市配气成本和价格监管，将市场化定价机制由门站价传导至终端价。二是建立天然气交易平台，引导形成非居民用户的市场化定价机制。2015年11月，国家发展改革委发布《关于降低非居民用天然气门站价格并进一步推进价格市场化改革的通知》，要求做好天然气公开交易工作。非居民用气应加快进入上海石油天然气交易中心，由供需双方在价格政策允许的范围内公开交易形成具体价格，力争用2—3年时间全面实现非居民用气的公开透明交易。2017年8月，国家发展改革委发布《关于降低非居民用天然气基准门站价格的通知》，推进天然气公开透明交易。鼓励天然气生产经营企业和用户积极进入天然气交易平台交易，所有进入上海、重庆石油天然气交易中心等交易平台公开交易的天然气价格由市场形成。

第二，居民用气价格改革保障民生。2014年前，我国大多数地区对居民用气收费实行低价的单一气价制度，其缺陷是：居民用气与非居民用气价格交叉补贴现象严重；用气量越大的用户，享受的交叉补贴越多，没有体现公平负担；部分居民用户过度消费天然气，增加冬季用气高峰时燃气企业调峰保供的压力等。2014年3月，国家发展改革委印发《关于建立健全居民生活用气阶梯价格制度的指导意见》（以下简称《意见》），要求在2015年底以前，所有已通气城市均应建立起居民生活用气阶梯价格制度。《意见》将居民用气量分为三档：第一档按覆盖区域内80%居民家庭用户的月均用气量确定，保障居民基本生活用气需求；第二档按覆盖区域内95%居民家庭用户的月均用气量确定，体现改善和提高居民生活质量的合理用气需求；第三档用气量为超出第二档的用气部分。各档气量价格实行超额累进加价，第一、二、三档气价按 1∶1.2∶1.5 的比价安排。

然而，由于计量监管的缺失，居民与非居民用气价格倒挂等问题开始显现，2018 年 5 月 25 日，国家发展改革委颁布《关于理顺居民用气门站价格的通知》，力图将非居民与居民用气门站价格并轨。主要包括：一是居民用气门站价格水平按非居民用气基准门站价格水平（增值税税率为 10%）安排；二是将居民用气由最高门站价格管理改为基准门站价格管理，供需双方以基准门站价格为基础，在上浮 20%、下浮不限的范围内协商确定，实现与非居民用气价格机制衔接；三是供需双方要充分利用弹性价格机制，在全国特别是北方地区形成灵敏反映供求变化的季节性差价体系；四是居民用气价格理顺后，对城乡低收入群体和北方地区农村"煤改气"家庭等给予一定补贴。至此，各种不同用户门站气价均可实现协商确定，向完全市场化迈进重要一步。

（三）在管输和配气自然垄断环节的价格规制改革

天然气管道运输属于重要的网络型自然垄断环节，管输费是连接天然气出厂价和门站价的过程费用，在天然气价格链中占据重要地位，是价格管制的重要环节。我国管输费实行政府定价，价格形成分四阶段：统一定价（1964—1976 年）、按距离收费（1976—1984 年）、按线路收费（1984—2016 年）和按企业收费（2016 年至今）。

第一，统一定价阶段（1964—1975 年）。我国于 1964 年开始制定并出台天然气管输费标准，统一定价为 23 元 / 千立方米，对不同长度、不同管径及运行压力的天然气运输管线实行单一定价。

第二，按距离收费阶段（1976—1983 年）。随着供气规模扩大、市场区域拓展和管输距离增加，统一定价的"一刀切"形式有待改革。1976 年石油化工部制定了按照天然气输送距离收取管输费的价格标准，并根据经济及行业发展，在数十年间多次调整。

第三，按线路收费阶段（1984—2015 年）。1984 年国家实行了"拨改贷""利改税"政策，管道项目的建设和运营体制机制发生根本性变化，管道运输企业成为以经济效益为目标的经营实体，管道运输定价机制也随之调整，实行"老线老价""新线新价"的管理办法。该政策执行之前国家拨款建设的管道（老线）仍执行国家统一运价标准（老价）；该政策执行后，由企业筹资新建设的输油气管道（新线）不再采用原来的管输费率标准，而是按照项目经济评价法或者政府批准的管道建设可研报告测算天然气管输费（新价），报国家价格主管部门批准后单独执行。收费依据是 1993 年国家计委、建设部发布的《建设项目经济评价方法与参数》，在满足行业基准收益率 12% 的前提下测算出来的。

第四，按企业收费阶段（2016 年至今）。2016 年 10 月，国家发展改革委颁布关于印发《天然气管道运输价格管理办法（试行）》和《天然气管道运输定价成本监审办法（试行）》的通知，从定价方法、价格监管对象、价格公布方式等方面推出新的管道运输价格机制。此次天然气管输费改革中，管道运输价格以管道运输企业法人单位为管理对象，按照"准许成本加合理收益"原则制定，即通过核定管道运输企业的准许成本，要求企业获得 8% 的准许收益率，对应的管道负荷率为75%，考虑税收等因素确定年度准许总收入，核定管道运输价格。

与中游管输费不同，城市配气费由地方价格主管部门管理，下游城市配气费的价格监管则相对滞后。2017 年 6 月，国家发展改革委印发《关于加强配气价格监管的指导意见》的通知，成为我国城市配气价格改革的里程碑。要求地方燃气公司核定独立的配气价格。配气价格按照"准许成本加合理收益"的原则制定，即通过核定城镇燃气企业的准许成本，监管准许收益，准许收益率上限定为7%，考虑税收等因素确定年度准许总收入，制定配气价格。

此后，2017年上半年，发改委组织12个成本监审组对13家天然气长输管道运输企业按照统一方法、统一原则、统一标准进行了成本监审，重新核定了长输管道运输价格，核定后的管道运输平均成本下降了16%。同时，各省政府参照国家管输费定价机制文件，陆续细化出台了本省内短途运输费用的价格管理办法，制定省内配气费监管细则。

从以上价格改革的历史脉络中，笔者看到了改革者的智慧：从边际上寻求突破。以渐进方式推进改革，采取整体设计、分步到位，先试点后推广的渐进式方式进行，价格管制逐步放松，市场化价格范围逐步扩大；天然气门站价格改革率先在广东和广西两省进行试点，然后再推广到全国；存量气和增量气门站价格并轨、非居民及居民用气门站价格的弹性空间也在逐步扩大；直供用户用气门站价格放开从非化肥用户开始，再扩大到化肥用户。区域门站价格放开试点从福建省开始，为其他地区改革积累经验。

本章较为系统地梳理了中国天然气行业的资源禀赋、市场供需态势，分析了市场化改革的进程。基本认识如下：

（1）中国天然气储量足以支撑其在一次能源结构中的提升。从资源禀赋看，我国常规天然气和非常规天然气的资源量和美国相当，今后若能够在页岩气和煤层气的开发上取得更大的技术突破，积极扩大国内产能，实现天然气对外依存度的显著下降是完全可能的。

（2）中国天然气行业的发展从政策、供给推动转向需求拉动。在早期，为了促进天然气行业的发展，政府和国有企业往往在还没有精准确定消费市场的情况下，就从供给侧出台举措。例如，2004年开始巨资建设天然气管道，此后才对管输费的设定多次进行调整。在后期，需求因素的拉动和制约因素将对天然气的发展至关重要，需求增长将主要来自天然气发电、分布式能源、居民生活和供暖领域，并且具有明显的区域差异。对于中国这样的天然气生产和消费大国，应实时转变成为一个以市场为基础、允许第三方准入的天然气发展和政策体系。

（3）"十四五"时期，中国的天然气市场结构将面临重大调整和外部冲击，包括加深对国际资源的依赖、管网建设的进展以及市场结构的变化。为了适应这些新变化，中国政府正在进行天然气价格改革和需求侧变革，以更好地调节供需关系和应对全球能源市场脆弱性的挑战。整体而言，中国天然气产业的发展潜力巨大，但也需要适应市场变化和持续改革以实现天然气市场安全的可持续发展。

第四章　政策不确定性、贸易潜力与液化天然气进口安全

由于管道气建设制约了天然气市场的流向，液化天然气（以下简称 LNG）贸易成为全球市场中的重要环节。传统的 LNG 上游项目在投资决策前需要锁定一定份额的长期"照付不议"合同，以降低上游巨额投资风险，这种合同模式至今仍然是交易的主流。另外，卖方供应能力受项目产能约束，无法满足买方增量或补提的需求，甚至在地缘争端、极端天气等情况下，买家面临供应中断风险，因而 LNG 现货交易日益活跃。据国际液化天然气进口商集团报告，2010 年 LNG 现货交易占交易总量的比重不足 20%，到 2020 年该比例达到 40%。在长期贸易协议和短期现货交易相互交织的情境下，有哪些因素影响 LNG 进口的安全？全球贸易格局下如何保障进口国的供应安全？

第一节　中国液化天然气进口风险

随着我国天然气供需缺口日益增大，天然气对外依存度必将继续提高。受能源消费结构转型和"煤改气"政策的大力推动等因素影响，我国天然气市场迎来爆发式增长，进口 LNG 的供应量也不断增加，在

天然气总供应量中占比不断提高。2017 年我国 LNG 进口量 3810 万吨，超过了进口管道气量，进口 LNG 占全国天然气消费量的 20%，首次超过韩国成为全球第二大 LNG 进口国；2018 年我国超过日本成为全球第一大天然气进口国，LNG 进口量超过 5000 万吨，占全国天然气供应总量的 26%。

我国液化天然气市场进口安全风险主要包括进口源地风险和运输风险等。一是进口源地风险。表现在中国的液化天然气进口量不均衡，形成气源风险。我国进口 LNG 主要集中于澳大利亚、卡塔尔等国，而在其他国家和地区进口量很少。未来，我国 LNG 进口市场将持续扩大，2025 年、2030 年和 2035 年将分别超过 8000 万吨、1 亿吨和 1.2 亿吨，主要来源国是澳大利亚、卡塔尔、马来西亚、印度尼西亚和巴布亚新几内亚，均超过 300 万吨进口规模。进口 LNG 合同模式由"点对点"、长期合同，向不限制目的地、中短期合同方向发展。如果主要来源国停止或减少 LNG 供应，会对中国天然气市场造成巨大的影响。

二是海运航线风险。2019 年，全球共有 284 条国家与国家之间的 LNG 贸易路线，全球 LNG 海运贸易量高达 3.42 亿吨。我国海上进口 LNG 航线中，澳大利亚海运航线相对安全，卡塔尔地处中东腹地，航线经过霍尔木兹海峡和马六甲海峡，非洲安哥拉和巴布亚新几内亚则需要经过索马里海域等，恐怖袭击和海盗风险、极端天气和海上事故风险较高。同时，长距离海运航线会大幅度增加 LNG 运输成本。

三是进口来源国地缘政治风险逐步加大。近年来，国际政治形势紧张，地缘政治风险加大。尼日利亚等中东国家是我国进口液化天然气的主要来源国家，这些国家政治风险较高，会增加中国进口液化天然气的风险。2022 年初乌克兰危机爆发后，国际市场上大宗商品如煤炭、石油和天然气的价格波动中上升，对全世界的能源安全造成了冲击。而这种行为抢夺了亚洲的 LNG 供应，造成了亚洲 LNG 市场现货价格"溢价"现象日益突出。由于我国 LNG 价格长期与国际原油价格挂钩，地缘政治风险在很大程度上会影响我国 LNG 供给安全，如何在国际政治经济关系中维护我国在液化天然气国际市场中的利益尤为重要。

中国 LNG 高度依赖进口，如何防范化解 LNG 进口风险是保障能源安全的重点。基于此，本书在经典贸易引力模型的基础上，融入地缘政治风险、贸易合同的变化等因素，在新的背景下分析中国 LNG 进口安全的影响因素，为进一步思考 LNG 资源安全保障提供参考。

第二节　考虑政策不确定性的贸易引力模型

引力模型来源于物理学，牛顿在 17 世纪提出解释万物运动的引力方程，其含义是物体之间的引力与质量正相关，而与距离负相关。20 世纪 60 年代，引力方程被丁伯根（Tinbergen，1962）引入贸易研究中，他发现双边贸易流量与两国 GDP 成正比，而与距离成反比。引力模型展现出了较强的经验性和对贸易流描述的强大的解释力，在最近的十几年中，引力模型被大量用于分析和评价贸易流。例如，巴特和哈亚特（Butter 和 Hayat，2008）研究了中国与荷兰的双边贸易[①]；胡再勇等（2019）采用引力模型分析基础设施对"一带一路"共建国

---

　　① Butter, F.A.G. & Hayat, R. "Tvade between China and the Ne therlands : A Case Study of Golbalization", Tinbergen Institute Discussion Paper, 2008.

家进口、出口以及域内双边贸易的影响①。

　　贸易引力模型的另一个重要应用是估算国家间双边贸易流量的潜力。毕燕茹和师博（2010）对中国与中亚 5 国贸易潜力进行了测算，实证结果表明中国与中亚 5 国具有较大的贸易潜力②；李亚波（2013）基于引力模型对中国与智利双边货物贸易的潜力进行了研究③；金缀桥和杨逢珉（2015）根据 2003—2013 年中韩双边贸易数据，运用贸易结合度、贸易互补性指数和引力模型对中国与韩国之间的贸易现状和贸易潜力进行了实证分析④；丁剑平和刘敏（2016）在贸易成本中加入规模效应的引力模型对中欧双边贸易进行研究，表明中国从欧盟的进口呈现规模效应，而出口规模效应不明显⑤；黄满盈和邓晓虹（2022）对中国服务贸易总体及 9 个细分部门在不同市场的出口潜力及贸易壁垒进行了经验分析，结果表明中国对其他经济体出口贸易潜力较大，贸易出口结构有待改善⑥。

　　国外对液化天然气贸易研究大多数是在全球或者区域（北美、欧洲、亚太、独联体）的背景下，对市场的演变、供需态势及其的驱动因素、供应安全、溢价、定价机制以及驱动天然气市场全球化等方面

　　① 胡再勇、付韶军、张璐超：《"一带一路"沿线国家基础设施的国际贸易效应研究》，《数量经济技术经济研究》2019 年第 2 期。
　　② 毕燕茹、师博：《中国与中亚五国贸易潜力测算及分析——贸易互补指数与引力模型研究》，《亚太经济》2010 年第 3 期。
　　③ 李亚波：《中国与智利双边贸易的潜力研究——基于引力模型的实证分析》，《国际贸易问题》2013 年第 7 期。
　　④ 金缀桥、杨逢珉：《中韩双边贸易现状及潜力的实证研究》，《世界经济研究》2015 年第 1 期。
　　⑤ 丁剑平、刘敏：《中欧双边贸易的规模效应研究：一个引力模型的扩展应用》，《世界经济》2016 年第 6 期。
　　⑥ 黄满盈、邓晓虹：《中国双边服务贸易出口潜力及贸易壁垒研究》，《南开经济研究》2022 年第 2 期。

进行分析。诺依曼（Neumann，2008）指出 LNG 扩展了全球天然气市场的贸易[①]；伍德（Wood，2012）阐述了 LNG 市场的演变以及最近的供需发展趋势[②]；阿里木（Alim，2018）分析了亚洲 LNG 现货价格[③]。国内涉及 LNG 贸易的研究大体上分为三类：一是对中国进口 LNG 的现状、图景进行分析（段兆芳和张津铭，2014[④]；刘晓龙，2016[⑤]）；二是对中国 LNG 贸易的安全性进行研究（檀学燕，2012[⑥]；李宏勋等，2020[⑦]；崔巍等，2022[⑧]）；三是分析中国进口 LNG 的影响因素（郑得文和华爱刚，2012[⑨]）。

通过以上文献可以看出，贸易引力模型被广泛用来分析贸易流与测算贸易潜力。国外对于 LNG 贸易的研究相对丰富，但是以中国为进口对象和使用贸易引力模型对中国 LNG 贸易进行分析的研究很少，实证研究更是缺乏。因此，本书基于 2006—2019 年 11 个伙伴国贸易的面板数据，运用贸易引力模型对中国 LNG 进口流量及贸易潜力进行研究。考察需求、技术、合同、地缘政治等因素对进口流量的影响，

[①]　Neumann, "Linking Natural Gas Markets–is LNG Doing its Job", *The Energy Journal*, 2008, pp.1–12.

[②]　Wood, "A Review and Outlook for the Global LNG Trade", *Journal of Natural Gas Science and Engineering*, Vol. 9, 2012, pp.16–27.

[③]　Alim, "Asian Spot Prices for LNG and Other Energy Commodities", *The Energy Journal*, Vol.39, 2018, pp.123–141.

[④]　段兆芳、张津铭：《中国 LNG 进口图景》，《中国远洋航务》2014 年第 7 期。

[⑤]　刘晓龙：《我国进口液化天然气可持续发展战略研究》，《商业经济研究》2016 年第 3 期。

[⑥]　檀学燕：《中国进口液化天然气可持续发展战略》，博士学位论文，中国地质大学（北京），2012 年。

[⑦]　李宏勋等：《基于 PSR 模型的我国天然气进口安全评价》，《中国石油大学学报（社会科学版）》2020 年第 5 期。

[⑧]　崔巍等：《俄乌冲突下天然气贸易网络的结构性风险分析及对中国的启示》，《价格月刊》2022 年第 8 期。

[⑨]　郑得文、华爱刚：《全球 LNG 新增产能对中国进口 LNG 的影响》，《天然气技术与经济》2012 年第 2 期。

按照签订合同类型对贸易伙伴国进行分类，测算其贸易潜力并进行分析，为中国今后 LNG 进口安全提供借鉴。

一、模型与变量

贸易引力模型的基本形式为：$X_{ij} = A(Y_iY_j)/D_{ij}$。其中，$X_{ij}$ 表示 i 国对 j 国的出口额；A 是常数项；Y_i 表示国家 i 的 GDP；Y_j 表示国家 j 的 GDP；D_{ij} 表示两国之间的距离。在近期的贸易研究中，通常采取的是估计传统引力方程的扩展形式，故本模型的设定也采用这种形式，即把传统引力方程两端取对数：

$$\ln X_{ij} = \ln C + \alpha_1 \ln Y_i + \alpha_2 \ln Y_j + \alpha_3 \ln D_{ij} + \sum \alpha_k Z_k + \varepsilon_{ij} \qquad （4-1）$$

其中，X_{ij} 是 i 国与 j 国之间的贸易总额；C 是常数项；Y_i、Y_j 是进口国和出口国经济规模；D_{ij} 是距离；Z_k 是除距离之外对贸易有影响的贸易成本；ε_{ij} 是随机误差项。

本书从经济规模、距离、技术、合同类型、定价方式、制度 6 个维度来设定变量。

（1）经济规模因素

经济规模是贸易最重要的前提，出口国的经济规模反映了潜在的供给能力，进口国的经济规模反映了潜在的需求能力，经济规模越大，供给能力和需求能力就越大，进而双边的贸易额就会越高。在引力模型中，测量一个国家经济和市场规模一般包括收入水平、人口、国家面积大小和人均 GDP 等变量。尤其是人均 GDP，反映了进口国与出口国的购买力。国内外许多学者也采取人均 GDP 作为反映经济规模的解释变量。因此，选取人均 GDP 作为衡量进出口国家经济规模的指标。

（2）距离因素

两国之间的距离代表运输成本的大小，是影响双边贸易的主要因素。显然，两个国家相距越远，它们之间的运输成本越高。因此，在引力模型中要加入两个国家之间的距离这个变量。在引力模型文献中，首都之间的距离是测算两个国家距离的常用方法。具体而言，以基于经纬度测算的两个首都的大圆测算两国距离。

（3）技术因素

技术尤其是改善效率的技术或是清洁能源技术，对于能源结构的升级起到重要作用。选取 R&D 经费支出占 GDP 的比例来反映技术因素的影响，以能源强度衡量能源效率对中国 LNG 贸易的影响。

（4）合同类型

由于贸易前期需要大量投资进行基础设施建设，为了避免资金回收的风险，LNG 进口商和出口商之间早期多签订"照付不议"长期合同。从 2005 年开始，由于需求端未预期的增长以及生产国供给的下降，导致亚洲买方转向环大西洋的生产商购买 LNG 以补充环太平洋和中东签订长期合同的生产商的供应。尽管现在有一些中期合同，环大西洋的大部分供应都是现货或短期合同。中国从 2009 年开始也陆续签订 LNG 进口的短期合同，且短期合同 LNG 进口量占进口总量的比例也逐年增加。短期合同和现货市场交易可以增加液化天然气的流动性。所以，LNG 贸易所签订的合同类型会影响贸易流量。对于合同类型这一变量，设定为虚拟变量，如果该国家属于长期合同贸易国则设为 1，反之为 0。

（5）定价方式

定价方式在一定程度上反映了市场经济的运行情况。油价是影响

LNG 进口的一个重要因素。从 2006 年至今，LNG 国际贸易迅速增长，多元化趋势也日益显著，LNG 价格也产生了很大变化。在 LNG 国际贸易中，定价采用能源替代法，与替代能源挂钩，LNG 价格一般与原油挂钩，以天然气市场价值为基础定价，意味着油价的变化将会导致中国 LNG 进口价格的变动。

现货和短期供应的定价通常与长期合同不大相同，通常与交易中心价格相关，LNG 卖方可以选择将 LNG 卖到西北欧或美国这样有弹性的市场，而不卖给亚洲的买方。因此，为了保护这些供给，亚洲买方支付的价格要比从弹性市场上获得的价格还要高，这使得卖方得到更高的净利润。这意味着美国亨利中心和英国国家平衡点价格较高者为现货和短期供应有效提供了发货到亚洲买方的最低价。由此可以看出，美国亨利中心会影响 LNG 现货、短期贸易的价格，从而影响LNG 进口流量。

综上，选取国际油价作为长期合同定价方式的衡量指标，以美国亨利中心天然气价格作为现货或短期合同定价方式的衡量指标。

（6）制度因素

在引力模型中，虚拟变量的选择对回归结果的影响很大。在国外有关研究中，制度因素（关贸协定、法律和制度环境等）、自然变量（共同边界、内陆或海洋等）、社会变量（语言、历史、文化等）经常作为虚拟变量被考虑（Soloaga 和 Wintersb，2001[①]；Papazoglou，2007[②]）。

---

① Soloaga, I., Wintersb, L.A., "Regionalism in the Nineties : What Effect on Trade?", *The North American Journal of Economics and France*, Vol.12, 2001, pp.1–29.

② Popazoglou M.P., Van Den Heuvel, "Business Process Development Life Cycle Methodology", *Communications of the ACM*, Vol.50, No. 10, 2007, pp.79–85.

　　"一带一路"倡议与中国两大能源进口通道基本重合，即陆上从俄罗斯、中亚进入中国，海上从中东、非洲通过印度洋、马六甲海峡、南海进入中国。因而，中国能源进口会受到"一带一路"倡议的影响。自由贸易协定（FTA）是两国或多国间具有法律约束力的契约，目的在于促进经济一体化，目标之一就是消除贸易壁垒，允许产品与服务在国家间自由流动，按照常理，自由贸易协定的签订会促进两国的商品贸易。基于此，将与中国的贸易国是否属于"一带一路"倡议共建国家、是否与贸易伙伴签订自由贸易协定作为制度因素变量，设定为虚拟变量加入模型。

　　近年来，地缘政治风险已经成为大宗商品贸易所面临的重要风险，而各种地缘政治事件频发不只是一种阶段性现象，更可能发展为长期趋势。地缘政治事件的爆发不仅影响正常的国际关系，也会给包括 LNG 在内的贸易往来带来不可预计的挑战和风险。同时受到全球新冠疫情的影响，使得贸易政策不确定性居高不下，全球经济面临下行压力。地缘政治风险和贸易政策不确定性对贸易的冲击有可能引致我国液化天然气市场的剧烈波动。因此选取地缘政治风险指数及贸易政策不确定性指数同时作为政策不确定因素加入模型。

　　本书选取的所有选取变量的符号及含义如表 4-1 所示。

表 4-1　所有选取变量的符号及含义

变量	含义	单位
LNG_{jt}	第 t 年中国从 j 国进口的 LNG 总量	吨
D_j	中国与出口国 j 的距离	千米
$PGDP_t$	第 t 年中国的人均 GDP（2015 年不变价美元）	美元
PO_t	第 t 年国际原油价格	美元/桶

变量	含义	单位
HHt	第 t 年美国亨利中心天然气现货价格	美元 / 百万英热
LC	长期合同	—
$INTENSITYt$	中国第 t 年的能源强度	百万英热 / 美元
$R\&Dt$	中国第 t 年 R&D 经费支出	亿元
$OBAOR$	"一带一路"共建国家	—
FTA	自由贸易协定	—
TPU	贸易政策不确定性	—
GPR	地缘政治风险	—

回归方程设定为：

$$\ln(ILNG_{jt}) = \alpha_0 + \alpha_1 \ln(PGDP_t) + \alpha_2 \ln(PGDPj_t) + \alpha_3 \ln(D_j) + \alpha_4 \ln(PO_t)$$
$$+ \alpha_5 HH_t + \alpha_6 \ln(INTENSITY_t) + \alpha_7 \ln(R\&D_t) + \alpha_8 OBAOR_t + \alpha_9 LC_t$$
$$+ \alpha_{10} FTA_t + \alpha_{11} TPU_t + \alpha_{12} GPR_t + \varepsilon_{it}$$

$$(4-2)$$

二、数据来源及说明

表 4-1 的变量数据来源主要如下：

第一，中国进口 LNG 总量数据来源于联合国货物贸易数据库（Uncomtrade Database），使用的是 HS 分类，LNG 的代码为 271111。该数据库提供 2006—2021 年中国 LNG 进口量。

第二，各国人均 GDP 数据来源于世界银行网站的数据库。该网站提供中国与贸易国 2006—2019 年的人均 GDP 数据，以 2005 年不变美元价格为基准。

第三，距离使用的是每个国家首都之间的距离，这个距离是基于经纬度计算出来的大圆圆弧距离。

第四，国际油价根据采集容易、简便的原则确定为布伦特、WTI、米纳斯国际原油平均价格的算术平均价格，相关数据来源于中经网数据库。

第五，中国能源强度数据来源于 EIA 网站的 International Energy Statistics，网址为 http：//www.eia.gov/beta/international/。美国亨利中心天然气现货价格数据来源于EIA网站的NATURAL GAS 数据的统计，网址为 http：//www.eia.gov/naturalgas/。中国 R&D 经费支出占 GDP 的比例由国家统计局所提供的数据整理所得。

第六，"一带一路"共建国家是由国家商务部发布的 65 个国家，如果贸易国属于"一带一路"共建的国家，设为 1，不属于则为 0。FTA 数据来源于世贸组织 RTA-IS，网址为 http：//rtais.wto.org/UI/PublicMaintainRTAHome.aspx。如果与中国贸易国签订 FTA 则设为 1，反之为 0。

第七，政策不确定性参考（Huang 和 Luk，2020）的编制方法[1]，选取中国内地 10 份权威报纸来编制中国经济政策不确定性指数（EPU）及贸易政策不确定性指数（TPU），该指数符合中国经济形势，与中国实施的各项重大决策高度吻合，可以全面捕捉中国经济政策不确定性。地缘政治风险采用卡尔达拉和亚科维埃洛（Caldara 和 Iacoviello，2022）构建的 GPR 指数度量全球和中国的地缘政治风险。[2]

---

[1]　Huang Y., Luk, P., "Measuring EConomic Policy Uncertainty in China", *China Economic Review*, Vol.59, 2020, pp.1–18.

[2]　Caldara D., Iacoviello M., "Measuring Geopolitical Risk", *American Economic Review*, Vol.112, No.4, 2022, pp.1194–1225.

第三节　进口安全的影响因素与贸易潜力

2006 年我国仅从澳大利亚进口 LNG，到 2021 年，中国 LNG 进口国已经增至 27 个。考虑到数据的原因（许多国家早期贸易值为零），选取了 2006—2021 年 11 个国家的统计数据，这 11 个国家分别为澳大利亚、阿尔及利亚、尼日利亚、埃及、赤道几内亚、马来西亚、卡塔尔、印度尼西亚、俄罗斯联邦、特立尼达和多巴哥以及也门，使用 Stata12.0 对这 11 个国家的数据进行回归分析。估计回归方程参数之前，对数据进行平稳性检验。

检验数据过程的平稳性是为了避免伪回归。采取 LLC 方法对中国进口 LNG 流量进行检验，得出调整的 t 统计量为 -4.37，P 值为 0，所以中国 LNG 贸易数据是平稳的。对于零贸易值在取对数时不做处理，和无数据均作为缺省值对待。

一、引力方程回归

面板数据的回归包括混合回归、固定效应回归和随机效应回归三种。在处理面板数据时，首先对面板数据进行固定效应回归，得到 F 检验的 P 值为 0.000，说明固定效应回归模型优于混合效应回归模型。在计量经济学中，相关的关键变量的独立性是要考虑的，例如，两个国家的距离不随着时间的变化而变化，不宜采用固定效应回归模型，因此，对于该面板数据的估计应该使用随机效应回归模型。为了更有效地进行估计，对面板数据进行聚类稳健性随机效应回归。回归结果如表 4-2 所示。

表 4-2　面板数据聚类稳健性随机效应回归结果

lnILNG	聚类稳健随机效应（1）	聚类稳健随机效应（2）	聚类稳健随机效应（3）
lnPGDP	27.791	22.824***	17.819***
	（1.52）	（2.63）	（3.07）
lnPGDPj	0.223**	0.223**	0.223**
	（2.32）	（2.32）	（2.33）
lnD	0.571	0.574	0.578*
	（1.75）	（1.28）	（1.79）
HH	−0.029	−0.437	—
	（0.02）	（−0.77）	
lnPO	1.192	1.429***	1.123***
	（1.29）	（2.77）	（3.39）
lnINTENSITY	3.028	—	—
	（0.31）		
LC	1.895***	1.892***	1.895***
	（4.54）	（4.55）	（4.56）
lnR&D	−11.484	−9.718**	−7.220***
	（−1.62）	（−2.30）	（−2.65）
OBAOR	0.879**	0.884**	0.887**
	（2.51）	（2.54）	（2.55）
FTA	0.635*	0.638*	0.641*
	（1.72）	（1.74）	（1.75）
lnTPU	−0.249	−0.288*	−0.226*
	（−1.21）	（−1.79）	（−1.73）
lnGPR	−2.964**	−2.862**	−2.457**
	（−2.53）	（−2.56）	（−1.77）
常数项	−116.106	−83.36**	−64.937***
	（−1.05）	（−2.47）	（−2.73）
R^2	0.775	0.775	0.775

注：括号内为 z 值，***、**、* 分别表示在 1%、5%、10% 检验水平上显著。

表 4-2 中聚类稳健随机效应（1）是对所有变量进行回归的结果，lnPGDP、lnD、lnINTENSITY、HH、lnPO、lnR&D 等变量均不显

著。依次删除最不显著的变量，聚类稳健随机效应（2）是删除变量 ln *INTENSITY* 的回归结果，聚类稳健随机效应（3）是在聚类稳健随机效应（2）的基础上删除变量 *HH* 的回归结果。经过调整，各变量均显著，且整体拟合良好。综合考虑模型的各种回归结果，采用扩展回归模型的聚类稳健随机效应（3）的回归结果作为模拟中国进口 LNG 贸易潜力的基础。根据模型结果，对于影响中国 LNG 进口的因素分析如下：

（1）贸易政策不确定性以及地缘政治风险均对于中国 LNG 进口有负向影响，贸易政策不确定性增加以及地缘政治风险的上升会导致中国 LNG 进口量的减少，由于 LNG 贸易活动不可避免会受到国际投资、各国汇率和外汇政策以及国际资本流动等因素的影响，贸易政策的改变以及地缘政治事件发生会导致这些因素的不确定性增大，贸易商进行贸易交易的沉没成本可能提高，双边贸易流动受阻。

（2）签订长期合同对中国进口 LNG 具有正向效应，国际油价变量系数显著意味着长期合同的定价方式同样对 LNG 进口流量有一定的影响。回归结果表明，每增加一个长期合同签订国，进口量会增加 2.26，长期合同进口量往往很大，所以长期合同签订国的增多会导致 LNG 进口流量显著增加。除了现货进口，目前我国 LNG 进口大多以长期合同为主，而我国签订的长期协议多与国际油价挂钩，因此国际油价的变动也会在一定程度上影响我国液化天然气的贸易流量。

（3）中国人均 GDP 对中国 LNG 进口量具有明显的正向效应，贸易伙伴国的人均 GDP 对中国 LNG 进口流量也存在正向影响，但影响程度较小。中国人均 GDP 与中国 LNG 进口流量正相关说明随着中国经济水平的提高，对能源的需求也不断增长，而在当前"双碳"背景下，LNG 作为优质能源天然气的重要品种，对其需求也会不断增加，进口量也会有所增长。贸易伙伴国的人均 GDP 的效应与预期不符。这可能与一个国家的资源禀赋即天然气相对丰富度有关（天然气产值占 GDP 的比例），即一个国家经济的发展不完全依赖于天然气产业，天然气相对丰富度较低的国家可能具有较高的人均 GDP。另外，由于中国进口 LNG 来源越来越多元化，贸易伙伴国中包括天然气产量丰富但人均 GDP 较低的国家。因此贸易伙伴国的人均 GDP 对于中国 LNG 进口量的影响并不显著。

（4）两国之间 LNG 贸易与地理距离具有正向关系，中国对于进口国家的选择并不以距离为衡量标准。这表明 LNG 的运输具有灵活性，尤其是在 LNG 处理技术不断提升和运输成本大大下降之后，随着 LNG 运输规模的迅速扩张，进一步推动了全球 LNG 资源的流动。因此，LNG 的贸易越来越具有全球化的特征。

（5）中国 LNG 进口流量与"一带一路"倡议正相关，与 R&D 经费支出负相关。结果显示 LNG 贸易中每增加一个"一带一路"共建国家，进口量就会增加 0.641，所以，该战略具有一定的正向效应。R&D 经费支出每增加 1 个百分点，中国 LNG 进口流量就会减少 7.22 个百分点，原因是国内技术投资的增加会带动能源技术的进步，削弱对能源进口的依赖，从而减少 LNG 的进口。FTA 不显著，这可能是因为在所选取的样本国家中，FTA 签订国均为长期合同国家，在早期促进作用比较明显，而随着中国进口的多元化，该作用逐渐减弱，其对于 LNG 进口量的影响不甚显著。另一种可能的原因是 FTA 的制定目标是促进经济体之间整体商品贸易的进口，对于 LNG 的进口贸易效果达不到预期。

二、贸易潜力分析

估算国家间双边贸易流量的潜力是贸易引力模型的一个重要应用，测算方法是实际贸易流量与用引力模型模拟的理论贸易流量相比较。根据刘青峰和姜书竹（2002）[①]关于贸易潜力的分类，实际双边贸易额与理论双边贸易额比值大于 1.2 的称为"潜力再造型"，该类型的贸易伙伴间的贸易潜力非常有限，双边贸易只有在发展新的积极影响因素的条件下才会有较大的发展空间；比值介于 0.8 和 1.2 之间的称为"潜力开拓型"，该类型的贸易伙伴间仍然存在一定的贸易潜力，具有一定的扩大双边经贸合作的空间；比值小于 0.8 的称为"潜力巨大型"，该类型的贸易伙伴间的贸易潜力很大，可尽量排除双边贸易障碍以推动贸易的正常发展。不过，这种估算只是在现有条件基础上进行的，新影响因素的出现会使贸易潜力发生变化。

回归结果表明，合同的类型对 LNG 进口流量具有显著影响，合同类型可以反映 LNG 贸易的市场结构状况，对现有的贸易态势进行评价以及判断贸易市场的自由化程度，这对中国 LNG 进口具有较强的参考价值。所以，按照签订合同类型对贸易国分类，进行贸易潜力分析。

（1）签订长期合同国家贸易潜力分析

中国 LNG 进口签订长期合同的国家主要有卡塔尔、澳大利亚、马来西亚和印度尼西亚，从 2009 年开始，中国每年从这些国家进口 LNG，因此，基于聚类稳健随机效应（3）的回归结果来计算这四个国家 2007—2021 年的贸易潜力，结果如表 4-3 所示。

---

① 刘青峰、姜书竹：《从贸易引力模型看中国双边贸易安排》，《浙江社会科学》2002 年第 6 期。

表 4-3 2007—2021 年长期合同国家贸易潜力

年份	澳大利亚	马来西亚	卡塔尔	印度尼西亚
2007	1.15	—	—	—
2008	1.01	—	—	—
2009	2.76	0.52	0.28	0.48
2010	1.81	0.54	0.49	0.89
2011	1.39	0.59	—	0.85
2012	1.07	0.55	1.29	0.81
2013	0.82	0.60	1.36	0.62
2014	0.88	0.67	1.37	0.65
2015	1.79	1.02	1.38	1.01
2016	3.20	0.68	1.60	0.84
2017	4.61	1.07	1.82	0.88
2018	3.26	0.76	1.17	0.73
2019	3.41	0.80	0.94	0.59
2020	4.79	0.95	1.24	0.91
2021	—	0.54	0.56	0.37

由表 4-3 可知，马来西亚贸易潜力值大多低于 0.8，属于"潜力巨大型"国家，双边 LNG 贸易发展潜力很大，印度尼西亚从 2009 年至今贸易潜力值大多在 0.8—1.2，属于"潜力开拓型"，具有一定的拓展双边贸易的空间。澳大利亚的贸易潜力值较大，具有先下降后上升的趋势，在 2009 年之后，实际双边贸易额与理论双边贸易额比值均大于 1.2，因此其贸易潜力非常有限，双边贸易只有在发展新的积极影响因素的条件下才会有较大的发展空间。卡塔尔的贸易潜力值逐步上升，但近几年出现下降趋势，表明我国与卡塔尔的贸易空间有逐步扩大的趋势，在以后的贸易中，应尽量消除贸易壁垒，加强合作；同时也应发展新机遇，激励与其他国家的贸易。

（2）签订短期合同国家贸易潜力分析

由于中国 LNG 贸易早期签订的主要是长期合同，且短期合同不需要长期固定供应，所以签订短期合同国家在一些年份为零贸易额。基于聚类稳健随机效应（3）的回归结果计算 2007—2021 年的贸易潜力，结果如表 4-4 所示。

表 4-4　2007—2021 年短期合同国家贸易潜力

年份	阿尔及利亚	尼日利亚	埃及	赤道几内亚	俄罗斯联邦	特立尼达和多巴哥	也门
2007	3.04	0.64	—	—	—	—	—
2008	1.01	1.45	1.67	0.62	—	—	—
2009	—	1.04	—	0.66	1.58	0.54	—
2010	—	1.27	0.66	0.41	1.84	0.27	2.65
2011	—	5.73	1.66	0.67	1.00	1.46	3.50
2012	0.36	1.90	2.15	—	1.17	0.57	2.04
2013	0.27	1.76	2.42	1.38	—	0.29	2.93
2014	1.14	2.06	0.68	2.49	0.31	0.30	2.71
2015	2.54	2.08	—	0.98	0.64	0.21	—
2016	—	1.70	0.52	—	0.75	0.48	—
2017	0.32	1.87	0.37	0.57	1.24	0.37	—
2018	0.20	3.24	0.62	1.43	1.06	0.63	—
2019	0.16	4.94	0.55	1.13	3.19	1.08	—
2020	0.43	8.54	0.26	0.38	8.67	0.53	—
2021	0.36	2.23	2.15	0.55	3.18	0.36	—

由表 4-4 可知，签订短期合同的贸易国中，阿尔及利亚、埃及以及特立尼达和多巴哥贸易潜力几乎均低于 0.8，属于"潜力巨大型"，尼日利亚、赤道几内亚以及也门贸易潜力较小，俄罗斯联邦贸易潜力值在近几年逐步增加，2020 年贸易潜力值达到 8.67。短期合同贸易国贸易潜力数值在前几年相对较小，近几年慢慢提升，表明在 LNG 的

贸易中，短期合同的地位将会越来越重要。由实证分析可得，短期合同对中国 LNG 进口有显著的影响。贸易潜力的测算结果表明，与签订长期合同的贸易国相比，短期合同国家贸易潜力数值普遍偏低，说明后者具有更大的贸易空间。这意味着在今后的贸易中，短期合同将会在 LNG 贸易中扮演越来越重要的角色，这也反映了天然气市场全球化以及亚洲 LNG 贸易的发展。

本章运用贸易引力模型，考察了中国 LNG 进口的影响因素，从经济规模、距离、技术、合同类型、定价方式、政策层面进行实证分析，测算不同类型伙伴国的贸易潜力，主要结论如下：

（1）LNG 区域性贸易中的不确定性风险始终存在。在对外依存度高、进口来源单一的情况下，一国的能源市场容易受到地缘政治因素的影响，进而危害国家能源安全。因此，我国仍需要坚定推动天然气进口来源的多样化以分散风险，积极开展能源外交和国际合作，推动进口来源多元化、均衡化。当然，我国也应未雨绸缪，制订 LNG 供应安全应急方案。除要应对 LNG 进口会发生中途中断的可能性之外，还要秉承将进口价格的波动风险降至最低的应对措施。综合考虑进口 LNG 来源国突发性极端事件和政治风险，以及 LNG 海运时发生运输风险的可能性，针对这些情况制订相应的应急管理方案。

（2）进口来源方面，LNG 进口资源增长潜力较大，LNG 进口量在天然气进口总量中的比重将进一步升高。美国、中东和非洲 LNG 将成为我国 LNG 长约和现货市场的重要补充，短期合同对中国进口 LNG 的影响会越来越显著。为了平抑价格波动，需要建立国际资源采购和国内销售中长期合同机制，稳定资源供给和价格预期。

第五章　天然气产业链上游勘探开发与供应安全

解决我国的能源安全问题，需实现能源独立，这一点已经成为人们的共识。在当前逐步放开上游探矿权和招标准入的情况下，各大石油公司的积极性得到很大程度的提高。作为产业链正常运行和资源保障的上游供给方，天然气勘探开发运行直接影响着产业链上游的勘探成果和国内供给安全。因此，从产业链安全的视角认识天然气勘探开发过程中的运行机制，识别影响上游勘探开发的资金利用效率和配置合理性的关键因素，有助于构建更为先进、安全和稳定的供应体系。

第一节　天然气上游勘探开发与投资

一、天然气勘探开发形势

近年来，我国在天然气上游勘探开发领域出台了一系列的政策和措施以推进天然气上游市场改革，越来越多的社会资本加入天然气勘探开发领域，在常规与非常规资源领域取得了较大进展。2018年4月到2021年3月，中国政府降低了对页岩气所征收的资源税，税率从6%降至4.2%。此外，还增加了对非常规油气的补贴。随着理论创新和勘探开发技术的突破，中国天然气勘探开发规模不断扩大，气藏类型多样化，天然气资源量增加了一倍。从以四川盆地为主导发展成为覆盖陕西、甘肃、新疆、青海、云南、黑龙江、吉林、辽宁、华北等全国大部分地区。勘探开发目标从构造气藏向岩性气藏延伸，从单片碳酸盐气藏向常规碎屑气藏、疏松砂岩气藏、低渗透致密气藏、火山气藏、页岩气藏、煤层气藏等类型气藏延伸，目标气藏由中浅层向深部和超深部过渡。

在中国增储上产行动的推动下，国内天然气新增探明储量快速增长，2013—2020 年年均复合增长率达 7%。2021 年，天然气新增探明地质储量 1.38 万亿立方米。其中，天然气、页岩气和煤层气新增探明地质储量分别达到 10357 亿立方米、1918 亿立方米、673 亿立方米。

三大盆地形成 4 万亿立方米储量区。从战略、全局、前景的高度，中国加大了对主要盆地特别是新区、新地层、新类型的勘探力度。具体来看，四川、鄂尔多斯、塔里木盆地累计探明天然气储量均在 2 万亿立方米以上，松辽、柴达木、东海、渤海湾、海南东南部、莺歌海、准噶尔、珠江口、渤海累计探明储量均在 1000 亿立方米以上。

这些成果为天然气产量的快速增长奠定了资源基础。此外，还形成了四个规模超过 1 万亿立方米的大型储量区：（1）鄂尔多斯盆地苏里格气田致密砂岩气藏，总探明天然气储量为 2.07 万亿立方米；（2）塔里木盆地库车坳陷克拉苏构造带深层和超深层气藏，探明天然气总储量 1.5 万亿立方米；（3）四川盆地安岳气田深层碳酸盐岩气藏，探明天然气总储量 1.3 万亿立方米；（4）四川盆地川渝地区页岩气藏，探明天然气总储量约 2 万亿立方米。

二、上游投资变化

在 20 世纪 90 年代"油气并举"勘探开发的部署下，上游投资保障将成为影响勘探开发成果的重要因素。在全国的上游投资中，三大国家石油公司的投入占绝大部分，以 2021 年为例，占全国的 92%，其中，中石油占 51.9%。自 2001 年以来，中国油气勘探开发投入经历了三次高峰：2006—2008 年、2011—2014 年、2016—2019 年（见图 5-1）。

（单位：亿元）

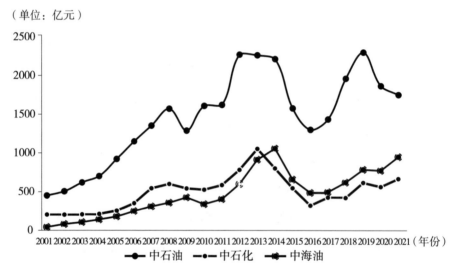

图 5-1　2001—2021 年国有三大石油公司勘探开发投资统计

资料来源：三大石油公司年报。

进一步分析近年来上游投资的变化可以发现：（1）勘探开发投资的变化与国有石油公司投资的计划性相吻合。三次高峰依次发生在"十一五"、"十二五"和"十三五"时期的开局阶段，国有石油公司在增储上产的驱动下，加大上游区块勘察以及重点圈层开发。一般而言，为了生产的稳定或持续滚动提高，国有石油公司同时进行两方面的工作：一方面，在老区块实施战术接替，持续挖掘潜力、增储上产；另一方面，及时开拓新区新领域，进行生产的战略接替。（2）上游勘探开发的投资增加带来天然气储量的增长。2018—2021 年，油气探明储量稳步增长。天然气探明地质储量近 4 年平均为 1360 亿立方米，累计新增 5440 亿立方米。具体如图 5-2 所示。

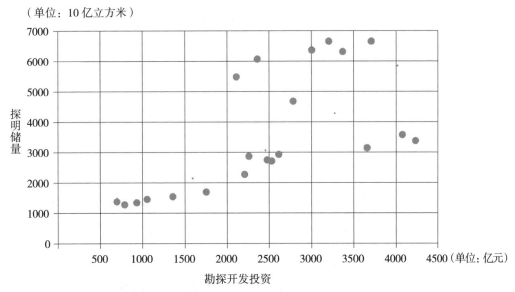

（单位：10 亿立方米）

图 5-2　2001—2021 年三大石油公司勘探开发投资与天然气探明储量散点图

资料来源：三大石油公司年报。

　　显然，储量基础是保证资源安全的重要一环，而激励国有石油公司对上游勘探开发的投资，以及提高投资的效率却在一定程度上被研究者所忽视。本章将从天然气价值链的角度，以系统动力学来解构提高投资效率的影响因素。

第二节　天然气勘探开发系统动力学模型

　　目前，国内外学者应用系统动力学模型对油气市场做了大量的研究，主要集中在以下三个方面：（1）天然气供需预测。例如，奈尔（Naill,1973）对美国天然气市场需求的预测，该研究认为美国天然气需求具有生命周期的特征，预测美国天然气市场将经历初始阶段的需求迅速增长，中期因为价格提高而导致的需求停滞期，以及后期的消费下降。[①] 该研究沿袭弗雷斯特（Forrester, 1970）社会经济系统的互动思路，将美国所有的能源包括石油、天然气、煤炭和电力放在系统动力学模型中。Mu 等（2018）基于系统动力学模型构建了我国天然气需求响应仿真模型，并对需求量进行了预测，得到了良好的拟合效果。[②]（2）政策仿真。奈尔的研究对 20 世纪 80 年代美国能源规划产生了重要的影响。"美国国家能源决策规划系统动力学模型（FOSSIL2）"模拟分析了美国能源供需情况，此系统从开始构建至今，广泛在美国政府能源规划和决策研究方面使用，体现出系统动力学模型在复杂的、大型的、动态的能源系统研究方面的优越性。（3）投资优化。运用系统动力学的理论与方法，分析油气勘探开发企业的内部运行机制。张在旭等（2002）认为，系统动力学可以应用到石油勘探开发这样的复杂系统中，并为之提供定量的可持续发展预测分析，达到辅助油田科学决策的目的，研究分析了油田在石油勘探开发过程中内在的信息反馈结构与机制，以及相互之间的因果关系。运用系统动力学理论和方法，绘出其系统动力学流图，并对不同时期、不同的投资方案灵活地进行模拟。[③] 类似地，于

---

① Nail, R.F., "The Discovery Life Cycle of Finite Resource: A Case Study of U.S. Natural Gas", In: Meadows, D.L.（Ed.）, Toward Global Equilibrium Collected PaPers, 1973, MIT Press, Cambridge, MA.

② MuX.Z., Li G.H., Hu G.W., "Modeling and Scenario Prediction of a Natural Gas Demand System Based on a System Dynamics Method", Petroleum Science, Vol.15, 2018, pp, 912–924.

③ 张在旭等：《石油勘探开发可持续发展 SD 模型的建立与应用》，《工业工程》2002 年第 2 期。

静等（2006）利用 Vensim 软件建立系统模型，通过对某油田近 10 年勘探开发数据与模拟结果相比较，以此确定各种参数，并对未来的勘探开发形式进行预测。[①] 通过不同参数的敏感性分析，发现总投资、采收率、每万吨探明石油地质储量需直投资确实对油田的持续性发展有重要影响。真正运用系统动力学预测天然气企业未来的发展趋势，辅助企业制定中长期规划的是刘福顺（2001），他运用系统动力学模型分析了天然气勘探开发系统的运行结构，建立了天然气勘探开发系统动力学模型，模拟预测未来的趋势，用以辅助企业制订勘探开发规划。[②] 肖建忠等（2016）构建了包含天然气投资、开发等产业链的系统动力学模型，分析了技术、投资和政策因素对天然气产业的影响。[③] 但是，现有的研究忽略了以下几个实际命题：

（1）资本的使用是有成本的。长期以来，在国有企业内部仍然存在数量规模扩张的冲动，为了引导企业提高发展质量，提高价值创造能力，国资委从 2009 年开始在央企开始推行经济增加值（EVA）评价，在企业发展目标中引入 EVA，引导企业注重资金运用的效率。资金利用方式落后与效率低下容易诱发"资产搁浅"风险，造成大量资金和产能浪费，显然不利于给需求方提供安全和稳定的供应源。

（2）油气企业的勘探开发具有高风险性。该特点决定了油气勘探会计计量有别于其他类型的企业，对此，油气勘探等高风险投资支出

①　于静等：《石油勘探开发系统动力学模型的建立与政策研究》，《武汉理工大学学报》2006 年第 5 期。

②　刘福顺等：《运用目标规划方法优化石油公司投资结构》，《西南石油学院学报》2001 年第 5 期。

③　Xiao J.Z., Wang X.L., Wang R., "Research on Factors Affection the Optimal Exploitation of Natural Gas Resources in China," *Sustainability*, Vol.s, No.t, 2016, pp.435.

活动的资产计价方法采用成果法，表现为企业仅仅资本化与发现探明储量相关的成本费用，其余低效的勘探井将在当年损益中摊销。特别是在地缘政治风险增加、新冠疫情冲击以及油气资源价格波动剧烈的背景下，合理预估外在冲击和不确定性风险对上游勘探开发环节的成本影响，对长期安全供应具有重要意义。

（3）勘探开发投资巨大的沉入性。该特点进一步突出油气资产在当年形成后必须通过折旧才能逐步发挥资产的作用。这意味着要对勘探开发过程中的沉没成本形成清晰的认知，由此对未来投资计划形成经验参考和借鉴意义。

因此，本节从天然气勘探开发系统的观点出发，确定该系统的边界，在引入资本效率、油气资产摊销等的基础上，构建天然气企业勘探开发系统动力学模型，提取系统中保障安全供应的关键节点。同时，厘清关键因素变化对供应链安全的潜在影响，从而提出构建安全、稳定、高效的勘探开发系统的可行建议。

一、模型基础

系统动力学是一种将结构、功能和历史结合起来的，借助计算机进行模拟仿真而定量地研究高阶次、非线性、多重反馈复杂时变系统的系统分析理论和方法。它基于系统论，吸收了控制论、信息论的精髓，是系统学科的一个分支，也是沟通自然学科和社会学科等领域的横向学科。系统动力学认为，系统行为模式与特性主要取决于其内部的动态结构与反馈机制。系统动力学的建模过程是一个学习、调查研究的过程，模型的主要功能是向人们提供一个进行分析与决策的工具，可作为实际系统，特别是社会、经济、生态复杂大系统的"实验室"。

系统动力学对系统的描述可归为如下两步：

（1）系统的分解

根据分解原理把系统 S 划分成若干个相互关联的子系统（子结构）S_i：

$$S = \left\{ S_i \in S \right\} \qquad (5-1)$$

式（5-1）中：S 代表整个系统；S_i 代表子系统。

（2）子系统 S_i 的描述

子系统由基本单元，即一阶反馈回路组成。一阶反馈回路包含三种基本的变量：状态变量、速率变量和辅助变量。这三种变量可分别由状态方程、速率方程与辅助方程表示。它们与其他一些变量方程、数学函数、逻辑函数、延迟函数和常数一起，能描述客观世界各类系统和千姿百态的变化。无论系统是静态的还是动态的、时变的还是非时变的、线性的还是非线性的，都可用这些变量方程来描述。根据系统动力学模型变量与方程的特点，定义变量并给出数学描述如下：

$$L = PR, \quad \begin{bmatrix} R \\ A \end{bmatrix} = W \begin{bmatrix} L \\ A \end{bmatrix} \qquad (5-2)$$

式（5-2）中：L 为状态变量向量；R 为速率变量向量；A 为辅助变量向量；P 为转移矩阵；W 为关系矩阵。

按照反馈过程的特点，反馈可自然地划分为正反馈和负反馈两种。正反馈的特点是能产生自身运动的加强过程，在此过程中运动或动作引起的后果将回授使原来的趋势得到加强。负反馈的特点是能自动寻求给定的目标，未达到（或未趋近）目标时将不断作出响应。具有正反馈特性的反馈回路称为正反馈回路，一般以正号（＋）标志回路的正反馈特性；具有负反馈特性的反馈回路称为负反馈回路，一般以负号（—）标志回路的负反馈特性。

正反馈回路主导的系统称为正反馈系统，正反馈系统的特征是不稳定性和自增强性。系统发生的某一动作经过系统的正反馈回路不断得到增强与放大。由于这种自增强作用，系统的发展没有一个相对稳定的目标，最终将打破整个系统的均衡，因此正反馈系统表现出对应于自增强性的不稳定性。

负反馈回路主导的系统称为负反馈系统，负反馈系统中的主导负反馈回路总是力图缩小系统状态相对于目标状态（或某种平衡状态）的偏离。因为系统的主导回路决定系统的行为模式，所以整个负反馈系统是一种寻求平衡的系统，这种系统表现出很好的稳定性。

用系统动力学因果回路图与流图方法建立结构模型与相关方程后，如何得到仿真结果，是用系统动力学进行复杂系统动态分析最后必须面对的问题。系统动力学创建伊始，美国麻省理工学院的普夫依据系统动力学中的无限分割，以不变代变和递推的思想方法，设计了系统动力学专门仿真语言，并借助计算机技术成功得到了一套仿真方法。到了20世纪90年代，Ventana公司推出了在Windows操作平台下运行的系统动力学专用软件包——Vensim软件。通过使用该软件可以对系统动力学模型进行构思、模拟、分析和优化，该软件主要有以下特点：（1）利用图示化编程建立模型。利用Vensim软件操作按钮可以画出简化流图，再输入系统动力学方程与参数，就可以直接进行模拟。（2）对模型提供多种情景分析方法。Vensim可以对模型进行结果分析和数据集分析。其中结果分析包括原因树分析、结果树分析和反馈环列报表分析。数据集分析包括变量随时间变化的数据及曲线图分析。（3）提供可靠性检验。对于所研究的系统和模型中的一些重要变量，依据常识和一些基本原则，可以判断模型的合理性与真实性，从而调整结构或参数。

二、天然气勘探开发系统分解

天然气企业勘探开发以勘探为起点，以交付至最终客户为终点。勘探、开发、生产、销售是天然气价值链的关键构成部分。该价值链是天然气生产企业用来进行勘探储量、开发、准备设计、生产施工、天然气处理与外输销售等各类活动的集合，是生产环节内部价值关系、生产环节之间的关系和外部经济外来联系所构成的一个系统。

基于此，将企业勘探开发过程划分为勘探子系统和开发生产子系统。勘探子系统的功能是投入人力、资金，最终形成新气藏的发现，即新增储量；开发子系统在勘探的基础上通过水平井、直井以及地面集输工程建设，最终形成新增产能与产量，这两个子系统共同决定了企业最终的油气销售量和收益。

（一）勘探子系统

勘探系统为投入阶段，该系统存在较大风险（指"干井风险"），科技含量高，需要投入大量的资金和人力，主要任务是勘探石油天然气储量，不断提高采收率；主要目的在于获得探明储量，寻找接替资源，这是稳产增产的基础。每年经过勘探新增的探明储量可分为两大类：一是新增探明储量；二是新增可动用储量。未动用储量部分在提高采收技术的基础上部分可转换为可动用储量。

在勘探子系统中，勘探投资包括勘探直接投资、年新增探井投资和勘探其他投资，这些变量之间都是正反馈关系。这三种投资直接影响年新增探明储量。年新增探明储量累积即为累计探明储量,累计探明储量和采油速率之积即为年采出量,年采出量又直接影响年产量,年产量的变化直接影响总投资,总投资又影响勘探投资,此即为大的循环。

同时,年新增探明储量又直接影响年新增可动用储量,进而影响年新增可采储量,动用储量减去年新增可采储量与采收率的积即为剩余可采储量,年新增可采储量与剩余可采储量之间是负反馈关系。此闭循环为正反馈回路,产生于该回路的变量的初始变化将反复不断地得到加强,即发生于其回路中任何一处的初始偏离与流动,循回路一周将获得增强。勘探系统流图如图5-3所示。

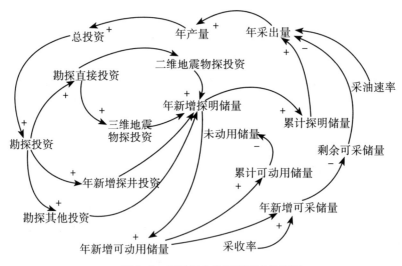

图5-3　天然气企业勘探子系统流图

油气勘探子系统是油气生产的源头和生产企业可持续发展的物质基础,也是提高产量的基础。具体来说,在该系统中影响安全供应的主要变量可以归结为四个方面的要素:利润要素、成本要素、资本成本要素和辅助要素（见表 5-1）。

表 5-1 勘探系统安全供应的主要驱动因素

主要驱动要素		定义	单位
利润要素	新增探明储量	在气田评价钻探阶段完成后提供的可供开采并能获得社会经济效益的储量	万吨
	新增可采储量	在现代工艺技术条件下，每年新增的能从地下储层中采出的油气量	万吨/亿立方米
成本要素	资本成本率	EVA 考核中，国资委所规定的资本成本率	%
	勘探投资	用于发现新的油气资源而投入的费用	万元
资本成本要素	资本化率	按照成果法将投资转入资本的比例	%
	资本化探井投资	将勘探环节的探井投资支出按照成果法转入资本	万元
辅助要素	采出程度	气田累计采气量与地质储量的比例	%
	探明程度	累计探明地质储量与地质资源量的比值	%

（二）开发子系统

油气田开发的目的在于新建油气生产能力和维护已有气田的稳定生产，形成持续的产能。在市场经济的条件下，油气开发要以经济效益为中心，合理安排产量目标，同时控制好开发速度，以保证油气开采的可持续运转。开发投资的规模受剩余可采储量和储采比的约束。天然气的生产能力取决于市场需求和产能负荷因子。市场计划的销售量以长期合同的形式确定；产能负荷因子衡量的是气田应建设调峰和应急备用能力，表现为实际产量安排和产能的比值，是衡量生产系统安全平稳运行的一个关键参数。

在开发子系统中，选用年新增开发投资、年新增开发投资与开发资本变化率之积得到年新增资本化开发投资，进而形成累积资本化开发投资，直接影响开发井投资和开发配套投资，而这两者的综合影响年新增产能，累积后得到累计产能，累计产能与自然递减率之积得到年递减产能，年递减产能和累计产能共同影响年产量。以此作为大的循环影响总投资。开发系统流图如图 5-4 所示。

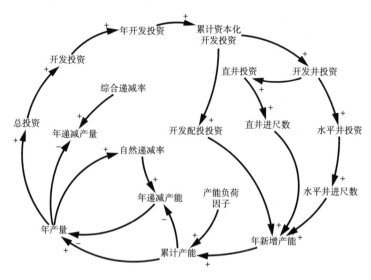

图 5-4　天然气企业开发系统流图

在该系统中，影响天然气安全供应的环节主要是：第一，在设备系统的运行效率方面，提高开发投资的效率；第二，提高单井进尺控制储量，提高产能建设达标率。具体来说主要影响变量如表 5-2 所示。

表 5-2　开发系统安全供应的主要驱动因素

主要驱动要素		定义	单位
利润要素	新增产能	油气井的开发过程中形成的核定生产能力	亿立方米
	新增产量	根据开发计划气井实际生产的油气产量	亿立方米
	销售量	某一年度对外销售的天然气总量	亿立方米
成本要素	开发投资	用于开发油气田形成产能而投入的费用	万元

主要驱动要素		定义	单位
资本成本要素	资本成本率	EVA 考核中，国资委所规定的资本成本率	%
	资本化开发投资	将开发油气的投资支出按照成果法转入资本	万元
辅助要素	自然递减率	气井不通过各种增产措施，下阶段采气量与上阶段采气量之比	%
	综合递减率	采取各种增产措施后下阶段采气量与上阶段采气量之比	%
	储采比	指年末剩余储量除以当年产量得出剩余储量按当前生产水平可开采的年数	年

（三）模型有效性检验

鉴于数据的敏感性，研究选取了 2006 年至 2010 年中石化某分公司勘探开发投入和产出数据作为研究样本。系统动力学模型共涉及 56 个变量，其中流位变量 3 个，辅助变量 52 个，隐藏变量 1 个。首先对流位变量赋予初值：资源总量为 25311.8 亿立方米，销售量初始值 10.1 亿立方米，资本成本率为 5.5%。其他大部分变量间的关系则是通过拟合、回归以及表函数等形式确立。变量间回归关系的确立是在对经济关系分析的基础上，通过最小二乘或偏最小二乘取得；而表函数的确定较为复杂，主要通过文献总结、专家经验以及仿真中的不断调整得到。

建立了系统动力学模拟模型之后，要进行结构检验和行为检验，即所谓的静态分析和动态检验。对于结构检验，由于系统动力学模拟模型是利用图形化的 Vensim 软件建模的，所以可将原来的三个层次的结构检验（因果关系图、流程图、程序结构）结合起来，并利用系统的工具进行有关检验。首先可以检验系统中各元素的因果关系是否符合客观实际、社会经济管理规律，反馈环是否有理论性与现实性的

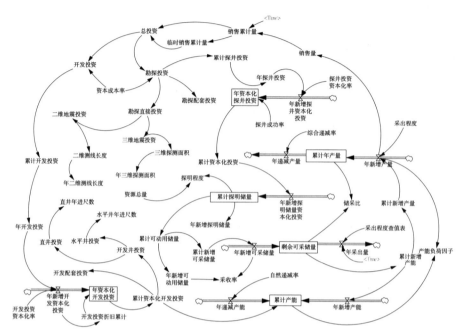

图 5-5　天然气企业勘探开发系统动力学模型

基础，并通过统计数据来证实系统动态行为是否合理。

验证过程是通过系统动力学模型模拟的结果与历史实际数据比较两者的偏离程度（见表 5-3）。

表 5-3　2006—2010 年某气田重要变量历史数据模拟结果和相对误差

关键指标		2006 年	2007 年	2008 年	2009 年	2010 年
年总投资	实际	214859	227554	122769	115393	174950
	预测	225408	233282	121352	130918	161700
	相对误差（%）	4.91	2.52	-1.15	13.45	-7.57
累计勘探投资	实际	30269	25572	19706	26251	28559
	预测	29752	23555	20188	24201	28011
	相对误差（%）	-1.71	-7.89	2.45	-7.81	-1.92

续表

关键指标		2006 年	2007 年	2008 年	2009 年	2010 年
累计勘探配套投资	实际	413	1113	2707	3402	4022
	预测	406	1165	2620	3113	3936
	相对误差（%）	−1.69	4.67	−3.21	−8.50	−2.14
累计开发投资	实际	184177	386159	491222	576364	722755
	预测	195250	370646	469541	563628	691868
	相对误差（%）	6.01	−4.02	−4.41	−2.21	−4.27
累计销售量	实际	15.5	30	44.2	63.8	86.03
	预测	16.1	29.4	39.3	63.2	87.9
	相对误差（%）	3.87	−2.00	−11.09	−0.94	2.17
直井投资	实际	137770	152517	65402	46545	44186.64
	预测	133894	157519	65859	46061	44306
	相对误差（%）	−2.81	3.28	0.70	−1.04	0.27
累计探明储量	实际	133	349	579	802	1071
	预测	137	336	554	803	1082
	相对误差（%）	3.01	−3.72	−4.32	0.12	1.03
年采出量	实际	8.45	15.81	24.73	32.89	39.41
	预测	8.07	15.06	22.84	30.25	36.45
	相对误差（%）	−4.50	−4.74	−7.64	−8.03	−7.51
累计产能	实际	17.1	36.4	59.3	83.2	107.9
	预测	18.1	39.2	61.6	81.4	112.4
	相对误差（%）	5.85	7.69	3.88	−2.16	4.17
年新增产量	实际	10.5	25	44.2	63.8	86
	预测	10.1	26.2	46.8	69.1	89.9
	相对误差（%）	−3.81	4.80	5.88	8.31	4.53

资料来源：根据 Vensim 软件运算结果得到。

　　从表 5-3 中可以看出，由模型模拟的产量和投资结果与历史数据基本吻合，相对误差绝对值一般不超过 10%。说明模型总体上基本符合该气田的基本情况。因此，模拟结果表明，模型的结构与功能、作用过程等基本符合企业实际情况。从更广义的角度来说，该模型基本能够将外部冲击和内部影响整合在一个框架内，提供了一个更好观察产业链上游勘探开发行为的窗口。

第三节　天然气勘探开发系统供应安全的敏感性分析

敏感性分析主要是通过改变模型中的某个参数，观察参数变化对系统产生的影响。不同参数对系统的影响力是不同的，不敏感的参数就不需要反复求证和推敲。因此，本章对天然气企业勘探开发系统中的相关参数进行敏感性分析，识别出其中的关键影响因素。同时，敏感性分析还能模拟在某些参数发生变化的情况下，系统会作出何种响应。由此，可以对资本成本率、资本化率和自然递减率等和产业安全紧密关联的关键指标进行调整，观察系统输出（主要是新增产量和累计产能）的变化，识别出决定上游勘探开发能否提供安全、稳定和高效的资源供应的关键因素，从而提出防范外部风险、降低内部损耗的合理化建议。

一、资本成本率的敏感性分析

资本成本率即加权平均资本成本率，它是股权资本和债权资本的平均成本率，与在同等风险条件下投资者在股票和债券组合上所获得的最低收益率相等，是投资者对所投入资本的最低回报要求。考虑到国内资本市场发育尚不完善的现实，按照简单、可操作的原则，国资委在经济增加值考核中一般参照 3 年银行贷款利率水平确定，2009 年定为5.5%。通过模拟可以看出（见图5-6），随着资本成本率不断提高，年新增产量有下降的趋势，但是变动较小。由此可见，资本成本率提高，意味着投资回报收益的提高，说明企业可以通过技术、优化区块开发等手段来降低其对企业提高产量的冲击。

（单位：亿立方米）

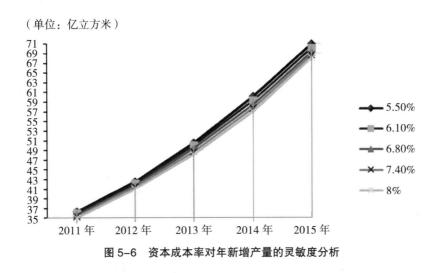

图5-6　资本成本率对年新增产量的灵敏度分析

资本成本率预计将起到越来越强的约束作用。考虑双碳目标的实现，企业的高碳资产可以在提供可再生能源所需要的灵活性中实现价值，与传输、储存和需求响应等其他能源相补充，同时如果使用低碳燃料进行运行，还可获得减排的效益。因此，现有基础设施仍可满足能源安全和脱碳需求。否则创建新的基础设施需要大量的投资，并且由于新能源系统的不稳定而带来延误的风险，因此，合理利用现有化石能源基础设施，提供了加速清洁能源转型的可能。

二、资本化率的敏感性分析

资本化率反映了按照成果法将油气资产折旧的比例。具体测算方法是：首先将勘探开发投资按照探井成功率折算为油气资产，随后将油气资产以直线法在 10 年期折旧。图 5-7 发现，当资本化率变化时，对于新增产能以及年新增产量有较强的影响。具体来看，资本化率提高，年新增产量和累计产能储量都会大幅增加，说明勘探成果法能显著激发油气企业勘探开发动力，对保障供应和增加战略储备起到支撑作用。从这一视角来看，做好勘探开发事前评估、减少勘探开发过程中的资金浪费，有利于增强企业勘探开发活力，提高资金利用效率，有效避免投资过程中的资产损失，形成更为高效的投资体系，从而为供应安全提供效率保障体系。

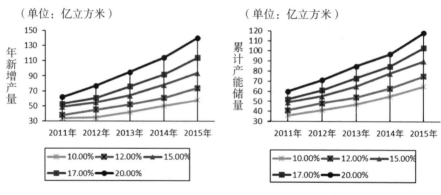

图 5-7　资本化率对年新增产量、累计产能的灵敏度分析

三、自然递减率的敏感性分析

递减是指气田开发一定时间后，产量将按照一定的规律减少的现象。自然递减率就是不包括各种增产措施增加的产量之后，单位时间内产量递减的百分数。自然递减率设定为 16%、21%、26%、31% 和 36%，通过模拟看出（见图 5-8），随着自然递减率不断增大，累计产能显著减少，表明自然递减率直接制约着开发系统中的产能建设，对

稳产起到了决定性作用。我国大多数气田属于低渗气藏，稳产2—3年后将很快压力剧降，递减率高、产量下降。自然递减率控制技术是油气藏开发和管理水平高低的重要标志之一。因此，对于一个年产30亿立方米的气田来说，自然递减率每下降1个百分点，就相当于增气0.3亿立方米。降低自然递减率对油气企业实现稳产和效益开发意义重大。企业可以在平衡储量、产量、效益三者关系的基础上，围绕"精细调整、分层开发"提高管理决策水平，不断提高井网对剩余储量的控制程度，实施精益生产，让每一口井、每一个层、每一吨储量都做贡献，绝不为追求产量进行枯竭式开采。

（单位：亿立方米）

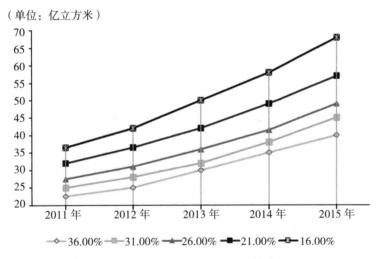

图5-8　自然递减率对累计产能的灵敏度分析

　　本章运用系统动力学分析天然气企业的勘探开发安全供应全过程，建立了天然气企业勘探开发系统动力学模拟模型，该模型很好地耦合了资本形成和沉入成本理念。主要结论如下：

　　（1）对天然气企业勘探开发系统中的控制变量进行敏感性分析，

识别出资本化率、自然递减率、资本成本率等关键变量。对今后承担油气勘探开发重任的企业来说，重点要做好以下三方面：一是加大科技投入，提高勘探开发成功率，寻找新的油气富集区，促进常规天然气增产。二是加强资产管理，提升资产周转效率，优化债务结构，提高资金使用效率。三是持续性保持一定的勘探投入比例，加强基础地质调查和资源评价。重点突破页岩气、煤层气等非常规天然气勘探开发，推动页岩气规模化开发，增加国内天然气供应。

（2）企业应关注于技术创新，提高探井成功率。鉴于气田的自然递减属性，企业一般进行滚动开发，以弥补产能的自然递减。因此，重点抓好天然气区块的"控递减"和提高"采收率"，推动老气田稳产，加大新区产能滚动开发力度，保障持续稳产增产。提高探井成功率对企业来说没有捷径可言，唯有大力推动科技自主创新，全力突破油气勘探开发系列关键技术，加强工程工艺技术创新，如水平井技术、多层段压裂等，提高开发井成功率，降低无效井、低产井的比例，实现高效勘探开发。

（3）政策上对于风险勘探可考虑会计折旧政策的改革，以激励企业加大对勘探的投入，探明更多的资源储量。当系统耦合资本成本率时，发现其并不敏感，这说明天然气企业高额的勘探开发投资具有巨大的沉入性以及风险性，其对效益的贡献以资产折旧的形式反映出来。研究表明，折旧政策对企业影响巨大，传统直线折旧与加速折旧方法对企业有明显不同的激励效果。

第六章　天然气产业链中游管网市场网络特征与安全保障

天然气不同于一般能源品种，它具有管网依赖性，管网系统是天然气从气源输送到用户的最有效途径，是连接资源与市场的物理纽带。对天然气市场的研究必须结合管网，综合分析资源供给、市场消费与管道建设的特征。

本章以 2000 年以来我国天然气管网建设为事实依据，以管网输气数据为对象，采用社会网络分析方法研究我国天然气市场的演变过程和供应保障，随后从产销缺口、储运建设和市场风险三个维度对中国天然气市场安全进行评价，并对保障我国天然气市场安全主要路径进行分析，提出管网铺设的建议。

第一节　中国天然气管网市场的网络特征

社会网络分析被广泛地应用于社会经济系统，诸如市场、产业、贸易关系等都可以视为一种网络。网络分析能够从整体上把握市场格局与贸易关系的演化，业已发展出专门的概念体系和测算工具。社会网络分析方法被证明是一种有效的分析贸易关系的工具，该方法中采用较为普遍的指标是中心性、派系以及关联度等。肖建忠等（2012）利用中心性、派系及关联度分析了中国天然气市场贸易关系的经验特征和演变规律，并为华北、东北、华东等 7 个区域的天然气保障提供建议[①]；肖建忠等（2013）研究了天然气国际贸易网络演化和区域特征，深入探讨了国际市场天然气贸易网络的连通性、聚集性等内容[②]。刘劲松（2016）运用社会网络方法分析了 2007—2014 年世界天然气贸易的网络密度、中心性及聚类系数等指标，得出"世界 LNG 网络密度明显大于管道气""世界 LNG 贸易的活跃程度将会进一步提高"等结论。[③]邹丽霞等（2018）利用社会网络方法分析了"一带一路"共建国家管道气和液化天然气的贸易网络演化过程，划分不同国家类型，为"一带一路"跨国天然气贸易提供了理论依据和政策建议。[④]

为全面把握我国天然气市场，除了国内管道覆盖的 23 个省、5 个自治区和 4 个直辖市以外，本研究把南海、东海和黄海这三大海上天然气富集区、进口液化天然气以管道进口气源的形式纳入我国天然气管网市场。其中管道气进口以中亚气为主，主要气源来自土库曼斯坦。液化天然气进口以澳大利亚、卡塔尔、马来西亚、印度尼西亚、巴布亚新几内亚为主。本节所用天然气管道数据来自中国石油规划总院提供的我国已投产天然气管道和中石油、中海油和中石化公告的已投产天然气管道。

---

① 肖建忠、胡超、王小林、成金华：《中国天然气市场演变及其保障研究》，《中国人口·资源与环境》2012 年第 12 期。

② 肖建忠、彭莹、王小林：《天然气国际贸易网络演化及区域特征研究——基于社会网络分析方法》，《中国石油大学学报（社会科学版）》2013 年第 3 期。

③ 刘劲松：《基于社会网络分析的世界天然气贸易格局演化》，《经济地理》2016 年第 12 期。

④ 邹丽霞、张书莞、吴亚平、刘千慧、刘子瑜：《"一带一路"国家天然气贸易形势分析》，《安徽理工大学学报（社会科学版）》2018 年第 6 期。

一、中心性分析

中心性指个体在其社会网络中所拥有的权力和地位，用于衡量网络节点的市场影响力，有三个衡量指标：度数中心度、中间中心度和接近中心度。

度数中心度用于衡量某地对邻近地区的影响力。绝对度数中心度指与该点直接相连的点数。相对度数中心度为点的绝对中心度与图中最大可能度数之比。在一个 n 点图中，任何一点的最大可能度数一定是 $n-1$。

中间中心度用于衡量某地对资源的控制程度。在星形网络中，相对中间中心度计算公式为 $C_{RBi} = \dfrac{2C_{ABi}}{n^2 - 3n + 2}$，其取值范围为 0—1，并且该值可用于比较不同网络图中的点的中间中心度。

接近中心度用以衡量某地与网络中所有其他点的距离。在星形网络中，C_{APi}^{-1} 才可能达到最小值。对于包含 n 个点的星形网络来说，核心点的接近中心度为 $n-1$，相对接近中心度计算公式为 $C_{RPi}^{-1} = \dfrac{C_{APi}^{-1}}{n-1}$ 或者 $C_{RPi}^{-1} = \dfrac{n-1}{C_{APi}^{-1}}$。

选取了模型的相对度数中间度、相对中间中心度和相对接近中心度三个指标，列出排在前五位的地区。各年各指标结果如表 6-1 所示。

表 6-1　2000—2020 年相对度数中心度、相对中间中心度和相对接近中心度排名

年份	相对度数中心度前 5 位	相对中间中心度前 5 位	相对接近中心度前 5 位
2000	陕西、天津、黄海、山西、（河北、北京）*	陕西、天津、黄海、东海、空缺**	陕西、天津、黄海、辽宁、（陕西、河北、北京）*
2005	新疆、陕西、四川、上海、（甘肃、湖北、湖南、广东、河北、北京、天津、黄海、东海、南海）*	新疆、陕西、（上海、天津）*（甘肃、黄海、东海）*、四川	新疆、陕西、河北、北京、（宁夏、河南、江苏、安徽、广西）*

年份	相对度数中心度前5位	相对中间中心度前5位	相对接近中心度前5位
2006	新疆、陕西、四川、（上海、湖北、浙江）*、（甘肃、江苏、湖南、广东、河北、北京、山东、天津、黄海、东海、南海）*	新疆、陕西、湖北、四川、天津	新疆、陕西、（上海、湖北、浙江）*、（河北、北京、山东）*、甘肃
2007	新疆、陕西、四川、（上海、湖北、浙江、山东、黄海）*、（甘肃、江苏、湖南、广东、河北、北京、天津、东海、南海）*	新疆、湖北、陕西、四川、山东	新疆、陕西、湖北、山东、（上海、浙江）*
2008	新疆、陕西、四川、（上海、湖北、浙江、山东、黄海）*、（甘肃、河南、江苏、湖南、广东、河北、北京、天津、液化天然气、东海、南海）*	新疆、湖北、四川、陕西、山东	新疆、陕西、湖北、山东、上海
2009	新疆、陕西、四川、上海、（湖北、浙江、山东、液化天然气）*	新疆、上海、湖北、陕西、液化天然气	新疆、陕西、上海、湖北、山东
2010	新疆、陕西、四川、上海、浙江	新疆、上海、四川、陕西、液化天然气	新疆、陕西、浙江、（江苏、四川）*、湖北
2011	（陕西、土哈气源）*、新疆、四川、液化天然气、上海	土哈气源、陕西、四川、新疆、广东	土哈气源、陕西、新疆、上海、江苏
2013	中亚气、陕西、新疆、四川、（内蒙古、重庆）*	中亚气、陕西、新疆、四川、（安徽、甘肃）*	中亚气、新疆、陕西、四川、（内蒙古、安徽）*
2016	中亚气、新疆、陕西、四川、（液化天然气、内蒙古）*	中亚气、新疆、四川、陕西、液化天然气	中亚气、新疆、陕西、四川、（内蒙古、重庆）*
2018	中亚气、新疆、陕西、液化天然气、（四川、内蒙古）*	中亚气、新疆、四川、陕西、（液化天然气、甘肃）*	中亚气、新疆、陕西、四川、（内蒙古、浙江）*

续表

年份	相对度数中心度前5位	相对中间中心度前5位	相对接近中心度前5位
2020	中亚气、新疆、陕西、四川、（液化天然气、内蒙古）*	中亚气、新疆、四川、陕西、（液化天然气、甘肃）*	中亚气、新疆、陕西、四川、（内蒙古、天津）*

注：* 表示括号包含的地区排名相同；** 表示剩余32个地区并列第5位。

2009年上海的相对度数中间度排在第四位，和2008年持平，中间中心度由2008年的第6位升至第2位，接近中心度由第5位升至第3位。这表明上海开始在网络中居于中心地位。山东的相对度数中心度小幅跌落至第5位，相对中间中心度降至第8位，相对接近中心度跌至第5位，说明山东对邻近地区的影响以及对网络的控制能力均下降，和网络中其他点的距离增大。四川相对度数中心度跌落为第4位，相对中间中心度跌落为第6位，相对接近中心度排名滑至第13位，说明四川天然气对邻近地区的影响变弱。

2011年山东度数中心度跌至第7位，相对中间中心度跌至第14位，相对接近中心度跌至第13位，说明山东对邻近地区影响力进一步减弱，在网络中显示出一定孤立性。液化天然气气源的度数中心度升至第4位，中间中心度跌至第7位，接近中心度则跌至第12位，说明液化天然气气源对邻近地区影响力上升，但是对网络控制程度有所下降，其处于远离网络中其他点的状态并未改变。同时土哈气源的相对度数中间度、相对中间中心度和相对接近中心度并列第1位；新疆的度数中心度由2010年的第1位跌至第2位，中间中心度由2010年的第1位跌至第4位，接近中心度由2010年的第1位跌至第3位，说明土哈气源在网络中居于绝对的中心地位，新疆对网络的控制程度有所下降。

2012 年，考虑中亚气进口量的逐年增加，中贵联络线（中卫—南部段）建成，以及天然气管网的"互联互通"，中亚气、新疆、陕西的气源可灵活调送至西气东输、陕京线沿线各省，因此新疆、中亚气、陕西在各类中心度的重要作用开始显现。

2013 年，唐山、天津等液化天然气接收站相继建成，中国东部、南部沿海也已建成超过 12 座液化天然气接收站，具备一定的接收能力，进口液化天然气对整个网络的控制程度进一步增强，其相对中间中心度持续保持在前 5 位。此外，中贵线（南部—贵阳段）、中缅天然气管道的顺利贯通使得贵州的气源多样性进一步增加，其在整个网络中的相对中间中心度也显著上升。

2014—2018 年，中国天然气网络的稳定性增强。中亚气、新疆、陕西、进口液化天然气及川渝地区一直占据着相对度数中心度前 5 位，中亚气、新疆、进口液化天然气、贵州及陕西占据着相对中间中心度前 5 位，中亚气、新疆、陕西及京津冀地区占据着相对接近中心度前 5 位。

2018—2020 年，从三项中心度指标来看，我国天然气网络的中心节点已基本成熟和稳定。随着管网建设重心逐步转向省内短途管道，省际长输管网建设逐步完善，除接近中心度指标中天津超过重庆跻身前 6 之外，其他地区网络中心度未出现明显变迁。

中心性分析表明，各年对网络起控制作用的地区，以及对近邻影响最大的地区和离网络中其他点距离最小的地区都在不断变化。随着管道的投建，我国天然气市场呈现一定中心性特征。总的趋势是，2006 年之前，居于网络中心地位的是新疆、陕西、四川。2006 年之后，湖北、山东、上海和广东等地区的中心度得到显著提升。同时液化天然气气源从 2009 年开始在网络中的影响力日益呈现。土哈气源在 2011 年居于中心地位。2014 年后，中亚气、新疆、陕西和进口液化天然气发展成为中国天然气网络中的重要节点，随着国家油气管网公司的成立，这几个节点对中国天然气网络的影响有可能继续增大。

二、派系分析

令 $d(i,j)$ 代表子图中两点 n_i, n_j 在总图中的距离，有点集 $N_S = \{(i,j)|d(i,j) \leq n\}$，对于所有的 $n_i, n_j \in N_s$ 来说，在总图中不存在与子图中的任何点的距离不超过 n 的点。这样的点集就称为 $n-$ 派系。派系分析能找出市场网络中同质性较强或联系紧密的地区。

对模型做了 3- 派系分析，结果见图 6-1。反映出我国天然气网络派系从无到有，逐渐增加的过程。2000 年不存在派系，2005 年有 4 个派系。2006—2007 年增为 7 个派系，2008—2010 年为 8 个派系，2011 年提高到 15 个派系。随后几年中，天然气网络派系仍保持增加态势。2013 年增加至 23 个派系，2016 年和 2018 年分别达到 41 个和 42 个派系。

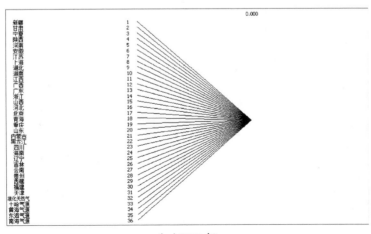

（a）2000 年

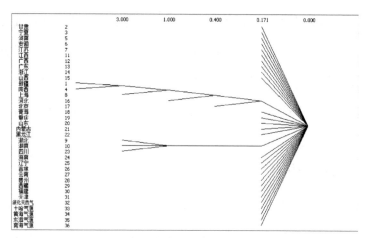

（b）2005 年

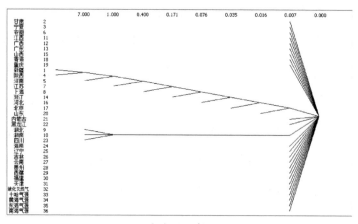

（c）2009 年

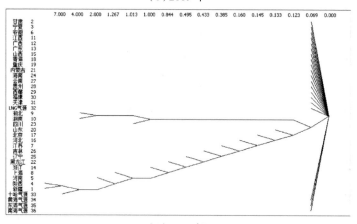

（d）2011 年

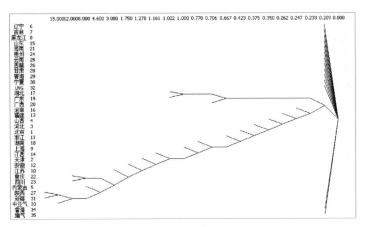

（e）2013 年

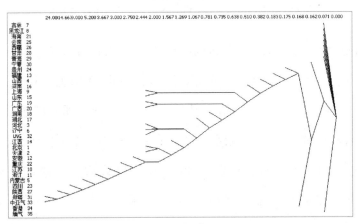

（f）2016 年

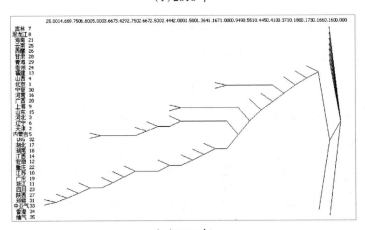

（g）2018 年

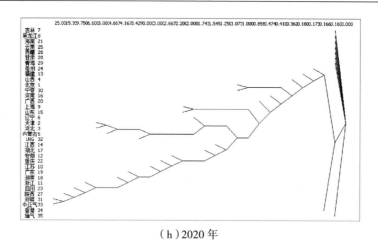

（h）2020 年

图 6-1　2000—2020 年我国天然气市场网络派系演变

2000 年派系为 0，网络结构极度脆弱。2005 年派系为 4。派系分别为 {新疆，陕西，上海}{新疆，陕西，河北}{新疆，陕西，北京}{湖北，湖南，四川}。网络中其他 28 个地区处于孤立状态，网络的脆弱性有所减弱。2006 年派系为 7。派系分别为 {新疆，陕西，江苏}{新疆，陕西，上海}{新疆，陕西，浙江}{新疆，陕西，河北}{新疆，陕西，北京}{新疆，陕西，山东}{湖北，湖南，四川}。网络中其他 25 个地区处于孤立状态。网络脆弱性进一步减弱。2007 年派系为 6，且派系结果与 2006 年相同。网络结构没有发生变化。

2008—2010 年派系为 8。派系结果如下：{新疆，陕西，河南}{新疆，陕西，江苏}{新疆，陕西，上海}{新疆，陕西，浙江}{新疆，陕西，河北}{新疆，陕西，北京}{新疆，陕西，山东}{湖北，湖南，四川}。网络中其他 24 个地区处于孤立状态。网络脆弱性小幅削弱。2009 年派系为 8，且派系结果与 2008 年相同，网络结构没有发生变化。2010 年派系为 8，且派系结果与 2009 年相同，网络结构保持不变。

2011 年派系为 15，派系结果如下：{ 新疆，陕西，河南 }{ 新疆，陕西，江苏 }{ 新疆，陕西，上海 }{ 新疆，陕西，浙江 }{ 新疆，陕西，河北 }{ 新疆，陕西，北京 }{ 新疆，陕西，山东 }{ 湖北，湖南，四川 }{ 陕西，黑龙江，土哈气源 }{ 陕西，辽宁，土哈气源 }{ 陕西，吉林，土哈气源 }{ 陕西，上海，土哈气源 }{ 陕西，浙江，土哈气源 }{ 陕西，河南，土哈气源 }{ 湖北，湖南，土哈气源 }。网络中其他 20 点处于孤立状态。网络显示出一定的紧密性。

2013 年，中国天然气网络派系增加到 23 个。由于 2011—2012 年东北地区天然气管网、西气东输二线东段等管道建成，"孤岛"省份仅剩贵州、海南、云南、西藏。就天然气网络派系中各省、各气源出现的次数来看，中亚气和新疆占比明显增强。

2016 年，进口液化天然气也与环渤海等地区省份形成派系，总派系数达到 41 个。此外，新建成的中贵线和中缅线将云南、贵州等省份连接到中国天然气管网中，其中，包含"中亚气"的派系数量增加至 23 个。

2017 年底，陕京四线建成，途经陕西、内蒙古、河北、北京，2013—2016 年的"新疆 + 陕西 + 北京 / 天津 / 河北"派系演变成 2018 年后的"新疆 + 陕西 + 内蒙古 + 北京 / 天津 / 河北"，派系总数量略微增加（42 个）。截至 2020 年，我国天然气网络派系保持 42 个，显现出派系成熟的特征。

综合来看，我国天然气市场是逐渐趋于紧密的。随着管道的投产，我国天然气市场各区域市场逐渐建立，形成环渤海地区、长三角地区、南部沿海地区、中部地区、西南地区、东北地区和西北地区等 7 个区域市场。

三、关联度分析

关联度分析用以衡量市场网络的团结性和相互联系程度。如果网络节点相互之间不可达，那么市场团结性就较小。反之则较大。关联度的测量公式为：$C = 1 - \left[\dfrac{V}{\dfrac{N(N-1)}{2}} \right]$，$V$ 是该网络中不可达的点对数目，N 是网络规模。

关联度计算结果如图 6-2 所示。2008 年前，天然气市场的网络关联度总体水平在 0.25 以下，团结性较低。但随着时间推移，网络关联度呈缓慢增长态势，天然气市场内在联系程度逐渐增强。2009 年市场关联度增加率达到 70.4%，在各年度中增幅最大。2009 年后关联度增长率均低于 30%，关联度增加率趋于平稳，2017 年后增长率低于 10%。我国天然气市场团结性虽然得到一定改善，但市场关联度停滞不前也从侧面反映出中国天然气市场管网建设密度和建设速度都相对较低，管网"互联互通"程度不足等问题。

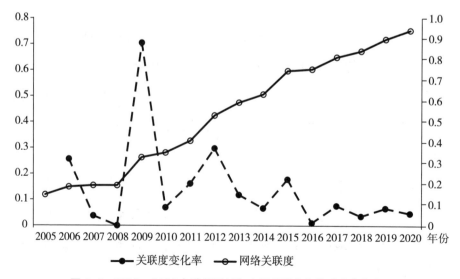

图 6-2　2005—2020 年我国天然气市场关联度和关联度变化率

四、网络结构演变

以各个地区作为节点，根据已投产天然气管道归纳出天然气市场供给方和需求方，找出地区 i 与地区 j 是否存在天然气贸易。如果存在贸易关系，则 $a_{ij}=1$；若不存在，则 $a_{ij}=0$。于是得到一个 $N \times N$ 阶一模关系矩阵。然后对矩阵做对称化处理，令 $a_{ij}=a_{ij}(i \neq j)$，采用社会网络分析 Ucinet 6 软件对矩阵进行分析（见图 6-3）。

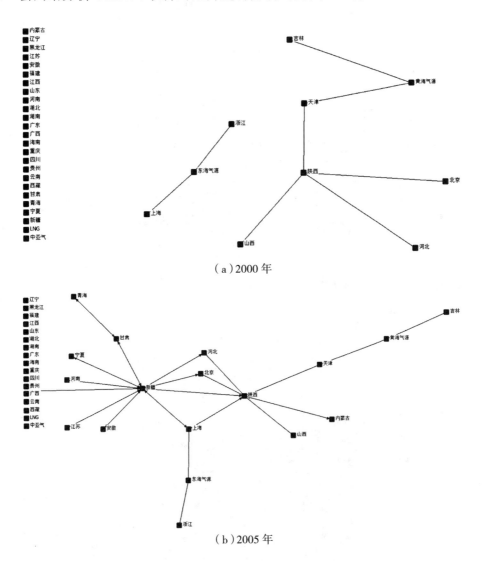

（a）2000 年

（b）2005 年

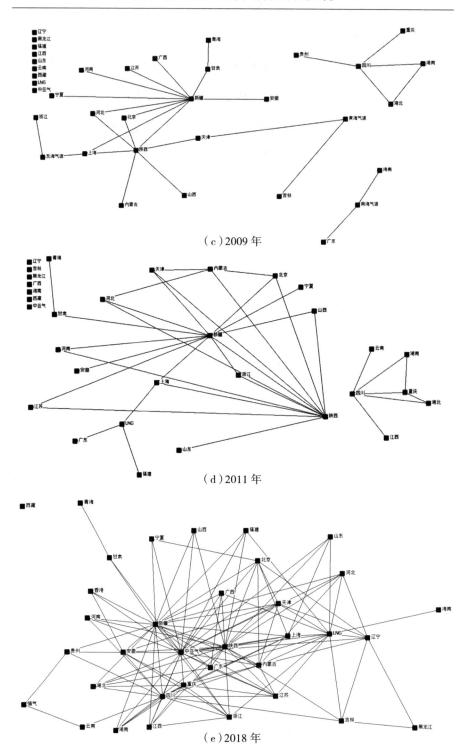

（c）2009 年

（d）2011 年

（e）2018 年

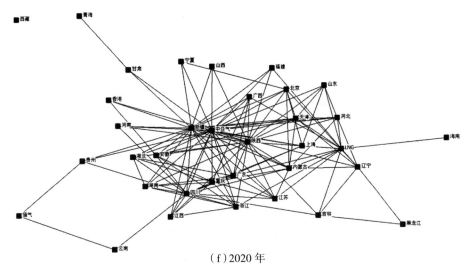

（f）2020年

图 6-3　2000—2020 年我国天然气市场网络结构特征的演变

图 6-3 表明，2000 年网络节点是孤立的，还未形成区域性市场。2005 年，中西部地区开始形成区域市场，其中以新疆、陕西和四川为代表。同时市场向长三角地区扩散。2009 年，长三角地区、渤海湾地区开始形成区域市场。这两个区域市场与中西部地区的区域市场交织在一起，相互依赖，全国性的大市场初具雏形。2011 年，大市场扩张到珠三角的广东等地，我国天然气市场日渐完善。2011 年后，随着中国天然气骨干管网的建设，各省、各气源依赖程度增加，天然气网络的整体连接程度也明显提高。2020 年，除西藏、青海和海南外，其他地区均较好地融入天然气管网体系。

第二节　中国天然气区域市场安全保障分析

本节将中国分为环渤海地区、长三角地区、南部沿海地区、中部地区、西南地区、东北地区和西北地区，分区讨论我国天然气安全保障问题。

一、环渤海地区

《环渤海地区合作发展纲要》将北京市、天津市、河北省、辽宁省、山东省、山西省、内蒙古自治区划为环渤海区域。"关于印发北方地区冬季清洁取暖规划（2017—2021 年）的通知"，以及"煤改气"相关政策，是环渤海地区天然气发展的重要指导性纲要。第一，"十四五"时期，除北京市外，河北、辽宁、山东、内蒙古等省份的城镇燃气和工业燃料领域的天然气消费将有较快发展；山东、辽宁两省的天然气电力需求因分布式能源投运具有一定发展空间。第二，天津市预计到 2025 年天然气消费量达到 145 亿立方米，计划推动城镇燃气、工业燃料、公共服务等领域的高效科学利用，鼓励因地制宜发展燃气分布式能源。强化民生用气保障，保障清洁取暖"煤改气"等民生用气需求。第三，河北省因 130 万户居民实施"煤改气"改造，同时随着减煤政策的进一步落实，工业燃料用气量仍有较大增长空间。第四，辽宁省预计"十四五"时期及今后较长时期推动城镇居民集中供暖。同时，计划在钢铁、冶金、建材、石化、玻璃、陶瓷机电、轻纺等重点行业天然气燃料替代和利用。建设储气能力 115 亿立方米，扩建大连液化天然气接收站储备规模，增扩盘锦地下储气库库容。散煤替代和分布式能源方面天然气有增长空间。第五，山东省加快沿海液化天然气接收站和天然气管网建设，补齐基础设施短板，提升天然气供应能力。到 2025 年，天然气综合保供能力达到 400 亿立方米以上。积极发展天然气发电及分布式能源，烟台、威海、济南等地有多个燃气发电将于"十四五"时期投运。第六，内蒙古自治区西部地区基本实现管道天然气"县县通气"、东部地区实现管道天然气"市市通气"。对于边远地区，鼓励通过煤层气、液化天然气等多气源保障管道气未覆盖区域用气需求。同时，随着若干大型工业园区的建设，工业燃料用气将上升。第七，山西省预计"十四五"时期主要推动城镇天然气利用；随着煤层气产量增长，加快煤层气进管道干支线的工作。

"十四五"时期，环渤海区域将继续按照发改委《环渤海地区合作发展纲要》推动天然气管网建设。2019年环渤海区天然气产消差在20亿立方米以上的省份有北京、河北、内蒙古、山东。其中北京市和山东省产消缺口超过100亿立方米，内蒙古自治区超过50亿立方米（见图6-4）。

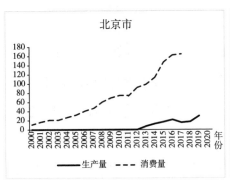

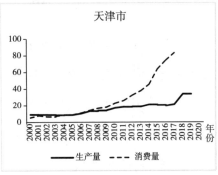

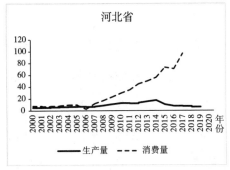

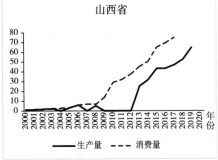

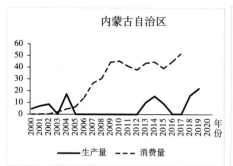
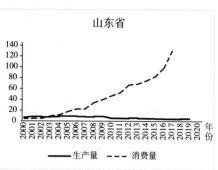

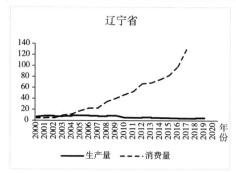

图 6-4　2000—2020 年环渤海地区各省天然气产消缺口（单位：亿立方米）

　　目前，环渤海地区有已投产并已实现相互调气管道工程主要包括陕京一线（设计能力 10 亿立方米 / 年）和二线（设计能力 170 亿立方米 / 年），其中陕京二线还实现了通过冀宁线与西气东输线连接调气。与西气东输二线连接的是输气量为 150 亿立方米的陕京三线。2017 年投产的陕京四线可实现年运气 250 亿立方米。2021 年，陕京天然气管道系统共计已实现年输气量 460 亿立方米。

　　由中心性分析可知，稳定环渤海地区的天然气供应，应重点发展陕西和内蒙古。目前通过陕西的天然气管道有榆济线和西气东输一、二、三线。其中，2017 年投产的西气东输三线中卫—靖边联络线走向为中卫—靖边，未来可以利用陕西对网络的影响力多建设和北京、陕西、山西、内蒙古直通的天然气支干管道。增大内蒙古和山东的中间中心度和接近中心度，减轻河北、山西等环渤海区的远离状态，以增加天然气流动性，保障环渤海地区天然气供应安全。

在派系分析中，环渤海地区的河北、北京、天津、山东和辽宁均为派系成员。其主要派系分别为 { 北京，天津，内蒙古，陕西，新疆，中亚气 }{ 河北，内蒙古，陕西，新疆，中亚气 }{ 内蒙古，江苏，陕西，新疆，中亚气 }{ 山西，陕西，新疆，中亚气 }{ 北京，上海，陕西，新疆，中亚气 }{ 北京，天津，内蒙古，辽宁，中亚气 }。尽管环渤海地区派系中的成员能通过冀宁线连接西气东输线和陕京诸线，实现各地区间的相互调气，但跨省线路仍存在单一化问题。未来布局以山东和内蒙古为中心的支干网的同时，增修陕京四线所未辐射地区的管线（如天津、山西），辅之以储气库建设，促进环渤海地区天然气调配，增加其供应安全。

二、东北地区

随着中俄东线投运，东北两省（黑吉）的天然气保供条件将大为改善。同时，东北两省都有省内天然气支干线管网规划，国家也将持续推动东北两省大气污染治理政策的落实，总体来看东北地区天然气利用趋势改善。主要包括：第一，黑龙江省将依托中俄东线气源实施"气化龙江"，实现大部分县级城镇管道气供应。统筹推进省内天然气干支线管网建设，加快储气重点项目建设，建立多层次天然气储备体系；第二，吉林省将重点推进城镇燃气，城市管道燃气普及率达到85%，同时实施工业领域以及燃煤锅炉天然气替代。建设长春、通化、梅河口等一批液化天然气应急调峰储配站，新增天然气储气能力不低于6000万立方米／天。

目前，东北地区有已投产的年输气量分别为 90 亿立方米和 84 亿立方米的秦沈线和大沈线。本区产消缺口仅辽宁省超过 40 亿立方米，吉林省和黑龙江省产消缺口均在 10 亿立方米以内（见图 6-5）。因此短期内东北天然气保障问题主要集中于辽宁省[①]。

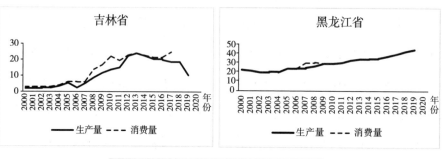

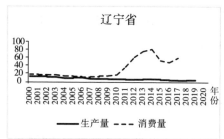

图 6-5　2000—2020 年东北地区各省天然气产消缺口（单位：亿立方米）

而在中心性分析中，中心度较高的东北地区是辽宁省。稳定东北地区的天然气供应，应重点关注辽宁省。目前，通过辽宁省的天然气管道有秦沈线、大沈线和哈沈线。同时在 2011 年投产的秦沈线和大沈线在东北地区内的走向均为辽宁—吉林—黑龙江方向，2015 年投产的哈沈线连通吉林省、辽宁省，未来可以利用三条主管道其对网络的

————————

① 由于《环渤海地区合作发展纲要》将辽宁省划入环渤海地区，而东北地区仅分析了黑龙江、吉林两省难以充分讨论该地天然气管网建设和市场安全保障，遂将辽宁省置于东北地区进行重点分析。

影响力建设和黑龙江省直通的天然气支干管道，使东北地区形成一个环形闭合网络。增大辽宁的中间中心度，增加天然气流动性，保障东北地区天然气供应安全。

在派系分析中，东北地区仅辽宁省为派系成员。其所属派系分别为｛天津，内蒙古，辽宁，液化天然气｝｛河北，内蒙古，辽宁，液化天然气｝｛北京，天津，内蒙古，辽宁，中亚气｝｛河北，内蒙古，辽宁，中亚气｝。派系中仅辽宁能通过秦沈线、大沈线和哈沈线对其他管道形成单向联系。因此，未来可以通过中亚气和液化天然气进口以保障东北地区尤其是辽宁省的供气安全。

三、长三角地区

长三角地区（沪苏浙皖）的天然气市场发展起步晚但增速快。总体上浙江省、安徽省城镇燃气发展空间较大；除上海市外，其他 3 省工业燃料"煤改气"替代要加速推进；江苏、浙江两省仍将推动天然气发电，具体内容包括：第一，上海市到 2025 年天然气消费量将增加到 137 亿立方米，工业燃料"煤改气"替代仍有较大空间。结合城市重点区域开发，选择冷、热、电负荷较为集中的项目推广天然气分布式供能。到 2025 年，全市天然气发电机组达到 1250 万千瓦。第二，江苏省未来市场增长主要是加快苏北地区城镇燃气发展。与此同时，江苏省将持续推动天然气发电。第三，浙江省到 2025 年天然气消费量达到 315 亿立方米，正在推动省管网加入全国"一张网"运营体制改革，降低天然气输配成本，城乡居民天然气气化率达到 40% 以上；气电装机要达到 1956 万千瓦。第四，安徽省推进天然气集中清洁供热，发展分户式天然气采暖。有序推动工业领域"以气代煤"，扩大天然气在玻璃、建材、陶瓷等行业利用。基本实现天然气管道"县县通"，城镇燃气有较大发展空间。

目前，长三角地区已有已投产的年输气量分别为 120 亿立方米和 300 亿立方米的西气东输一线、二线。以及年输气量为 100 亿立方米和 120 亿立方米的冀宁线、川气东输线。而本区产消缺口均在 40 亿立方米以上，尤其江苏产消缺口已超过 200 亿立方米（见图 6-6）。

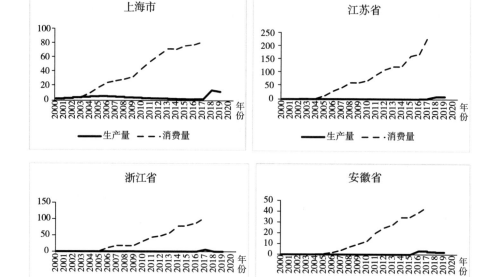

图 6-6　2000—2020 年长三角地区各省天然气产消缺口（单位：亿立方米）

中心性分析可以看出稳定长三角地区的天然气供应，重点在江苏省和上海市。目前连通江苏省的天然气管道主要包括西气东输一线、冀宁联络线、淮安—刘庄储气库支线、泰兴—芙蓉管道、川气东送管道干线和支线。目前通过上海市的天然气管道有西气东输一线、二线，以及川气东输线。这几条主干线及其支线将长三角地区连接成一个闭和环路，基本实现上海、浙江、江苏、安徽各省份间的相互调气。

在派系分析中，长三角区的上海、江苏、浙江和安徽各省份均为派系成员。其中江苏省从属于 6 个派系，上海市和安徽省属于 5 个派系，浙江省属于 3 个派系。2011 年前，派系中的成员主要通过川气东送管道形成连接。由于长三角地区各省产消缺口较大，2011 年后，中石油通过规划投产新的西气东输管线和中亚管线，吸纳非常规天然气。同时，已投产的液化天然气上海洋山站将为本地区天然气消费保障奠定坚实基础。

四、中部地区

中部地区（豫鄂湘赣）的天然气市场发展相对不平衡，具体表现在：第一，河南省通过推进西气东输三线河南段等国家主干输气管道和"两纵四横"省内天然气干线建设，完善县域支线网络，形成省外引入方向多元、省内管网互联互通的天然气供应格局，以此城镇燃气消费向经济承受能力强的重点镇延伸。在工业燃料天然气利用方面，构建绿色低碳交通体系，鼓励重卡、船舶使用液化天然气或氢能替代燃油。第二，湖北省以民生、发电、交通和工业领域为重点，有序扩大全省天然气覆盖范围和利用规模。提高城镇居民天然气气化率。推动天然气对燃油、散煤清洁替代。积极支持发展重卡、环卫、公交等液化天然气汽车。实施"气化长江"工程，推动船舶燃油液化天然气替代。实施"气化乡镇"工程，扩大乡镇天然气覆盖范围，通气乡镇比例达到 50% 以上。第三，湖南省开展燃煤、燃油工业锅炉的天然气替代，有计划发展天然气分布式能源等利用项目。第四，江西省将

加快推进省级天然气管网和互联互通工程建设，天然气管网覆盖范围
进一步扩大，实现"县县通"管输天然气，全省天然气使用人口达到
1700 万；按照"自建应急、集中调峰"原则，规划布局区域储气库。
推进城镇燃气企业应急调峰储气设施建设，满足区域小时（日）调峰
和突发情况的应急调峰需求。

目前，中部地区已投产的主要天然气管道为年输气能力为 30 亿
立方米的忠武线，年输气能力为 15 亿立方米的淮武线，年输气能力
为 30 亿立方米的榆济线，年输气能力为 120 亿立方米的川气东送线
以及年输气能力分别为 120 亿立方米和 300 亿立方米的西气东输一线、
二线。2019 年本地区产消缺口在 30 亿立方米以上的有湖北省和湖南省；
河南省和江西省产消缺口均在 20 亿立方米以上（见图 6-7）。

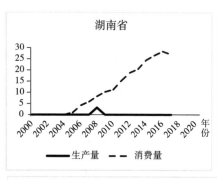
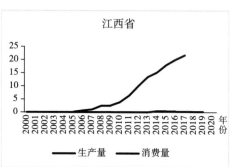
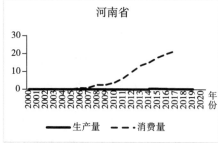
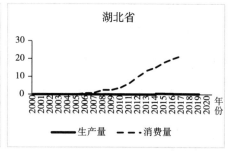

图 6-7　2000—2020 年中部地区各省天然气产消缺口（单位：亿立方米）

中心性分析中表明，稳定中部地区的天然气供应，重点在湖北省和湖南省。目前忠武线，淮武线，川气东输线和西气东输二线在河南、安徽、湖北三省，形成一个闭合环路。

在派系分析中，中部地区的各省份均为派系成员，其中湖南省和江西省属于 3 个派系，湖北省和河南省属于 2 个派系。派系中的成员通过淮武线和西气东输二线管道形成一个环形管道。为了平抑产消缺口，今后应该利用湖南对市场网络的影响力，建设储气库以及直通江西和河南的支干管道。结合中亚气，使中部地区形成一个蝴蝶结形闭合网络，保障供应安全。

五、东南部沿海地区

东南部沿海地区（粤桂琼闽）是我国液化天然气接收站集中的区域，城镇燃气气化率不高，工业锅炉、工业窑炉"煤改气"持续进行；广东、海南两省重点发展天然气调峰电厂。具体来看：第一，广东省城镇气化率仅为 33%，与天然气进口大省、消费大省的地位极不相称，未来城镇燃气消费量增长空间较大。同时，广东省规划新建 3600 万千瓦的燃气电厂，未来在发电领域增长空间较大。随着工业"煤改气"的推进和天然气发电项目的建设，预计到 2025 年天然气消费量达到 480 亿立方米。第二，广西壮族自治区随着天然气来源渠道增多，城镇燃气发展前景良好。第三，海南省全面启动建设能源革命示范区，建设清洁能源岛。随着环岛管网的落成，将通过"气代柴煤"大力提高城镇燃气覆盖率，同时在天然气电厂规划了四大天然气调峰电厂。第四，福建省城镇燃气仍有较大上升空间。未来结合天然气接收站及储输设施建设，依托漳州、福清液化天然气接收中心，成为重要的全国性天然气调峰储备基地,新增 200 万千瓦的气电装机。

　　目前,南部沿海区域主要已投产的天然气管道是年输气能力 300 亿立方米的西气东输二线、年输气能力 100 亿立方米的西气东输三线吉安—福州段和 38 亿立方米的海南液化天然气复线管道,而本地区产消缺口均超过 40 亿立方米 (见图 6-8)。

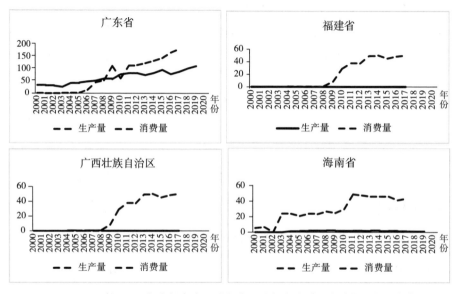

图 6-8　2000—2020 年南部沿海区域各省天然气产消缺口 (单位:亿立方米)

　　中心性分析表明,南部沿海地区中心度较高的是广东省。在派系分析中,南部沿海区域广东省属于 7 个派系,广西壮族自治区属于 2 个派系,福建省属于 1 个派系,海南省则不属于任何派系。各派系成员构成说明本地区在网络中异质性较强,该区内部贸易结构较为松散。考虑到本地区处于珠三角经济开发区,为主要消费区,保障本地区供气安全的重点是多建立和外部联系的管道。建设中的新疆霍尔果斯—广东韶光的管线未来投产后将进一步巩固南部沿海区域的天然气保障稳定。

六、西南地区

西南地区（川渝黔滇藏）中，四川省、重庆市天然气资源丰富，未来天然气利用的主要方向是工业燃料"煤改气"和天然气交通。云南省、贵州省天然气市场发展还需要较长时间的培育。主要包括：第一，四川省是全国重要的天然气生产基地和外输枢纽，未来提升城乡燃气普及率空间很大，发展燃气采暖。积极调整工业燃料结构，鼓励玻璃、陶瓷、建材、机电、轻纺等重点工业领域实施天然气燃料替代。科学布局液化天然气（LNG）加注站、压缩天然气（CNG）加气站，推进长途重卡等交通领域燃料气化改造。统筹规划涉电用气，促进天然气综合利用。第二，重庆市在玻璃、陶瓷、建材、机电、轻纺、石化、冶金等行业，推进天然气替代。发挥川渝地区天然气资源丰富的优势，以重庆石油天然气交易中心为平台，建设全国性交易市场。第三，贵州省将继续推行"贵州燃气＋贵州管网"的"一张网"模式，城镇燃气市场潜力巨大，计划在新能源资源富集地区合理布局天然气调峰电站。第四，云南省依托中缅管道发展天然气应用，着力推进城镇燃气推广。实施工业燃料替代，重点推进石化、冶金、烟草、玻璃等行业采用天然气替代和利用。第五，西藏自治区在未来较长时期内，城镇燃气仍然是天然气利用的主要方向。

目前，西南地区已投产的天然气管道有忠武线、川气东送管线和中贵联络线。本地区产消缺口除四川省超过20亿立方米外，其他地区均在20亿立方米以内（见图6-9）。

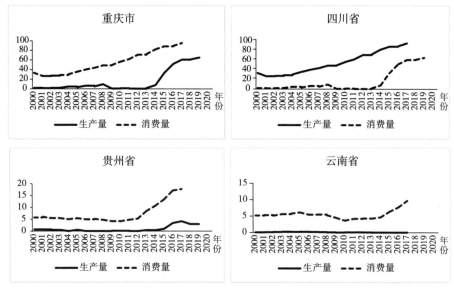

图 6-9　2000—2020 年西南地区各省天然气产消缺口（单位：亿立方米）

在中心性分析中，西南地区中心度较高的是四川省。2018 年四川省的度数中心度为第 4 位，中间中心度为第 3 位，接近中心度为第 4 位。2010 年投产的川气东送管线西南区境内的管道为四川—重庆方向，2012 年投产的中贵联络线连接宁夏、甘肃、四川、重庆、贵州等省份，可实现年 150 亿立方米输气量。未来可以利用其对网络的影响力多建设和贵州等省份、云南两省直通的天然气主干管道。西藏自治区一直未实现与全国天然气管网的连通，气源主要依靠铁路及槽车运输。中长期看，西藏自治区地广人稀，经济发展水平不高，用气量有限，在拉萨市周边建设小规模的输气管道成为未来潜在用气保障。

在派系分析中，四川省从属于 14 个不同的管网派系，重庆市属于 6 个派系，贵州省属于 1 个派系，云南省、西藏自治区则不属于任何派系。派系中的成员可以通过忠武线和川气东送线和中部地区的湖北直接相连，通过淮武线和湖南间接相连。鉴于本区为气源产地（普光气田），又是川气东输的起点，因此保障本区供气安全的重点是提供可持续的管网气源输入，而中缅管道和进口液化天然气气源来气将是一个重要的、战略性的气源，维持网络结构的稳定。

七、西北地区

西北地区（陕甘青宁新）5省城镇燃气发展相对饱和，农村及边远城镇地广人稀，城镇燃气发展空间不大。"十四五"及未来较长时期，工业燃料"煤改气"空间大，主要有：第一，陕西省将推动边远县接通管道气，适度推进天然气下乡工程。工业用气需求有一定增长空间，同时鼓励发展天然气分布式能源等高效利用项目。第二，甘肃省风能、太阳能、水能、煤炭、石油、天然气等能源种类齐全、资源丰富，是国家重要的综合能源基地和陆上能源输送大通道。今后将提高城镇居民天然气气化率，推进冬季清洁取暖"煤改气"工程；推进工业燃煤替代、交通领域天然气消费。第三，青海省结合天然气供应能力和电力系统发展需求，合理布局燃气电站，力争"十四五"末建成装机300万千瓦，另形成不低于保障本区域3天日均消费量的储气能力。第四，宁夏回族自治区将有序发展工业园区使用天然气，实施燃煤工业锅炉、工业窑炉"煤改气"工程。宁夏回族自治区可再生能源发电发展良好，天然气发电作为调峰电源有增长潜力。

西北地区是我国长输管线最为集中的地区。西北区已投产的天然气管道有陕京一线、二线、三线，西气东输一线、二线、三线和年输气能力分别为 20 亿立方米和 33 亿立方米的涩宁兰线、长宁线及其复线。作为我国天然气主要生产地，大部分省份产消为负值，其中陕西省和新疆维吾尔自治区产消负值均超过 200 亿立方米（见图 6-10）。

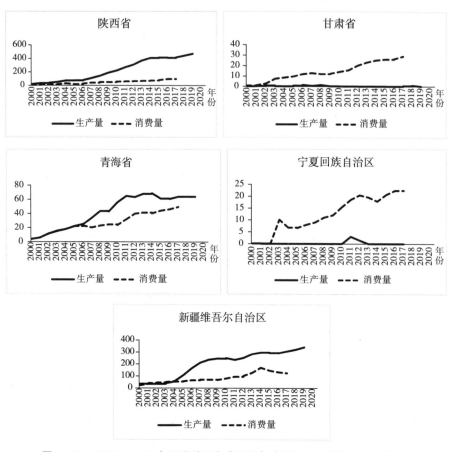

图 6-10　2000—2020 年西北地区各省天然气产消缺口（单位：亿立方米）

在中心性分析表明，西北地区中心度较高的是新疆维吾尔自治区和陕西省。2018 年，新疆维吾尔自治区各项中心度均位列第 2 位，仅次于中亚气。陕西省度数中心度和接近中心度为第 3 位，相对中间中心度为第 4 位。西北区各省级行政区均属于派系成员，其中新疆维吾尔自治区属于 24 个派系，陕西省属于 21 个派系，宁夏回族自治区属于 1 个派系，而青海省和甘肃省不属于任何派系。这说明新疆和陕西两省是我国极其重要的气源供应方，在全国天然气网络中有重要的影响，但目前而言，相较于中亚气进口而言（各项中心度排名第一），国内主要气源的中心度还有提升空间，应着力打破未来潜在的供应保障危机并实现进口气源多元化和国内煤层气等新气源投产。因此，本区的供气安全实际上关系着全国天然气国内市场网络的平稳运行，未来应该利用两省对网络的影响力，完善管道互通，形成多气源之间的互为调剂，进一步加强西北区在国内市场网络中的地位。

第三节　中国天然气市场安全保障的三维评价

一、三维评价

本部分主要从产消缺口、储运建设和市场风险三个角度，结合前文社会网络分析和保障分析对中国天然气市场安全进行总体评价。

从产消缺口看，2011 年后，中国天然气供需总量差距逐步扩大，截至 2020 年缺口高达 1365 亿立方米。供需之间的明显缺口是目前威胁我国天然气安全供应的关键因素之一。由于较好的宏观经济发展状况以及煤改气工程的持续推进，我国天然气供需缺口不断扩大，除西北地区外，其他地区主要依赖于省外调入以满足本省的天然气需求。其中，环渤海和长三角地区产消缺口最大，但得益于天然气长输管道建设较早，管网中心度较高，短期内天然气市场供应安全得以保障。

　　如图 6-11 所示，受制于资源禀赋和天然气管网建设困难等现状，中部地区和西南地区天然气等能源消费占比小，导致其天然气产消缺口不明显。2020 年中部地区和西南地区能源消费结构中，天然气消费除四川省外，占比均不超过 5%，不到全国平均水平的 1/2；石油消费占比均不超过 20%，接近全国平均水平，煤炭消费占比均超过 60%，远高于全国平均水平。从天然气生产地区来看，陕西、四川、新疆三大西部省份产量最高，2020 年，三大省份的天然气产量占全国天然气总产量的 70.57%，产消缺口最小。

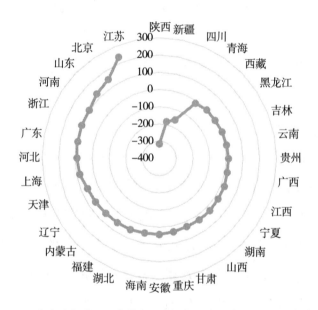

图 6-11　各省（自治区、直辖市）天然气产消缺口（单位：亿立方米）

　　从天然气储运建设来看，现阶段，我国天然气管网已逐步形成以"西气东输"一线和二线、陕京一线和二线，以及"川气东送"一线和二线为主要骨干，以淮武线、榆济线、冀宁线和兰银线为联络线的国家天然气长输骨干网。天然气基干管网和局部的区域管网也已初步建成。但是，如图 6-12 所示，我国人均天然气管网各地区分布不均和用气保障失衡是最突出的特点。东部地区管道较密集，长三角地区十分密集，中部地区较稀疏，西部地区以新疆、陕西、四川和重庆最为密集，其他地区较稀疏；天然气管网城乡分布不均。因此，完善天然气管网是建立天然气储备体系的关键。只有天然气管网建设不断完善，才能促进天然气储备能力的提升，保障居民和企业用气便利和国家能源市场安全。

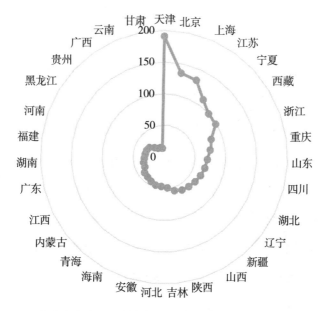

图 6-12　各省（自治区、直辖市）人均天然气管道长度（单位：米 / 人）

从全国层面来看，2021 年，我国天然气对外依存度达 46%，同比增长 10%。而国内需求仍在持续增长，以中部、环渤海和西北地区为主要液化天然气需求地（见图 6-13）。有 20 个省份的液化天然气调入量在 40% 以上，其中很大一部分是进口天然气（见图 6-13）。当前上海石油天然气交易中心着力打造的液化天然气进口和出厂价格指数无疑将为这些市场交易提供价格标杆。但是，市场的发展和繁荣需要更多的参与者，以带来更多的流动性，使得市场更具有竞争性。

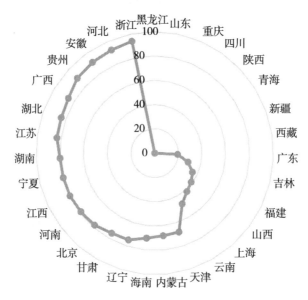

图6-13   各地省外调入液化天然气消费占比（单位：%）

二、保障措施

面对新时期我国天然气需求快速增长，但国际市场供需矛盾日益加剧，地缘政治博弈及天然气供应商不稳定性凸显的现实，我国可从以下三方面保障天然气市场安全：

（1）优化天然气进口来源，强化重点资源国合作。考虑到现有可获得的天然气不足以满足我国经济中长期发展需求，仍需挖潜供应来源。对于陆上来源，可与俄罗斯、土库曼斯坦等天然气资源大国深化天然气合作，继续扩大贸易量，同时进一步挖掘新的陆上供气来源。对于海上来源，加大北非、拉美、北美等资源地液化天然气的贸易往来。在做大规模的同时，还应从结构上优化进口来源，降低对政治不稳定地区的天然气进口比例和依赖度。

（2）加强天然气管道气跨区资源调配。丰富我国现有的天然气进口通道，以全球重点资源国为落脚点，打造与俄罗斯、土库曼斯坦、卡塔尔之间的可选择性高、多元化的天然气战略大通道。继续丰富现有通道气源，完善中国东部地区天然气管网，有效增加华南、华中等地区在中国天然气网络中的重要性和联结性。坚持基础设施的互联互通，提高资源利用效率，有助于国内天然气资源的合理配置，最终一定程度上可进一步下降进口基础设施产能，减缓对外依存度的上升势头。

（3）提升我国在本地区的天然气贸易枢纽国地位。灵活实施国内天然气市场的发展战略，发挥我国与中亚、俄罗斯接壤的地理优势，依托庞大的过境运输管网，探索实施我国国产天然气出口、天然气串换等各类贸易形式，实现天然气经我国的大规模流动。探索我国进口气转出口、国产气出口的可能性，依托我国便利的地理位置与邻近市场优势，探索我国天然气向东北亚、南亚出口的可能性。加快与俄罗斯、土库曼斯坦等重点资源国合作，在我国发展天然气深加工与利用，发挥我国在亚太地区的枢纽地位，进一步出口天然气化工品如氢、氨等各类高附加值产品，提升我国在国际能源产业链中的参与度。

　　本章结合社会网络分析方法，构建我国天然气市场网络的模型，通过分析市场网络的中心性、派系和关联性，揭示天然气市场网络的联系程度，以及各省在网络中的影响力。随之结合七个区域市场的相关数据探讨了区域天然气供应保障问题。结论如下：

（1）我国天然气市场经历了零散市场向区域市场乃至全国性大市

场的演变，已经基本形成"横跨东西、纵贯南北、连通海外"的全国性输气管网。建议在统筹做好天然气产业链产供储销等环节建设的基础上，加快新疆、陕西以外其他天然气消费大省的增储工作；同时，增加进口气源的数量和规模，逐步促进中国天然气市场网络多元化发展，提高其稳定性。

（2）管网的建设推动了天然气市场网络的聚集。市场形成中西部资源产地和东部消费地的中心性特征，同时暴露出中国天然气市场联结性、管网建设速度、"互联互通"程度等多方面不足。建议以国家油气管网公司成立为契机，加快中国天然气大型骨干管网和"互联互通"工程建设，增加东北、西北、南部沿海地区各省天然气市场的联结程度，以提高中国天然气市场网络的团结性。

（3）结合中心性与派系分析，指出了各区域市场为了保障供气安全的不同侧重点。未来我国天然气管网建设布局可能是：①环渤海地区的山东建设和北京、山西、内蒙古直通的管道，修建以山东为终点的大型管线，辅之以储气库建设。东北地区建设辽宁—黑龙江管道。长三角地区建设新疆—浙江管道。中部地区的湖北建设储气库以及湖北—江西管道。南部沿海地区建设新疆—广东管道。西南地区建设中缅管道。西北地区完善管道互通，形成多气源互相调剂。②在"西气东输"的流向基础上增加"北气南下"流向天然气管道的规划建设工作，完善中国东部地区天然气管网，有效增加南部沿海、中部等地区在中国天然气网络中的重要性和联结性。总体来说管网布局将更加合理，推动天然气市场网络向更加紧密的方向演变。

（4）天然气市场安全评价和保障路径分析表明，在我国能源结构调整压力下，天然气供需缺口继续扩大成为趋势，由此，省际长输管网互联和省内管道建设以及管网中心度提升成为未来市场安全保障的重要保障。此外，各省边陲地区管网建设未来需建立城乡输配管网体系，满足经济社会发展对能源增量的需求。最后，为应对国际市场供需矛盾、地缘政治博弈及天然气供应商不稳定等现状，我国应积极调整气源结构、结合我国沿海的液化天然气供应与调配体系，构建东北亚、东南亚天然气供应网络等方面保障天然气市场安全。

第七章　天然气产业链中游管网节点价格优化与资源配置

　　自 2011 年底天然气价格改革方案在广西壮族自治区、广东省试点以来，天然气价改开始加速推进，在天然气产业链上下游各环节均取得了相当进展：以"管住中间，放开两头为主线"，在上游放开液化天然气、煤层气、页岩气等非常规气价格；中游依靠成本加成原则为管输费用定价、推进城市门站价市场化等，而管网独立将使垄断油企掌握的这两个重要环节彼此分离。

　　2017 年 5 月，中共中央、国务院印发《关于深化石油天然气体制改革的若干意见》，为油气全产业链体制改革指明了方向。在这种背景条件下，合理的天然气管道输送价格研究迫在眉睫。本章的研究将在边际节点价格体系的基础上，为省级管网独立运营后，推行怎样的收费机制提出有意义的借鉴和参考，以期实现资源的安全有效配置。

第一节　天然气管网价格改革历程

　　自 2014 年起，国家着手油气行业中游改革，包括管网向第三方公平开放、规范管输费用、推动管网互联互通建设等，并于 2019 年成立国家油气管网公司，倒逼各省级管网改革，以适应未来的形势发展，促进中游长输管网形成全国一张网，由国家管网公司统一运营，实现高效资源配置的局面。我国出台的一系列天然气管网市场改革的相关政策汇总如表 7-1 所示。

表 7-1　近年我国油气管网相关政策

时间	发布单位	政策名称
2014 年 2 月	国家能源局	《油气管网设施公平开放监管办法（试行）》
2014 年 8 月	国家发展改革委	《关于调整非居民用存量天然气价格的通知》
2015 年 2 月	国家发展改革委	《关于理顺非居民用天然气价格的通知》
2015 年 10 月	中共中央、国务院	《关于推进价格机制改革的若干意见》
2016 年 10 月	国家发展改革委	《天然气管道运输价格管理办法（试行）》
2016 年 10 月	国家发展改革委	《天然气管道运输定价成本监审办法（试行）》
2016 年 12 月	国家发展改革委、国家能源局	《能源生产和消费革命战略（2016—2030）》
2017 年 5 月	中共中央、国务院	《关于深化石油天然气体制改革的若干意见》
2017 年 5 月	国家发展改革委、国家能源局	《中长期油气管网规划》
2018 年 8 月	国务院	《关于促进天然气协调稳定发展的若干意见》
2019 年 5 月	国家发展改革委、国家能源局、住建部、市监总局	《油气管网设施公平开放监管办法》
2021 年 6 月	国家发展改革委	《天然气管道运输价格管理办法（暂行）》
2021 年 6 月	国家发展改革委	《天然气管道运输定价成本监审办法（暂行）》
2022 年 1 月	国家发展改革委、国家能源局	《"十四五"现代能源体系规划》

资料来源：根据公开资料整理。

2014 年 2 月 13 日，国家能源局正式印发《油气管网设施公平开放监管办法（试行）》，旨在促进油气管网设施公平开放，提高管网设施利用效率，保障油气安全稳定供应，规范油气管网设施开放相关市场行为，在目前油气行业纵向一体化的体制下，解决上、下游多元化市场主体的开放需求问题。随后国家发展改革委发布《关于调整非居民用存量天然气价格的通知》《关于理顺非居民用天然气价格的通知》两个文件，提出实现存量气与增量气价格并轨目标，并通过试点放开直供用户门站价格。2015年10月，中共中央、国务院《关于推进价格机制改革的若干意见》中提出，按照"管住中间、放开两头"总体思路，推进电力、天然气等能源价格改革，促进市场主体多元化竞争，稳妥处理和逐步减少交叉补贴，还原能源商品属性。按照"准许成本加合理收益"原则，合理制定电网、天然气管网输配价格。国家发展改革委2016年10月下发的《天然气管道运输价格管理办法（试行）》规定核定跨省管道的管输价格时税后全投资准许收益率为8%。2017年5月中共中央、国务院发布的《关于深化石油天然气体制改革的若干意见》中提出改革油气管网运营机制，提升集约输送和公平服务能力。分步推进国有大型油气企业干线管道独立，实现管输和销售分开。完善油气管网公平接入机制，油气干线管道、省内和省际管网均向第三方市场主体公平开放。2017年5月，国家发展改革委和国家能源局联合发布《中长期管网发展规划》，这是我国油气管网中长期空间布局规划，是推进油气管网等基础设施建设的重要依据。在规划中提到，到2025年，全国油气管网规模达到24万千米，网络覆盖进一步扩大，结构更加优化，储运能力大幅提升。全国省区市成品油、天然气主干管网全部连通，100万人口以上的城市成品油管道基本接入，50万人口以上的城市天然气管道基本接入。2019年，国家能源局发布了《油气管网设施公平开放监管办法》，旨在推动油气管道向第三方市场主体公平开放，规范油气管网设施开放相关市场行为。

以上改革办法的出台有助于形成相对统一简洁的运价结构，同一价区内天然气管输价格取决于运输距离，便于结算。这也有利于市场主体自主选择气源和管输路径，促进资源流动和多元竞争市场的形成，提高资源配置效率。天然气管道运输价格形成机制主要经历了"一线一价""一企一率""一区一率"三个阶段，国家管网集团运营的跨省管道由此前的13个定价率，大幅缩减为4个，从价格机制层面打破了不同运价率对管网运行的条线分割，适应"全国一张网"的改革要求，有助于构建起相对统一的运价结构。

第二节　管网拥挤和节点边际价格

一、管网拥挤

就天然气市场而言，拥挤是普遍存在的，造成更高的管输成本，进而影响市场效率（Olive 等，2014）[1]。容量受限网络的拥挤会提高输送成本，这一点并不仅仅局限于天然气管网，瓦尼和沃尔（Vany 和 Walls,1999）对美国西部11个州电力市场现货价格的协整研究发现，线路损耗和拥挤所导致成本与电力输送量呈正相关关系。[2] 在没有足够的输送消纳能力的情况下，拥挤赋予管网运营商一定的稀缺租金。值得指出的是，这种成本的提高并不是由管网收费本身所造成的。进一步地，存在物理约束即瓶颈的情况下，上游生产商和下游批发商不

---

[1]　Olive M.E., Mason C.F., Finnoff D., "Pipeline Congestion and Basis Differentials", *Journal of Regulary Econornics*, Vol. 46, No.3, 2014, pp.261–291.

[2]　De Vany A.S., Walls W.D. "Cointegration Analysis of Spot Electricity Prices : Insights on Transmission Efficiency in the Westem US", *Energy Economics*, Vol. 21, No.5, 1999, pp.435–448.

得不支付拥堵租金,加剧了拥挤问题。

而对于天然气管网拥挤识别和拥挤程度的研究方面,洛克纳(Lochner, 2011)最早提出一个基于节点价格的拥挤识别以及评估拥挤成本的分析框架。[①] 在其研究中,将欧洲管网在各国的首站概化为节点,通过比较区域性边际供应成本和运输成本之间的差异,以估算各国之间因拥挤造成的溢价。奥利弗等(Olive 等, 2014)在研究中指出,大型的管网运营商将部分管输容量在二级市场拍卖给不具备运输资格的小型运输商,通过二级市场中对稀缺的管输容量进行竞拍来确定因拥挤造成的交易成本。[②] 库瑞马(Cremer, 2003)开创节点价格体系,通过确定系统中各节点价格,来确定天然气管网最优管输费。[③] 艾姆妮西亚等(Amirnekooei 等, 2017)在节点价格体系基础上,结合内点算法,考虑天然气和电力的集成网络的生产成本、运营成本、拥堵成本和运输损失等确定集成网络的最优边际定价。[④] 布兰卡和福里(Blijswijk 和 Vries, 2012)对分配管网系统运输拥堵成本的三种方法,即系统再贴现、市场分割、市场再贴现进行比较,研究指出采用基础系统再贴现的方法,将拥堵成本分配给管网运输商,整体运营成本最小且各主体交易成本低。[⑤] 加布里等(Gabriel 等, 2006)提出一个带

① Lochner S., "Identification of Congestion and Valuation of Transport Infrastructures in the European Natural Gas Market", *Energy*, Vol. 36, No. 5, 2011, pp.2483–2492.

② Olive M.E., Mason C.F., Finnoff D., "Pipeline Congestion and Basis Differentials ", *Journal of Regulary Econornics*, Vol. 46, No.3, 2014, pp.261–291.

③ Cremer H., Gasmi F., Laffont J.J., Access to Pipelines in Competitive Gas Markets, *Journal of Regulatory Economics*, Vol.24, No.1, 2003, pp.5–33.

④ Amirnekooei, K., M.M. Ardehali, and A. Sadri, "Optimal Energy Pricing for Integrated Natural Gas and Electric Power Network With Considerations for Techno–economic ConstRaints. " *Energy*, Vol. 123, March 2017, pp.693–709.

⑤ Van Blijswijk M.J., de Vries L.J., "Evaluating Congestion Management in the Dutch Electricity Transmission Grid", *Energy Policy*, Vol.51, 2012, pp.916–926.

有季节性因素的天然气市场均衡模型—混合非线性互补问题，涉及的市场主体全面有生产商、储气库、高峰天然气运营商、管网运营商、二级分销商和消费市场。在研究管网运营商时把"拥堵定价"作为分配管道容量的机制。认为拥堵成本不应由分销商和储气库运营商支付，而是模拟给定稀缺管道容量资源容量配给的机制内部化。[①]Zhuang等（2008）提出了放松管制的天然气市场的随机均衡模型，解决市场参与者（管道运营商、生产者等）优化问题的混合互补问题（MCP），其中管道运营商的目标函数公式强加了物理管道容量和管网拥堵时的拥堵费，拥堵费是两部分的总和：长期市场的拥堵费收入和现货市场的预期拥堵费收入。[②]

对于网络拥堵问题的解决方法，目前主流观点是将拥堵成本纳入定价体系中，即在原有的价格基础上增加拥堵价格，利用市场规律来提高资源的配置效率。胡杨梅和张金水（2004）从效用最大化和社会福利最大化角度出发，构造多用户差别定价模型研究网络拥堵，指出差别价格能创造出更多的生产者剩余和消费者剩余。[③]徐婧（2015）使用混合互补模型模拟了天然气市场中存在产能约束、管输约束情况下多方市场主体的收益变化和拥堵租补贴分配方案。[④]Chen等（2020）采用线性模拟的通过对天然气网络中的最大流量约束进行线性化处

①　Egging R.G., Gabriel S.A., "Examining Market Power in the European Natural Gas Market", *Energy Policy*, Vol.34, No.17, 2006, pp.2762–2778.

②　Zhuang J., Gabriel S.A., A Complementarity Model for Solving Stochastic Natural Gas Market Equilibria", *Energy Economics*, Vol.30, No.1, 2008, pp.113–147.

③　胡杨梅、张金水：《Internet 拥堵的差别定价策略研究》，《数量经济技术经济研究》2004 年第 7 期。

④　徐婧：《产能约束、管输约束和天然气管网的第三方准入——基于 MCP 模型的分析》，《产业经济评论》2015 年第 4 期。

理，研究指出相比于最大流量情景，在社会福利最大情景下，有助于增加低成本天然气供应节点的供应，并将该供应导向高成本天然气需求节点。[1]

管输网络的低效将导致管网拥挤，在某一个节点的管网拥挤会逐渐向相邻的管网和节点传送，因而带来外部性，严重时造成局部管网的瘫痪。由于以上的特性，在天然气产业链上，厂商的成本与收益在很大程度上取决于地域和网络的拥挤程度，而不是取决于厂商的生产效率。我国管网基础设施建设起步晚，由于基础设施的不完善，制约了天然气储气调峰体系和应急体系的建立，进一步加剧了拥挤的严重程度。由于低效率管网容量输送，限制了气源在配置到需求地时的多样性选择；管网拥挤造成各省基准门站价格与市场价格分离，阻碍了市场的整合，阻碍了资源通过管输网络的流动性和通达性。这一点在其他国家已经得到证明。在这样的背景下，对拥挤程度的识别和制定"节点价格体系"以推行两部制定价，具有重要的研究价值和潜在的政策启示。

二、节点边际定价与混合互补模型

洛克纳（Lochner,2011）将电力市场节点边际定价理论引入基于管网的天然气市场中，研究节点价格的形成过程：节点 1 和节点 2 之间的传输使用费等于 p_2-p_1，节点价格反映了每一个节点的真实生产和消费成本，以及网络阻塞情况。从产业组织理论来看，管网拥堵一

---

[1]　Chen Z., Kteit A.N., Lei Z., An H., Ayala L.F., Pruvot A.J., "The Linear-analog Method : A More Efficient and Effective Linearization Method for Natural Gas Transportation Optimization", *Journal of Natural Gas Science and Engineering*, Vol.80, 2020, 103305.

直是与节点边际价格挂钩的，当运输管线上节点间的边际成本差超过运输成本，则认为管网是拥堵的。基于以上认识，本章在 Lochner 模型的基础上，构建多主体非线性混合互补模型，研究基于管网节点的天然气节点边际价格，以映射网络阻塞程度。

本部分的研究思路如下，运用混合互补模型模拟天然气市场各参与方在网络节点的行为、约束条件及均衡结果，并以山东省省级管网数据进行模拟分析，识别山东省天然气市场的拥堵性以及拥堵的传导机制，并比较上游气田的最优产量、利润和下游消费市场的最优消费量、利润。

1. 节点边际定价

节点边际定价根据供给和需求方的竞标行为，在每一个节点都实行边际成本定价，同时，利用这些价格确定网络阻塞时的传输使用费。这些价格正确地反映了每一个节点的真实生产和消费成本，以及网络阻塞情况。节点边际价格可以向上游投资、管输网络建设与投资提供正确的经济激励。

考虑由三个节点（节点 1、节点 2 和节点 3）构成的气体输送网络（见图 7-1），假设企业 1 和企业 2 是完全竞争企业，其生产成本函数分别为 C_1 和 C_2，供应的天然气量分别为 q_1 和 q_2，在节点 1 和节点 2 之间形成一条运输管道。天然气运输管网的最终消费市场是节点 3，消费量是 d_3，总消费者剩余为 S_3。令 $i, j = 1, 2, 3, i \neq j$，Z_{ij} 表示从节点 i 到节点 j 的天然气流量，$C_{ij}(Z_{ij}, l_{ij}) = C_{ij}(Z_{ij}) l_{ij}$ 节点 i 到节点 j 之间的运输成本，其中 l_{ij} 为节点 i 到节点 j 之间的管道长度。

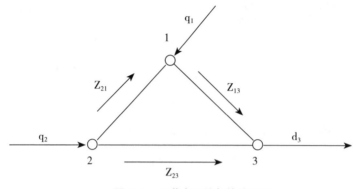

图 7-1 三节点天然气管输网络

三个节点构成的网络中，节点 i 的逆需求函数和供应函数分别用 $P_i^d(d_i)$ 和 $P_i^S(d_i)$ 表示。对于竞争市场，有 $P_i^d(d_i) = S_i(d_i)$ 和 $P_i^S(q_i) = C_i(q_i)$。那么，节点 3 的逆需求函数为 $P_3^d(d_3)$，节点 1 和节点 2 的供应函数分别为 $P_1^S(d_1)$ 和 $P_2^S(d_2)$。本书作出如下假设：节点 2 和节点 3 之间的管线 $arc_{2,3}$ 容量一定，节点 1 和节点 2 之间的管线 $arc_{1,2}$ 容量没有限制，节点 1 和节点 3 的管线 $arc_{1,3}$ 容量也不受限制。三个节点的天然气供气量和消费量分别为 q_1、q_2 和 d_3，节点价格分别为 $P_1(q_1)$、$P_2(q_2)$ 和 $P_3(d_3)$，其中节点价格与天然气的供给量或需求量有关。进一步假设，供气公司和管网运营商是相互分离的经济实体，财务独立，因此需要分开考虑他们的利润。因此，社会福利函数 SW 是消费者（净）盈余、管道网络运营商的收入和气体供应商利润的总和，如下所示：

$$
\begin{aligned}
SW = & \{S(d_3) - P_3(d_3)d_3\} \\
& + \{P_3(d_3)d_3 - P_1(q_1)q_1 - P_2(q_2)q_2 - C_{13}(Z_{13})l_{13} - C_{12}(Z_{21})l_{12} \\
& - C_{23}(Z_{23})l_{23} - H\} + \{P_1(q_1)q_1 - C_1(q_1) + P_2(q_2)q_2 - C_2(q_2)\}
\end{aligned}
$$

$$(7-1)$$

其中，$H \geq 0$ 是固定成本，包括天然气管网的建设成本、运营成本、维修成本等，该固定成本也可以理解为为确保持续、稳定、安全地供应天然气，而由管网运营商公司承担的任何费用。

节点法则表示为管网中各节点流量的物理守恒，以下为三个节点处的流量守恒：

$$q_2 = Z_{21} + Z_{23} \tag{7-2}$$

$$Z_{21} + q_1 = Z_{13} \tag{7-3}$$

$$Z_{13} + Z_{23} = d_3 \tag{7-4}$$

这其中默认这样的一个事实，天然气的供应节点只生产天然气并不消费，需求节点并不生产天然气只消费天然气。并且假定该网络是一个完整的天然气网络，这实际上意味着市场出清，生产商供应天然气的量（q_1 和 q_2）等于消费市场需求的量（d_3），即：

$$q_1 + q_2 = d_3 \tag{7-5}$$

假设连接节点 2 和节点 3 的管网能够承载最大容量 K，把式（7-2）至式（7-5）代入方程中简化目标函数式（7-1），得到如下福利最大化问题：

$$\max_{\{Z_{13}, Z_{23}, Z_{21}\}} SW = S\left(Z_{13} + Z_{23}\right) - C_1\left(Z_{13} - Z_{21}\right) - C_2\left(Z_{21} + Z_{23}\right)$$
$$- C_{13}\left(Z_{13}\right)l_{13} - C_{21}\left(Z_{21}\right)l_{21} - C_{23}\left(Z_{23}\right)l_{23} - H$$
$$s.t.\ Z_{23} \leq K \tag{7-6}$$

令 η 表示为运输能力约束的拉格朗日乘子，反映了资源对社会福利的边际贡献，也就是说每增加单位资源量，可使社会福利增加 η，能够解释为天然气的节点边际价格。

将福利最大化问题转化为最小化问题后的一阶条件后，其形式如下：

$$\frac{\partial L}{\partial Z_{23}} = S' - C_2' - C_{23}' l_{23} - \eta = 0 \Rightarrow P_3 = C_2' + C_{23}' l_{23} + \eta \qquad （7-7）$$

$$\frac{\partial L}{\partial Z_{13}} = S' - C_1' - C_{13}' l_{13} = 0 \Rightarrow P_3 = C_1' + C_{13}' l_{13} \qquad （7-8）$$

$$\frac{\partial L}{\partial Z_{21}} = C_1' - C_2' - C_{21}' l_{21} = 0 \Rightarrow C_1' - C_2' = C_{21}' l_{21} \qquad （7-9）$$

其中，运用消费者利润最大化的性质 $S'(d_3) = P_3(d_3)$ 简化了式（7-7）和式（7-8）。并做如下假设：假设天然气市场具有竞争力，企业以边际成本供应天热气，$P_1 = C_1'$ 和 $P_2 = C_2'$。此外，节点价格的差异可以解释为运输费用。那么以上的一阶条件可以等价为：

$$t_{23} = P_3 - P_2 = C_{23}' l_{23} + \eta \qquad （7-10）$$

$$t_{13} = P_3 - P_1 = C_{13}' l_{13} \qquad （7-11）$$

$$t_{21} = P_1 - P_2 = C_{21}' l_{21} \qquad （7-12）$$

其中，t_{ij} 是从节点 i 到节点 j 的运输价格。通过式（7-10）和式（7-11）得到如下结论：对于单向流的气体网络，当管网没有拥堵时，运输费用等于边际运输成本。

为了实现最优分配，所有商品和公共设施服务（包括运输服务）的定价都是以边际成本计算的。当管网不拥堵时，两个节点的边际价格不同，并且两节点的节点边际价格只与边际运输成本有关。因此，当边际成本与距离成正比时，最优运输费用也与距离成正比。当两个节点的边际价格差距增大时，拥堵发生，边际成本包括容量约束的影子价格。

为了更准确地理解这些条件背后的含义，首先，把式（7-10）、式（7-11）和式（7-12）进行整合，得到：

$$\eta = C'_{13}l_{13} + C'_{21}l_{21} - C'_{23}l_{23} \qquad （7-13）$$

式（7-13）说明有容量约束的管道的拥堵成本（最优影子价格）等于使用该管道所带来的运输成本中的边际节余。

除了上述的全局流量守恒，流量 Z_{13}、Z_{23} 和 Z_{21} 遵循嵌入在这些条件中的经济套利。实际上，假设 $P_1 - P_2 > C'_{21}l_{21}$，即 $P_1 > C'_{21}l_{21} + P_2$。在节点 2 处会比在节点 1 处获得更多的气体，并且借助节点 2 和节点 1 之间的管道输送气体是有利的，天然气从价格高的节点流向价格低的节点。因此，流量 Z_{21} 应该增加。相反，假设 $P_1 - P_2 < C'_{21}l_{21}$，或等价为 $P_1 < C'_{21}l_{21} + P_2$。那么，在节点 1 处会获得更多的气体，流量 Z_{21} 应该减少，天然气从价格高的节点流向价格低的节点。只有当等式 $P_1 - P_2 = C'_{21}l_{21}$，或者 $P_1 = C'_{21}l_{21} + P_2$ 成立时，流量 Z_{21} 才稳定在其均衡水平。类似的推理可以应用于流量 Z_{23} 和 Z_{13}，只有当式（7-10）和式（7-11）成立时，流量 Z_{23} 和流量 Z_{13} 才达到它们的均衡水平。

2. 混合互补模型

研究设置两种情景来模拟山东省天然气管网的均衡状态。情景一：无第三方准入（管输一体化经营），假设此情景为垄断市场，油气公司不开放管道，只能用自己旗下的管网向山东省输气；情景二：第三方准入（管网分离模式），假定此情景的天然气管网所有权分离，不再属于油气公司，并且假定市场为完全竞争市场，那么油气公司和天然气消费城市能够公平、自由地交易，油气公司只需要向管网运营商支付一定的费用即可。

（1）管输一体化经营（无第三方准入）

表 7-2 罗列了所有变量，下标表示市场参与者之间的关系，w 表

示气田，p 表示管输一体化经营下的油气公司，n 和 m 表示天然气管输系统的节点。

表 7-2　MCP 模型中的变量

变量缩写	变量含义	变量缩写	变量含义
$sales_{wp}$	气田 w 销售给其所属油气公司 p 的天然气量	$flow_{nm}$	节点 n 向 m 之间的天然气管输量
P_{wp}	气田 w 销售给其所属油气公司 p 的天然气价格	$P_n^C(\cdot)$	消费城市的需求函数
CQ_w	气田 w 的生产边际成本	TC_{nm}	节点 n 向 m 运输天然气的边际成本
cap_w	气田 w 的产能约束	φ_n	流量恒等式的对偶变量
λ_f	气田 w 产能约束的对偶变量	$sales_{pnm}$	油气公司 p 在节点 n 向 m 之间的销售量
mc_w	气田 w 的边际生产成本函数对销售量的偏导		

主体一：气田

气田 w 生产天然气并出售给油气公司获取利润，其开采成本与开采量有关，生产行为受限于产能的大小。如下所示：

$$\max_{\{sales_{wp}\}} \left[sales_{wp} P_{wp} - CQ_w(sales_{wp}) \right](sales_{wp})$$
$$s.t. \quad capw \geq \sum\nolimits_p sales_{wp} \quad (\lambda_f) \tag{7-14}$$
$$sales_{wp} \geq 0$$

其中，$sales_{wp}$ 是气田 w 销售给其所属油气公司 p 的天然气量，P_{wp} 是气田 w 销售给其所属油气公司 p 天然气的价格，CQ_w 是气田 w 的边际成产成本。约束条件是销售量 $sales_{wp}$ 非负，以及产能约束，即产量不能超过气田的最大产能 cap_w，λ_f 是该条件的对偶变量。在销售的过程中，气田可能出售给一家油气公司也可能出售给多个油气公司，例如中原油田出售天然气给中石油和中石化。

KKT（Karush–Kuhn–Tucker）条件是非线性规划（Nonlinear Programming）最佳解的必要条件，且当原函数为凸函数时，则是最佳解的充分必要条件。在本章中，气田的生产函数为二次函数，符合凸函数。通过一阶求导得出 KKT 条件：

$$0 \leqslant -P_{wp} + mc_w + \lambda_f \perp sales_{wp} \geqslant 0 \qquad (7\text{-}15)$$

$$0 \leqslant -cap_w - \sum_p sales_{wp} \perp \lambda_f \geqslant 0 \qquad (7\text{-}16)$$

当 $\lambda_f = 0$ 时，即产能约束条件松弛，则此时油气公司 p 的内部采购价格为气田 w 的边际开采成本，而当产能约束条件趋紧时，即 $\lambda_f > 0$ 时，则内部采购价格等于边际开采成本和天然气管网资源的拥堵租金[①] 的总和。

气田与油气公司之间的市场出清条件为，气田的产量（卖给下游的市场主体—管网公司）等于管网公司的总共购买量，即没有生产剩余。

$$sales_{wp} = purch_{wp}(P_{wp}) \qquad (7\text{-}17)$$

这种等式的对偶变量是一个自由价格，即可以是负数、正数或零。然而，从经济角度来看，只有价格是非负的时候是有意义的，这必须通过数据的输入来确保。一般情况下，市场出清条件的不等式可以确保自由变量是非负的，且在某些单调条件下，不等式可以由等式代替，同样可以保障自由变量非负。

---

① 在市场出清的条件下，当天然气运输需求量大于天然气管道运输容量时，买方愿意为了获取天然气而多付出的那部分价格。

主体二：上游油气公司

无第三方准入情境中，各油气公司只能使用自己旗下的管道运输天然气至下游消费城市。油气公司 p 在本章中包括中石油、中石化和中海油。油气公司通过从气田购买天然气并出售给下游消费城市获得收入，成本则是天然气从气田 n 到消费城市 c 之间运输的成本。同时油气公司必须保证节点 n 的流量守恒，即从节点 n 以外的节点流入节点 n 的流量等于节点 n 流入其他节点的量。

$$purch_n + \sum_{m \neq n} flow_{mn} - sales_n - \sum_{m \neq n} flow_{mn} = 0 \quad （7-18）$$

对于气田和油气公司，假定气田的销售权和油气公司的购买权对等，油气公司的利润最大化问题如下所示：

$$\begin{aligned} &\max_{\{sales_{pc}, flow_{nm}, purch_{wp}\}} \sum_c (salespc \times p_n^c) - \sum_w (purch_{wp} \times P_{wp}) - \\ &\sum nm (TC_{nm} \times flow_{nm}) \\ &s.t. purch_n + \sum_{m \neq n} flow_{mn} - sales_n - \sum_{m \neq n} flow_{mn} = 0 (\varphi_n) \\ &sales_{pc} \geq 0 \\ &cap_{nm} \geq flow_{mn} (\alpha_{nm}) \\ &flow_{nm} \geq 0 \\ &purch_{wp} \geq 0 \end{aligned} \quad （7-19）$$

对于油气公司而言，没有物理的限制，因为管网容量的限制是管网运营商所要考虑的。油气公司相关的最小化问题的 KKT 条件如下：

$$0 \leq -P_n^C - \frac{\partial P_n^C}{\partial sales_{pc}} \times sales_{pc} + \varphi_n \perp sales_{pc} \geq 0 \quad （7-20）$$

$$0 \leq TC_{nm} + \alpha_{nm} + \varphi_n - \varphi_m \perp flow_{mn} \geq 0 \quad （7-21）$$

$$purch_n + \sum_{m \neq n} flow_{nm} - sales_n - \sum_{m \neq n} flow_{nm} = 0 (\varphi_n) \quad （7-22）$$

$$0 \leq P_{wp} - \varphi_n \perp purch_{wp} \geq 0 \quad （7-23）$$

$$0 \leqslant cap_{nm} - flow_{mn} \perp \alpha_{nm} \geqslant 0 \qquad (7-24)$$

主体三：终端消费城市

假定各个消费城市的需求函数是线性的，线性逆需求函数的形式如下：

$$P_n^C = a_n + b_n \times C_n \qquad (7-25)$$

其中，n 为消费节点，C_n 为在消费节点 n 的总消费量，P_n 为消费价格，b_n 为需求函数的斜率，a_n 为需求函数的截距项，本章利用需求价格弹性 ε 的定义，来推导需求价格弹性的截距项和斜率：

$$C = -\frac{a}{b} + \frac{1}{b} \times P, \varepsilon = \frac{\partial C}{\partial P} \times \frac{p}{C} = \frac{1}{b} \times \frac{P}{C} \qquad (7-26)$$

$$b = \frac{P}{C} \times \frac{1}{\varepsilon}, a = P - b \times C \qquad (7-27)$$

这时考虑消费市场的需求函数，可以得到：

$$\frac{\partial P_n^C}{\partial sales_{pc}} = b_n \qquad (7-28)$$

油气公司与消费城市的市场出清条件如下：

$$P_n^C - a_n + b_n \times \sum_P sales_{pc} = 0(P_n^C) \qquad (7-29)$$

把所有优化问题的 KKT 条件和市场出清条件归纳起来给出互补模型。气田的 KKT 条件见式（7-15）和式（7-16），油气公司的 KKT 条件见式（7-20）至式（7-24），市场出清条件见式（7-17）和式（7-29）。输入 GAMS 软件建立一体化模式的混合互补模型。

（2）第三方准入（管网独立）

与管输一体化经营相比，第三方准入情景（管网所有权分离）模式最大的不同点在于新增加市场主体：管网运营商。假定存在独立的管网运营商，该市场主体的利润来源于收取的管输费，同时承担天然气运输过程中的运营成本。那么此情景下油气公司的 KKT 条件将有所变化。

主体一：油气公司

油气公司的利润主要是销售给各消费城市节点的总收入减去从气田购买天然气的支出，并且要支付借用管道的租金。其中油气公司可以自由平等地和消费城市节点交易天然气，租金是向独立管网运营商支付的。此时油气公司的利润最大化问题如下所示：

$$\max\{sales_{pc}, flow_{nm}, purch_{wp}\}\sum_c(sales_{pc}\times P_n^C) - \sum_w(purch_{wp}\times P_{wp}) - \sum_{nm}(tfee_{nm}\times flow_{nm})$$

$$(7\text{--}30)$$

主体二：管网运营商

天然气管网的管道容量和运输能力可以进行拍卖，分配给愿意支付更多边际成本的市场参与者。管道运营商的市场行为是追求利润的最大化，其收入来源于拥堵收费，同时承担运输天然气过程中的运营成本。在管道两端连接着气田和消费用户，油气公司和最终消费用户通过使用管道进行天然气的交易。每条管线上的总流量 $stream_{nm}$ 被定义为通过管道上所有流量之和。在互补模型中，管网运营商和油气公司之间的市场出清条件为：

$$stream_{nm} = \sum_p flow_{pnm} \qquad (7\text{--}31)$$

假定一个竞争性的管网运营商，利润最大化问题如下：

$$stream_{nm}\max_{\{streamnm\}}\ [tfee_{nm}\times stream_{nm} - TC_{nm}\times stream_{nm}]$$
$$s.t. \qquad cap_{nm} \geq stream_{nm} \qquad (\alpha_{nm})$$
$$stream_{nm} \geq 0$$

$$(7\text{--}32)$$

管网运营商相应的最小化问题的 KKT 条件如下所示：

$$0 \leqslant -tfee_{nm} + TC_{nm} + \alpha_{nm} \perp stream_{nm} \geqslant 0 \qquad （7-33）$$

$$0 \leqslant cap_{nm} - stream_{nm} \perp \alpha_{nm} \geqslant 0 \qquad （7-34）$$

假定运输成本函数为线性的，$TC_{nm} \times stream_{nm} = \gamma_{nm} \times stream_{nm}$，其中 γ_{nm} 与距离有关，取决于运输模式（管道运输或液化天然气运输），线性的成本函数确保了管网运营商的凸性问题。α_{nm} 表示增加单位管道容量投资，管道运营商效益增加 α_{nm} 个单位，它反映了管道的稀缺程度。当 $\alpha_{nm} > 0$ 时，管道资源稀缺，即节点 n 和节点 m 之间的管网出现拥堵现象，该值越大，拥堵程度越高；当 $\alpha_{nm}=0$ 时，说明节点 n 和节点 m 之间管道资源富余。

同样地，将气田、油气公司和管输运营商各自的 KKT 条件和最终市场出清条件输入 GAMS 软件，建立第三方准入模式的混合互补模型。

第三节 管网节点价格的识别与情景分析

1. 节点拓扑结构

本节以山东省管网为研究对象，建立了省级地方管输网络的拓扑结构（见图 7-2）。该拓扑结构中节点的选取依据有两点：一是天然气产业链上的重要环节；二是管网输送天然气的主要下载点。天然气产业链包含的市场主体有生产商、管网公司、天然气管网以及消费市场。生产商是各大气田，其中陆上天然气出厂价格实行"指导价"，由国家发展改革委制定，分生产区域制定分用户类型（工业用气、城市燃气和化肥用气）的结构气价。各个城市是天然气的消费市场，其中工业用气所占比例最高。因此，最终确定的节点可分为两大类：一是气田，包括陕甘宁气田、鄂尔多斯气田、长庆气田、中原油田、渤海气田、胜利气田六大气田，均为陆上气田；二是山东省的 16 个城市，包括济南市、青岛市、淄博市、枣庄市、东营市、烟台市、潍坊市、济宁市、泰安市、威海市、日照市、莱芜市、临沂市、德州市、聊城市、滨州市等主要城市。把菏泽市排除在外的原因是菏泽市的气源主要是中原油气田，管道单一，并且和其他消费城市的管网没有形成网络，地理位置较偏僻。

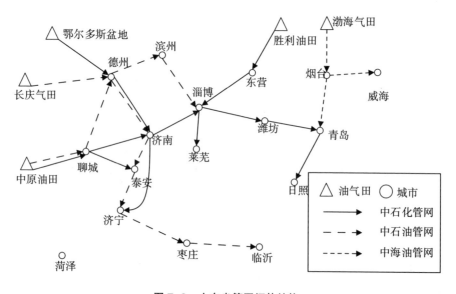

图 7-2　山东省管网拓扑结构

2. 数据说明

2017 年 5 月，中共中央、国务院印发《关于深化石油天然气体制改革的若干意见》，提出完善油气管网公平接入机制，油气干线管道、省内和省际管网均向第三方市场主体公平开放。文件的发布大力推动了全国天然气管网的开放程度。本章主要研究目的为在节点定价的价格机制下，如何制定合理的天然气管输价格，提升管网资源的有效配置。同时结合数据的可获得性，本章以 2016 年山东省天然气区域市场为研究对象，通过对天然气区域市场的管网模拟，比较分析市场一体化情景和第三方准入情景中，天然气管网的整体拥堵程度与各市场主体的社会福利，为政府制定合理的天然气管输价格提供参考建议。

（1）气田供气和边际成本

供应山东省天然气区域市场的气源主要有鄂尔多斯盆地、长庆气田、中原油气田、渤海气田和胜利气田。模型中涉及的关于气田的数据有气田的产能和气田的边际生产成本。气田的产能数据用当年气田给山东省的供应量表示，鄂尔多斯盆地、长庆气田、中原油气田、渤海气田的数据来源于《山东省天然气现状及"十三五"规划》和《山东省天然气利用规划》。胜利气田的数据由胜利气田当年的产量来代替，因为胜利气田天然气的销售方向主要有三个区域：齐鲁石化、山东省管网和东营地区，都集中在山东省。

国家发展改革委决定将天然气出厂价统一改为实行政府指导价。出厂价格包含井口价格、净化费和税金，结合油气产业国家允许的 12% 合理利润率，通过收集监管部门公示的出厂价乘以 88% 间接计算出产气成本。鄂尔多斯盆地、长庆气田和中原油田天然气的基准出厂价数据来源于山东省物价局，该基准出厂价格为调整后的城市燃气（含工业）基准价。因天然气出厂价根据用户类型的不同，价格有所差异，在化肥用气、直供工业、城市燃气（含工业）和城市燃气（除工业）中，城市燃气（含工业）用气量相对比重最大。

表7-3　2016年山东省气源的供气量和边际生产成本

气源	供应量（亿立方米）	边际生产成本（元/千立方米）
鄂尔多斯气田	3.15	0.62
长庆气田	37.35	1.232
中原油田	0.1665	1.382
渤海气田	1.35	1.26
胜利气田	1.6335	0.949

（2）管输成本

模型中涉及山东省的天然气管网数据有管网的容量和管道的边际运输成本。管道运输容量的数据来源于《山东省天然气利用规划》。管道的边际运输成本由管输价格转换而来，管输定价由国家制定并公布，价格包括建设成本、运营成本，可以通过收集规制部门（国家发展改革委）公示的管输定价乘以88%间接计算出管输成本。山东省省内管网管输价格定价依据是"同管同价"，数据来源于山东省物价局文件（鲁价格发〔2013〕75号），按国家规定的管道运输价格适用于3%营业税的，按照保持用户购进成本不变的原则，将管道运输价格统一折算成含13%增值税的价格，即含13%增值税的管道运输价格等于1.057×3%营业税的管道运输价格[①]。安济线、中济线、榆济线、翼宁联络线、淄莱线等管线的管输定价一线一价，泰安至青岛天然气管道的运输价格按照文件（鲁价格发〔2012〕98号）规定，以潍坊为界，潍坊以东和潍坊以西各一价。

---

① 1.057为山东省物价局关于调整天然气价格的通知（鲁价格发〔2013〕75号文件中说明）。

表 7-4　山东省天然气管道容量（亿立方米）和边际运输成本（元 / 立方米）

起点	终点	管道参数
滨州市	淄博市	10.5/0.1672
长庆气田	德州市	110/0.0968
德州市	滨州市	6/0.1672
德州市	济南市	140/0.1804
济南市	泰安市	110/0.0968
泰安市	济宁市	60/0.0968
济宁市	枣庄市	60/0.0968
枣庄市	临沂市	60/0.0968
中原油田	聊城市	27/0.4815
聊城市	德州市	6/0.836
鄂尔多斯盆地	德州市	30/0.264
济南市	济宁市	8/0.264
聊城市	济南市	21/0.28
聊城市	泰安市	1/0.085
济南市	淄博市	21/0.141
淄博市	莱芜市	5.4/0.264
淄博市	潍坊市	21/0.141
潍坊市	青岛市	21/0.141
青岛市	日照市	21/0.6688
胜利油田	东营市	4/0.106
东营市	淄博市	4/0.121
渤海油气田	烟台市	8/0.264
烟台市	威海市	6/0.264
烟台市	青岛市	6/0.264

（3）消费城市

进入模型中的山东省消费城市有 16 个，消费市场的消费量数据由供应量代替，数据来源于中经网，消费市场的消费价格以工业用气价格为代表，数据来源于山东省物价局。

表 7-5　2016 年山东省消费市场的消费量和天然气价格

消费城市	天热气消费量（万立方米）	天然气价格（元 / 立方米）
济南市	51214	4.5
青岛市	74823	4.45
淄博市	93576	3.69
枣庄市	10363	4.15
东营市	27711	3.82
烟台市	25099	4.55
潍坊市	27549	4.07
济宁市	22321	3.27
泰安市	23312	3.28
威海市	10098	3.975
日照市	10600	4.4
莱芜市	10036	3.84
临沂市	49459	3.7
德州市	18669	3.26
聊城市	16040	3.5
滨州市	13649	3.46

3. 结果分析

（1）管网拥堵的识别

通过 GAMS 软件编程，得到两种情景的管网拥堵成本 α_{nm} 的值，该值体现了管道资源的稀缺程度，$\alpha_{nm} > 0$ 时，表示管道资源容量短缺，管网发生拥堵现象，该值越大，拥堵现象越严重。根据节点边际定价模型，影子价格即拥堵成本大于零时，管网拥堵，此值可以用来识别天然气管网是否拥堵。通过编程实现，得到以下结果（见图 7-3）。

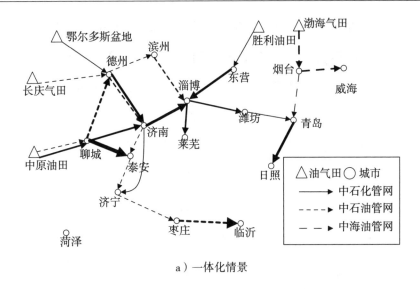

a）一体化情景

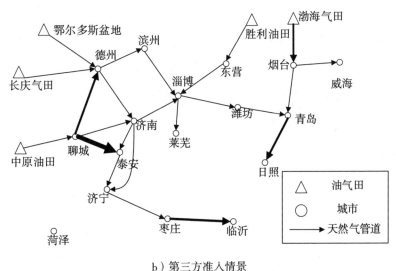

b）第三方准入情景

图 7-3　一体化和第三方准入情景的拥堵程度

通过图 7-3 可以发现，无第三方准入和第三方准入两种情景的拥堵现象存在大致类似的规律：连接管线终点的管道往往比较拥堵；城市节点流出天然气方向较多的比较拥堵；位于整条管线的中部管道往往不会拥堵。同样地，枣庄—临沂是翼宁联络线在山东的终点管道，青岛—日照是淄博—青岛线的终点管道，进入临沂、日照的管道单一，供需缺口逐渐增大的情况下往往比较拥堵。聊城、济南、淄博作为众多管道交会的城市节点，连接该城市节点的管道往往也会拥堵，其中天然气流入聊城的管道有两条，流出的有三条；流入济南的管道有三条，流出的有三条；流入淄博的管道有三条，流出的有两条。这三个城市节点在地理位置上大概是从西往东位于同一条线上，处于天然气"北气南送""西气东送"的重要战略位置。

山东省的天然气管网存在比较严重的拥堵现象，不同地区的拥堵状况有所不同。但存在独立管网运营商时，该运营商可以根据省内的天然气管网运输情况，大大降低管网拥堵程度，使天然气的运输效果大大优化，并有利于上游气田和下游消费市场的有效对接。反映在管输定价方面，纳入拥堵成本，使拥堵成本内部化，可以提高资源配置的效率，充分利用好管道容量。舒缓拥堵的结果相当于直接增加了管网中的天然气气量（见图7-4）。

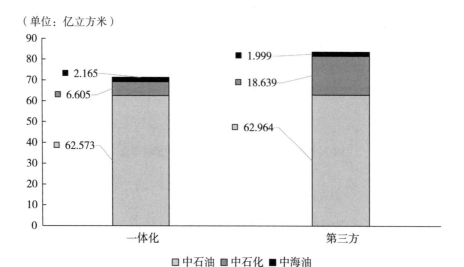

图7-4　一体化和第三方准入情景中各管线输气量

由图 7-4 可知，在一体化情景中，整个天然气管网的流量为 71.343 亿立方米，而在第三方准入情景中，天然气管网的流量为 83.602 亿立方米，主要为中石化公司旗下的管道的流量出现了大幅增长，可以发现在管网资源没有增加的情况下，整个天然气运输管网的流量却出现了大幅增长，说明管网准入的放开可以显著提高天然气管网的运输效率。

在市场出清条件下，各个消费城市的消费量如图 7-5 所示。在一体化情景中，下游消费城市的天然气消费量为 22.819 亿立方米，而在第三方准入情景中，下游消费城市的天然气消费量为 25.342 亿立方米。整个下游消费市场呈现增加的态势，天然气消费量主要增加的有莱芜、东营、潍坊、青岛、日照、烟台、威海等城市，均为天然气输气管网的末端消费城市。

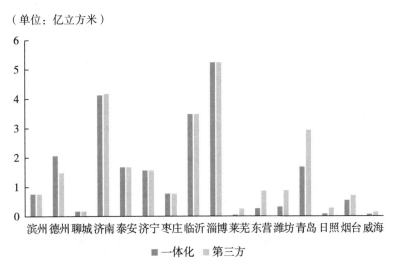

图 7-5　一体化和第三方准入情景中各城市天然气消费量

因此，在管网开放第三方准入后，管道运营商能够有效调配天然气管网资源，使管道资源能得到充分利用，有利于气源和消费市场的对接，此时天然气传导过程较为顺畅，拥堵程度会大大减弱，这与前面的分析是一致的。

（2）各市场主体的福利分配

在两种情景下，气田产量得到明显提高。鄂尔多斯气田在一体化情境下生产天然气1.15亿立方米，而在第三方准入情景下生产天然气3.15亿立方米，达到了鄂尔多斯气田的产能上限；长庆气田在一体化情境下生产天然气18.518亿立方米，而在第三方准入情景中生产天然气19.043亿立方米，中原油田、渤海气田、胜利气田均已达到各自的产能上限，可以发现在第三方准入情景中，由于输气管道的开放，以及整个输气管网的畅通，气田生产的气可以在下游寻找到更多的卖家，获取更多的收益，这将大大提高气田的生产积极性。

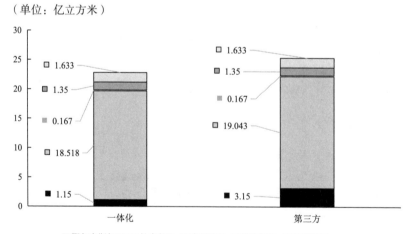

图7-6　上游气田产量对比

上游油气公司的社会福利也在管网第三方准入情境下有了一定的增加。由图 7-7 可以发现，在一体化情景中，油气公司的社会总福利为 60.826 个单位，而在第三方准入的情景中油气公司的社会总福利为 61.603 个单位。对比两种情景可以发现，在第三方情景下，中海油和中石化两家油气公司的社会福利均出现了不同程度的增长，中海油公司由 0.872 个单位增加至 1.122 个单位，中石化公司由 3.096 个单位增加至 6.211 个单位。其中，由于输气管道的开放，不同气源之间产生竞争，中石化从上游气田购买天然气的成本降低，从而以相对较低的价格出售更多的天然气给下游消费城市，达到薄利多销的多赢局面。对于中海油，主要是从渤海气田购进天然气，在两种情景中，渤海气田的产量均已达到产能上限，但由于多种气源之间相互竞争，中海油公司从渤海气田购买天然气的成本降低，获得更多的社会福利。对于中石油公司，则是因为第三方准入后，中石化公司可以从长庆气田购买天然气，打破了其从长庆气田购买天然气的垄断地位，中石油公司从长庆气田购买天然气成本增加，导致社会福利减少。

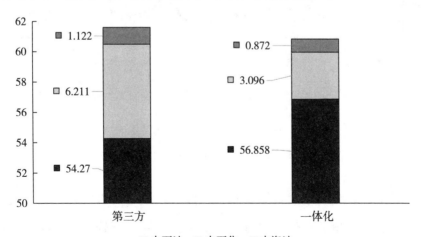

图 7-7　油气公司社会福利对比

接下来分析管输运营商的福利。在 GAMS 模拟的管网第三方准入情境下，可以得到山东省天然气管网的各个节点间管输费的最优水平（见图 7-8）。管输费最低的是聊城—泰安管线，为 0.063 元 / 立方米；管输费相对较高的几条管线有中原油田—聊城管线、德州—滨州管线，德州—济南管线、青岛—日照管线，其中管输费最高的是德州—滨州管线，为 0.735 元 / 立方米。对比山东省天然气管网拓扑结构图可以发现，聊城、德州和滨州处于天然气管网的前端，大部分输入山东省的天然气将从这几个城市经过，而青岛—日照管线，处于山东省天然气管网的末端，且管道单一，这些原因使这几个管线的管输费相对于其他管线处于较高的水平。

（单位：元 / 立方千米）

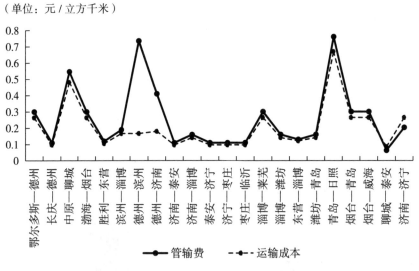

图 7-8　山东省天然气管网各管线管输费

对比各管线的最优管输费和其边际运输成本可以发现，其与边际运输成本呈正相关，价格偏离较大的为德州—滨州管线、德州—济南管线。山东省天然气主要由长庆气田供应，在两种情景中，长庆气田的供气量在整个天然气市场供气量中均达到了 75% 以上，而天然气在管网的运输流向中，长庆气田的天然气由德州市流向滨州市和济南市并运输至山东省其他城市，而德州—滨州管线在第三方准入情景中仍旧处于拥堵状态，导致管输费发生大幅上涨。对于德州—济南管线处于畅通情况下管输费也发生大幅上涨情况，这是因为管网开放准入后，对于原先只能通过长庆—德州—滨州线路购买长庆气田生产天然气的末端节点城市，可以选择从长庆—德州—济南的路线购买到长庆的气田，在市场的调节下，管网运输商会提升这一线路的管输费，获取更多利润。

实施第三方准入和最优管输费后，对于终端消费城市来说，其天然气价格社会福利也发生了有利于消费者的变化。图 7-9 表明，大部分的节点城市的天然气消费价格在第三方准入情境下低于一体化情景。由于天然气管网的开放，消费城市有更多的气源可以选择，这将加剧不同气源之间的竞争，提高天然气的市场化进程，从而降低终端

（单位：元／立方米）

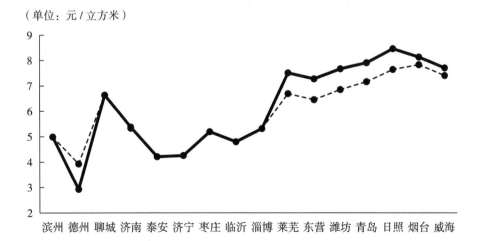

图 7-9　节点消费城市天然气消费价格

消费市场的天然气价格。值得注意的是，对于德州市，在第三方准入情景中，其天然气消费价格反而高于一体化情景，这是由于在第三方准入情景中，德州—济南管线由拥堵变为畅通，处于管网末端的消费城市可以从鄂尔多斯气田购买天然气，呈现卖方市场的情况，提高了德州市天然气消费价格。

在市场出清的条件下，一体化情景中，下游消费城市的整体社会福利为 28.066 个单位，而在第三方准入的情景中，下游消费城市的整体福利为 29.62 个单位，整体呈现增加的趋势（见图 7-10）。可以发现，相较于一体化情景，威海、烟台、日照、青岛、潍坊、东营、莱芜等城市在第三方准入情景中社会福利有所增加，而临沂、枣庄、济宁、泰安、济南、德州等城市在第三方准入情景中社会福利有所下降，对比这些城市在山东省管网的位置，可以发现处于多个天然气管线交汇的节点城市社会福利均呈下降趋势，而处于单一管线的节点城市社会福利呈上升趋势，这是由于管网开放后，原先处于单一管线的节点城市将会有更多气源选择，而原先处于多个管线交汇的节点城市，不得

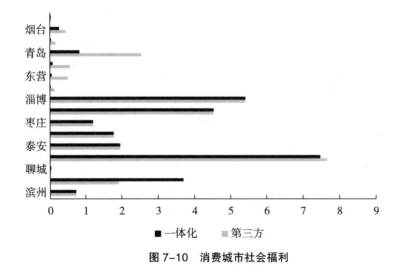

图 7-10　消费城市社会福利

不面临市场上天然气买家增多的情况。

　　综合来看，接下来比较各市场主体在不同情景下的社会福利，第三方准入和优化管输定价机制之后，整个天然气市场的社会福利有了明显增加。在一体化情景中，整个天然气市场的社会福利为117.801个单位，而在第三方准入情景中，整个天然气市场的社会福利为124.64个单位（见图7-11），第三方准入有助于提高天然气的市场化进程，提高整个天然气管网的运行效率。值得注意的是，在第三方准入情景中，仅上游主体气田的社会福利发生减少，中游的油气公司和下游的消费城市的社会福利增加，可以发现，利润从产业链的上游向中下游转移。

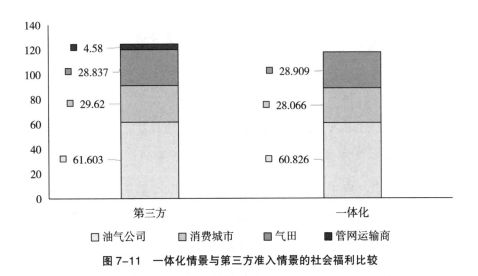

图7-11　一体化情景与第三方准入情景的社会福利比较

　　本章在节点边际定价模型的基础上，采用混合互补（MCP）模型分析了山东省级管网的拥堵情况，通过情景分析比较一体化和第三方准入的社会福利以及资源配置的均衡状态，并模拟第三方准入下的最优管输价格体系。总体上，我国的天然气市场化改革进程中，类似于电力市场"厂网分开"的管网独立已经初步完成，成立独立性的管网运输商，实施第三方准入对中游进行激励性收益规制方式，能够取得较好的改革效果。

（1）相较于一体化情景，第三方准入情景将会增加整个天然气市场的社会福利，上游气田社会福利减少，中游油气公司与下游消费城市的社会福利增加，利润从产业链的上游向中下游转移。特别地，第三方准入将会导致处于天然气管网的前端节点城市社会福利减少，处于管网末端的节点城市社会福利增加。可以发现第三方准入的改革举措，在没有新增管网输气资源的情况下，将会显著促进资源的合理配置。

（2）研究表明，根据管网流向可以依次确定重要节点，在每一个节点实行边际成本定价，同时，将管网拥挤价格内化，确定边际成本上的溢价部分（传输使用费或拥堵租），这将为制定相对有效率的价格和管输费提供参照系。在网络型自然垄断行业，管网拥堵是普遍存在的，第三方准入后能大大缓解管网拥堵的程度，但并不能消除拥堵。根据经济学原理，边际成本定价是有效率的，但是天然气市场的特殊性在于，由于消费价格弹性不高，有时可能不存在均衡市场价格，或者在极端情况下均衡价格太高而不能被消费者所接受。因此，系统单一定价是不可取的。节点价格体系可以为油气企业、配气企业和消费方投资提供相对迅速的信号和经济激励。当前，国家发展改革委在《天然气管道运输价格管理办法（试行）》中核定税后投资准许收益率为8%，在当前阶段是合理的，由于管网存在大量的固定成本，管输价格至少在一段时间内高于运营成本，获得稀缺租金来补偿或者获得正常利润。

（3）对于管网公司来说，舒缓拥堵提高资源配置效率应是其关注的方面。研究发现，有两个节点的拥堵相对严重，其管输费会大幅上升的同时，必将损害下游消费城市的利益。对此，"三角模型"是一个非常形象的解决途径，对省级管网进行扩充形成网络化输送体系，并优化现有多条管线交接的城市节点，减少网络冗余，以降低拥堵水平。

（4）节点价格体系的优化为两部制管输定价指出了方向。管道业务独立后，天然气销售公司和管道公司之间可以建立管容交易为核心的关系，其核心是实行两部制的收费方式。作为托运商，天然气销售公司可以提前购买管容；作为承运商，管道公司按照不同区域、不同用户设计管输服务价格，可以通过使用费和容量费回收其大量的固定成本。这样，既能促进用户提高管网供气资源使用效率，也能降低管道公司经营风险，确保管道公司有持续经营、减缓拥堵的经济激励。

第八章 天然气产业链终端价格规制的福利效应研究

近年来，城市燃气的消费比重逐年提高，由于居民用气和采暖用气与民生休戚相关，且通常较短时间内很难被替代，因此，一旦发生天然气中断将会产生负面的社会影响。天然气成为自来水、电力之后必备的关乎居民民生福祉的公共服务。当前居民用气定价主要采用2014年国家发展改革委颁布的阶梯递增定价方式。阶梯价格制度在一定程度上能够促进节能环保，减少天然气交叉补贴，但针对阶梯定价政策的评价却落后于政策实践，特别是阶梯定价固有的定价目标多元性直接影响着定价方式的设计与实施。因此，在实现经济效率、保障公平公正、追求能源安全等多重政策目标框架下，科学制定天然气阶梯定价机制具有重要的政策启示。

第一节 价格规制福利效应分析模型

一、民用天然气的规制问题

不同于工业和商业用气，居民用天然气同时具有商业属性和公共产品属性，带有明显的公共经济学和福利经济学特征。居民用天然气的定价，既涉及效率与规制，也关乎社会公平与改善民生。长期以来，我国天然气用气价格受到政府规制，民用终端用气价格远低于欧美等已实现天然气价格市场化的国家。不仅如此，国内居民用气的价格也低于其余领域，尤其是工业用气。2015 年以前，我国财政每年对天然气消费投入巨额补贴，且大多用于居民用气，这是政府出于维护居民公共福利采用的交叉补贴机制。天然气交叉补贴虽然可以保障居民的公共福利，但是较低的天然气价格通过价格机制的传导使天然气需求增加，供给减少，加剧了供需不平衡。在冬季低温情况下，低价政策导致北方地区供气不足，出现"气荒"现象，反而影响了天然气的市场安全。

20 世纪 70 年代世界石油危机后，美、日等发达国家电力供应严重短缺，低收入用户受到电价上涨的冲击。为了节约能源，政府开始引入递增阶梯定价。20 世纪 90 年代后，发达国家和发展中国家普遍采用递增阶梯定价，对递增阶梯定价的研究逐渐增多。阶梯数、各阶梯间消费量的分割点与各阶梯上的边际价格是递增阶梯定价结构设计需要确定的三类主要参数（Rogers 等，2002）[①]。吕淼（2014）[②] 的研究表明，确定第一等级分割点和边际价格是递增阶梯定价结构设计的一个重点。分割点如果确定得偏低，所有消费者（尤其是最低收入群体）的生活基本需求将无法得到满足；如果确定得偏高，可能会出现严重的浪费现象。许多学者对阶梯定价结构的设计进行了研究。朱柯丁等（2011）[③] 指出，地区最适合的阶梯数可运用秩和比法进行确定。

---

① Rogers P., De Silva R. Bhatia R., "Water is an Economic Good: How to Use Prices to Promote Equity, Efficiency, and Sustainability", *Water Policy*, Vol.4, No.1, 2002, pp:1-7.
② 吕淼：《对中国实施居民生活用气阶梯价格的思考》，《国际石油经济》2014 年第 6 期。
③ 朱柯丁、宋艺航、谭忠富、吴海林：《居民生活阶梯电价设计优化模型》，《华东电力》2011 年第 6 期。

李媛等（2012）[①] 提出，运用效用函数分析用户的价格弹性差异化，电力公司若以节约电量最大化为目标，以档位覆盖率和电费收益为约束条件，对最优阶梯数进行计算。张昕竹等（2014[②]，2015[③]）分析了阶梯电价设计的影响因素，结果表明，平均用电价格较高的地区具有相对较低的阶梯数，而平均温度较高、总用电量较多的地区具有相对较高的阶梯数，且发达国家或地区相对发展中国家或地区具有较低的阶梯数。目前，不同国家或地区的资源品阶梯价格的具体设计不尽相同，但是都有一个普遍特征：低层级的边际价格应低于对应的边际成本，高层级的价格则是基于平均成本或长期边际成本确定的，以此来平衡收益。

　　合理的价格规制改革能够优化居民公共福利，同时天然气作为优质高效、绿色清洁的低碳能源，扩大其在能源消费结构中的占比同样具有环境效益。运用 PSM-DID 的方法研究"煤改气"政策对于空气质量的影响，发现煤改气政策对工业二氧化硫、工业烟雾（粉尘）、细颗粒物（$PM_{2.5}$）和空气质量指数（AQI）均具有显著的减排效果（Yu，2021）[④]。同样地，研究能源转型政策对于空气污染的影响，利用空间差异分析方法发现煤改气政策对于二氧化硫（SO_2）和 $PM_{2.5}$ 具有显著的减排效应（Zeng，2022）[⑤]。基于此，本书在进一步研究部分

　　① 李媛、罗琴、宋依群等：《基于需求响应的居民分时阶梯电价档位制定方法研究》，《电力系统保护与控制》2012 年第 18 期。

　　② 张昕竹、田露露：《阶梯电价实施及结构设计——基于跨国数据的经验分析》，《财经问题研究》2014 年第 7 期。

　　③ 张昕竹、刘自敏：《分时与阶梯混合定价下的居民电力需求——基于 DCC 模型的分析》，《经济研究》2015 年第 3 期。

　　④ Yu, C., Kang J., Teng J., Long H., Fu Y., "Does Coal-to-Gas Policy Reduce Air Pollution? Evidence from a Quasi-natural Experiment in China", *Science of the Total Environment*, Vol. 773, 2021, 144645.

　　⑤ Zeng, J., Bao R., McFarland M., "Clean Energy Substitution : The Effect of Transitioning from Coal to Gas on Air Pollution", *Energy Economics*, Vol. 107, 2022, 105816.

中以北方地区 15 个省份为样本，利用空气质量指标（AQI）并结合空气污染指标（PM$_{2.5}$）综合分析北方集中供暖下煤改气政策对于大气环境的影响。

总体而言，国内对天然气价格规制的研究普遍侧重理论分析，而与公平效率挂钩的总体社会福利的评价研究则较为薄弱。本章则从居民公共福利视角，实证研究我国天然气价格规制效应，并试图分析出在市场化改革中能够兼顾效率与公平的关键因素。此外，有关阶梯定价的研究主要集中在确定不同等级分割点、边际价格和实施效果的评估等方面，而国内研究主要集中在水务、电信、电力市场，有关天然气阶梯定价的研究不多，缺乏对实际操作的指导经验，本章拟采用情景分析，研究阶梯气价改革对居民公共福利的影响，探讨居民用气阶梯价格的优化策略。

二、固定效应模型

为了从居民福利视角分析我国天然气价格规制的影响效果，本章选取了动态面板数据模型，动态面板数据模型从面板数据模型发展而来，通过在静态面板数据模型中引入滞后被解释变量以更好地反映研究经济变量的动态关联，基本经济意义是观察到的任何影响都是在历史的基础上动态变化的。表达式为：

$$Y_{i,t} = \alpha Y_{i,t-1} + \beta R_{i,t} + \lambda Z_{i,t} + \xi_i + \mu_{i,t} \tag{8-1}$$

其中：i 表示个体；t 表示时间；$Y_{i,t}$ 表示的是代表公共福利的因变量矩阵，$Y_{i,t-1}$ 表示因变量的滞后一期，$R_{i,t}$ 表示的是代表价格规制的自变量；$Z_{i,t}$ 表示其他扰动因素的控制变量，ξ_i 表示的是个体效应；$\mu_{i,t}$ 表示的是误差项。式（8-1）满足马尔可夫基本假设，即 $E(\mu_{i,t})=0$；

var（$\mu_{i,t}$）=σ^2；E（$\mu_{i,t}\mu_{i,s}$）=0,$s\neq t$；E（$Y_{i,t-1}\mu_{i,s}$）=0。其中，E（$Y_{i,t-1}\mu_{i,t}$）为大样本最小二乘法（OLS）估计的前定解释变量假定，即解释变量与同期扰动项正交；而 E（$\mu_{i,t}$）=0; var（$\mu_{i,t}$）=σ^2; E（$Y_{i,t-1}\mu_{i,s}$）=0,$s\neq t$则要求误差扰动项不存在异方差与自相关。马尔可夫基本假设为计量OLS估计的基础，本章模型中采用的系统 GMM 估计方法则可以放宽后三项假定。

动态面板模型可以控制固定效应，较好地解决了遗漏变量问题，并且还较好地克服了模型的内生性问题。具体到本章中，首先，影响天然气价格规制改革对居民公共福利的影响远不止本章选取的指标，但考虑到数据可得性与模型的简化，本章只选择上文所提到的几个变量，这可能造成遗漏变量的内生性问题。引入滞后一期的动态面板数据模型也解决了对改革效应过度估计的问题。其次，通过分析前几期和当期解释变量对被解释变量的影响，动态面板相对于静态模型能够更好地反映规制的研究效果。关于动态面板参数估计方法的选择，由于动态面板引入了被解释变量的滞后一期进行回归，会使传统的 OLS或者一阶差分最小二乘估计不满足无偏性和有效性。针对这个问题，阿雷利亚诺等（Arellano 等，1991）[1] 提出了系统 GMM 估计方法，具体做法是将水平回归方程和差分回归方程结合起来进行估计。在这种估计方法中，滞后水平作为一阶差分的工具变量，而一阶差分又作为水平变量的工具变量。系统 GMM 估计包括一步法（One-Step）和两步法（Two-Step）的 GMM 系统。GMM 一步法估计量尽管效率有所下

---

① Arellano M., Bond S., "Some Tests of Specification for Panel Data : Monte Carlo Evidence and an Application to Employment Equations", The *Review of Economic Studies*, Vol.58, No.2, 1991, pp.277–297.

降但是一致，因而在经验应用中，人们通常使用系统 GMM 一步法估计。综上所述，本章最终选用系统 GMM 一步法对动态面板模型进行估计。关于模型中被解释变量滞后期数的选择，本章选取经典的滞后一期动态面板数据模型，一是因为本章关注政府规制对天然气居民公共福利效应的影响，用滞后一期代替过去不可测因素对居民公共福利效应的时滞性影响。二是系统 GMM 估计方法原理是将被解释变量及差分的高阶滞后性作为被解释滞后一期的工具变量，从而解决动态面板模型的内生性问题，但是使用越高阶滞后作为工具变量，损失的样本容量越多。为尽量减少样本损失，得到有效估计，本章选择了被解释变量的滞后一期。

由于本章的数据集个体少，只有 21 个省（自治区、直辖市），有可能会面临小样本偏误。同时，样本因有些变量缺乏某些年份的数据而具有不平衡性，所以，分别以 OLS 方法、系统 GMM 和固定效应模型估计因变量滞后项系数从而进行稳健性检验。

三、变量选择

以社会福利为视角，考察天然气市场终端价格规制的效应，在变量的选取上，主要集中于 3 个一级指标：公共福利指标、价格规制指标和控制变量指标。天然气产业中天然气上游开采业属于自然垄断，上游企业可以利用垄断地位决定天然气较高的垄断价格、获取超额收益，政府实施价格规制的主要目的是维护消费者利益，增进社会福利。

1. 公共福利指标

居民低价用气与电力行业的居民低价用电政策相同，都是公共福利制度优越性的体现。福利经济学理论认为，如果规制促进了社会整体净福利的增加，那么该规制就是有效的。公共福利主要表现为服务的均等化与普遍性。大多数学者都是通过居民视角来选择衡量公共福利的指标。如何在可获得数据的基础上构建衡量公共福利的指标是一件困难的事。首先，衡量公共福利的指标常常涉及公民个人，具有较高的主观性。其次，衡量公共福利的指标非常繁杂，需要涉及诸多不同的领域，而且衡量公共福利的指标在学术界还未达成共识，不同的学者对于公共福利有不同的理解，因此会构建不同的指标体系来衡量公共福利。在计划经济体制下，我国一直将电力作为重要的"准公共产品"来提供。本书借鉴电力的公共福利衡量方法，具体地，对于天然气产业规制效应来说，公共福利包括天然气接入的可得性和可接受性，一是能够让所有用户能够使用上天然气；二是用气价格稳定且居民能够承受；三是保障居民获得充足的天然气供应。考虑到价格受到政府规制具有外生性，最终选取居民人均天然气消费量和天然气普及率作为衡量公共福利的指标。

第一，居民人均天然气消费量。公共福利在产量上体现为服务的充足性，并且需要保证供应的质量。天然气净化费早已于2002年合并到井口价，故本章不单独考虑天然气的供应质量。居民人均天然气消费量直接关系到居民能否得到充足的天然气供给服务，能够代表居民公共福利水平。

第二，天然气普及率。天然气的公共福利不仅需要考虑天然气消费量，还包括服务的可得性，是否能够惠及所有用户。具体而言，天然气作为一种绿色、低碳、高效能源，居民能够使用天然气代表其生活品质的提升。天然气普及率的提升不仅使居民生活更加便捷，更有利于提升空气质量。然而，城市化进程加速所带来的用气需求增长与天然气管网基础设施建设滞后形成鲜明对比，导致我国居民天然气普及率偏低。许多学者用普及率衡量公共事业规制对社会福利的影响，例如，郭蕾等（2016）使用该指标衡量社会公共福利，研究水务产业政府规制改革的效果。[①] 因此，采用居民天然气普及率作为衡量居民福利的重要指标之一。

在公共福利指标中，居民人均消费量用 pc 表示，由各省（自治区、直辖市）的居民天然气消费总量除以年末常住人口得到，居民天然气数据总量来源于《中国能源统计年鉴》，年末常住人口来源于《中国统计年鉴》。天然气普及率用 sup 表示，由天然气使用人口除以年末常住人口乘以百分之百得到，天然气使用人口的基础数据来源于国家统计局。

2. 价格规制指标

2016 年，我国天然气市场"市场净回值"定价方法改革基本完成，但在此之前，天然气出厂价格由政府管制，一直实行"成本加成"定价，天然气出厂价格由生产成本和一定合理利润决定，"成本加成"定价属于价格规制中的收益率规制模式。回报率规制定价是基于平均成本定价理论而产生的一种规制定价模式。在此定价模式下，企业的准许收入被分为两部分：一部分是成本费用，另一部分是投资回报。相较成本费用，投资回报的大小对企业总收入以及利润的影响更大，规制者也主要是通过限定投资回报率的大小进而限定企业的价格。在合理的利润率条件下，企业更偏向于通过增加资本投入、减少劳务成本来扩大收益。这种收益率价格规制影响企业的要素选择的低效行为被称为

---

① 郭蕾、肖有智：《政府规制改革是否增进了社会公共福利——来自中国省际城市水务产业动态面板数据的经验证据》，《管理世界》2016 年第 8 期。

"A—J效应"。吴昊等（2009）以我国自然垄断产业上市公司为研究对象，实证检验了规制机构的策略对自然垄断企业投资行为的影响，结果表明，垄断产业的上市公司普遍存在过度投资行为。[①] 理想的规制变量是管制前后及行为变量的0—1虚拟变量，但政府未披露天然气规制行为的数据，且天然气价格在改革时间上没有明显的分界线，因此，本书从要素投入方面代理价格规制指标，假定天然气成本加成定价改变了天然气上游开采企业的要素选择偏好。在我国天然气开采业中，要素投入主要集中于劳动和资本，因而选择劳动与资本的边际技术替代率作为代理变量。鉴于单个劳动与资本的边际技术替代率有其相对应的要素投入结构，选择2005—2021年资本和劳动的投入比率代表价格规制。价格规制用 PR 表示，由当年投资额除以从业人数得到。由于天然气的生产商往往不会只单独生产天然气，还伴随生产石油，因此，研究采用天然气与石油勘探开采业的数据来替代天然气生产商的数据。天然气勘探开采业的资本投入由石油和天然气勘探开采业总资产来度量，劳动投入由石油和天然气勘探开采业全部从业平均人数来度量。这两个变量的基础数据均来自《中国统计年鉴》。

3. 控制变量指标

在计量模型中，为了避免设定偏误，会加入一些可能影响被解释变量的控制变量。公共福利水平与经济发展水平密切相关。人均GDP经常被考虑作为控制变量反映地区的经济发展水平与经济结构。同时，城市化也能拉动天然气的需求，进而影响居民天然气人均消费量和天

---

① 吴昊、曹澍：《政府管制、过度投资与企业绩效关系的实证分析》，《统计与决策》2009年第9期。

然气的普及率。当需求被带动起来以后，基础设施的建设就变得尤为重要。天然气管网是天然气运输的主要载体，其长度能够反映基础设施的建设情况。另外，价格因素也是需要考虑的重要因素。因此，使用人均 GDP、城市化率、天然气管网长度以及居民天然气消费价格作为控制变量。

人均 GDP 用 *pgdp* 表示，数据来源于《中国统计年鉴》。为了剔除通货膨胀因素对人均 GDP 的影响，把 2000 年作为基期，以 2000年的价格进行平减。城市化率用 *Urate* 表示，由城镇人口比上年末常住人口乘以百分之百得到，数据由《中国统计年鉴》提供。管网长度用 *length* 表示，数据来源于《中国统计年鉴》。居民天然气消费价格用 *p* 表示，使用各省省会城市居民消费的平均价格作为该省的居民天然气价格，数据主要来源于各省（自治区、直辖市）发改委能源价格相关文件及《中国物价统计年鉴》。

由于部分省（自治区、直辖市）数据缺失，本书使用北京市、天津市、河北省、山西省、内蒙古自治区、辽宁省、吉林省、黑龙江省、上海市、江苏省、山东省、河南省、湖北省、广东省、海南省、重庆市、四川省、陕西省、甘肃省、宁夏回族自治区、新疆维吾尔自治区 21 个省（自治区、直辖市）2005—2021 年的数据。该面板数据的时间序列处在天然气产业发展的快速发展时期，具有较强的考察价值，选取的省份涵盖了不同发展水平的地区，可以体现区域的异质性。各个变量具体的符号及含义如表 8-1 所示。

表 8-1　选取变量的符号及含义

变量名称	含义	单位
pcjt	第 *t* 年 *j* 省居民天然气人均消费量	立方米 / 人

变量名称	含义	单位
$Supjt$	第 t 年 j 省天然气普及率	%
$PRjt$	第 t 年 j 省价格规制	万元 / 人
$pgdpjt$	第 t 年 j 省人均 GDP（以 2000 年不变价格）	万元 / 人
$Uratejt$	第 t 年 j 省城市化率	%
$lengthjt$	第 t 年 j 省管网长度	千公里
pjt	第 t 年 j 省居民天然气消费价格	元 / 立方米

第二节 价格规制对公共福利影响的实证分析

在模型中，加入了价格规制变量的滞后一期作为解释变量。为了得到一致估计，消除数据的异方差，对除天然气普及率和城市化率以外的数据进行取对数处理。在对居民天然气人均消费量和普及率进行实证时，使用的是动态面板模型，其具体形式为：

$$\ln Y_{i,t} = \alpha \ln Y_{i,t-1} + \beta_1 PR_{i,t} + \beta_2 PR_{i,t-1} + \lambda_1 pgdp_{i,t} + \lambda_2 \ln Urate_{i,t} + \lambda_3 \ln length_{i,t}$$
$$+ \lambda_4 \ln p_{i,t} + \xi_i + \mu_{i,t}$$

$$(8-2)$$

其中，被解释变量 $Y_{i,t}$ 是社会福利指标，$Y_{i,t-1}$ 是社会福利指标的滞后一阶，其他变量具体含义同表 8-1。

一、价格规制对公共福利影响的基本回归

将居民人均天然气消费量和天然普及率分别放入动态面板模型的被解释变量中，作为社会福利衡量指标，估计结果如表 8-2、表 8-3 所示。

表8-2　价格规制对公共福利的影响的回归结果（人均天然气消费量）

估计方法	被解释变量：lnpc		
	系统 GMM		
变量	模型（1）	模型（2）	模型（3）
lnpc_{t-1}	0.866***	0.863***	0.806***
	（0.000）	（0.000）	（0.000）
lnPR	0.027	0.014**	0.035***
	（0.019）	（0.017）	（0.000）
lnPR_{t-1}	-0.018	—	—
	（0.181）		
ln$pgdp$	0.030	0.031	—
	（0769）	（0.757）	
$Urate$	0.005	0.005	0.005***
	（0.151）	（0.146）	（0.000）
ln$length$	-0.021	-0.022	0.043**
	（0.393）	（0.362）	（0.029）
ln$p$	-0.170**	-0.173**	-0.273***
	（0.042）	（0.036）	（0.000）
样本数	336	336	336
Arellano-Bond AR（2）检验	0.174	0.139	0.142
Sargan	0.866	0.827	0.856

注：括号内为 P 值，***、**、* 分别表示在1%、5%、10%检验水平上显著。

表8-3　天然气普及率估计结果

估计方法	被解释变量：sup		
	系统 GMM		
变量	模型（4）	模型（5）	模型（6）
sup_{t-1}	0.915***	0.949***	0.955***
	（0.000）	（0.000）	（0.000）
lnPR	-0.150	—	—
	（0.366）		
lnPR_{t-1}	0.339*	0.164***	0.156**
	（0.086）	（0.003）	（0.011）

估计方法	被解释变量：*sup*		
	系统 GMM		
ln*pgdp*	0.938 （0.264）	0.068 （0.924）	—
Urate	0.069** （0.018）	0.060*** （0.000）	0.054*** （0.001）
ln*length*	0.459* （0.078）	0.281** （0.030）	0.249* （0.009）
ln*p*	-2.269* （0.063）	-1.028 （0.143）	-0.637 （0.036）
样本数	336	336	336
Arellano-Bond AR（2）检验	0.830	0.539	0.817
Sargan	0.005	0.270	0.126

注：括号内为 P 值，***、**、* 分别表示在1%、5%、10%检验水平上显著。

由表 8-2 可知，当所有解释变量放入模型（1）中时，Arellano-Bond AR（2）检验值为 0.174 且 Sargan 检验值为 0.866，表明使用系统 GMM 一步法估计合适且不存在过度识别问题，有超过一半的变量不显著。因此，依次剔除最不显著的变量 lnPR_{t-1}、ln*pgdp*，重新进行估计，分别得到模型（2）、模型（3）。当删除变量 lnPR_{t-1}、ln*pgdp* 以后，模型（3）的系统 GMM 一步法估计的 Arellano-Bond AR（2）检验为 0.142，Sargan 检验值为 0.856，表明估计方法合适且不存在过度识别问题。同时，在模型（3）中，对于居民人均天然气消费量而言，因变量滞后一期、当期价格规制、城镇化率、管网长度和天然气价格在 5% 检验水平上是显著的，回归结果良好。

由表 8-3 可知，当把全部变量引入模型（4）中时，Arellano-Bond AR（2）检验和 Sargan 检验结果表明，使用系统 GMM 一步法估计方法适合，但在1%的置信水平存在过度识别问题。同样地，依次剔除最不显著的变量 lnPR、ln$pgdp$，重新进行估计，结果见模型（5）和模型（6）。当删除变量 lnPR、ln$pgdp$ 后，系统 GMM 一步法的 Arellano-Bond AR（2）检验为 0.817，Sargan 检验值为 0.126，表明估计方法合适且不存在过度识别问题。

　　尽管理论上系统 GMM 方法在处理动态面板模型内生性问题时具备其他方法不能比拟的优势，但在有限样本的情况下，仍有可能会出现偏倚。为了保证估计结果的稳健性，这里利用邦德（Bond）提出的经验法则，分别以 OLS、系统 GMM 和固定效应模型方法估计因变量的滞后项系数。OLS 估计由于因变量滞后项与不可观测的截面个体效应存在正相关关系，一般会存在向上偏倚的情况；固定效应则恰好相反。如果系统 GMM 估计的因变量滞后项系数刚好介于这两者之间，则说明系统 GMM 估计是有效可靠的。由表 8-4 可知，系统 GMM 估计系数的大小位于 OLS 和固定效应估计系数之间，因此表明表 8-2 和表 8-3 的系统 GMM 估计结果基本稳健。

表 8-4　居民天然气人均消费量和天然气普及率滞后项系数检验

估计方法	（1）	（2）	（3）	估计方法	（4）	（5）	（6）
OLS	0.868	0.867	0.882	OLS	0.963	0.964	0.961
系统 GMM	0.866	0.863	0.806	系统 GMM	0.915	0.949	0.955
固定效应模型	0.672	0.672	0.695	固定效应模型	0.821	0.822	0.822

二、价格规制对公共福利影响的结果分析

　　由表 8-2 可知，当期价格规制对居民人均天然气消费量影响为正。当期价格规制每增加 1 个百分点，居民人均天然气消费量上升

0.035 个百分点，说明价格规制对居民人均天然气消费量增长有促进作用，验证本章猜想。我国天然气相对于煤炭、石油等其他能源竞争性不足，政府为调整能源结构，推广天然气使用，对天然气价格进行管制，使实际的天然气价格低于市场均衡价格，导致天然气需求攀升，居民人均消费增加，居民消费天然气福利得到了提升。

居民天然气普及率作为社会福利衡量指标的估计结果见表 8-3，价格规制滞后一期对天然气普及率影响为正。模型（4）中价格规制滞后一期每增加 1 个百分点，带来天然气普及率上升 0.339 个百分点，说明价格规制滞后期对天然气普及率有正向影响，且在 5% 的水平上显著。但当前一期的价格规制对居民人均天然气消费量不显著，因为价格规制效应的传导机制具有一定的时滞性，而当期价格规制的影响不能立刻对消费者使用天然气消费偏好产生影响，短时间内消费者对整体的能源需求比较稳定。

由表 8-2 和表 8-3 的估计结果可知，天然气价格对居民人均天然气消费量弹性为 -0.273，而对居民天然气普及率影响半弹性并不显著，说明天然气价格水平对居民福利影响并不明显，可能存在"双刃剑"效应。天然气价格降低，会促进居民人均消费量的增加，但对于普及率的提升影响微弱。价格水平作为模型外生变量，一定程度上能够反映价格规制的传导效应。一方面，低价规制的居民天然气需求增加，有利于天然气市场份额的提高；另一方面，严格的收益率规制导致天然气上游勘探开发企业缺乏动力进行生产技术革新，处于高成本、低收益甚至亏损状态，企业缺乏动力拓展居民用气市场。规制价格影响了天然气运营商的积极性，进而影响在当前天然气行业中游管网未与上游分离时期天然气居民用户的普及率，不利于居民公共福利的提升。政府为了维护公众利益，弥补企业损失，提供财政补贴，从而增加地方财政压力，而各个地区的居民是财政压力的最后承担者，最终又导致各地区隐性居民公共福利水平的下降。

由表 8-2 和表 8-3 的估计结果可知，城镇化率和天然气管网长度等控制变量对居民公共福利的影响表现出正向一致性。城镇化率对于人均天然气消费量福利指标的半弹性为 0.005，对于天然气普及率福利指标弹性为 0.054。天然气管网长度对于人均天然气消费量福利指标的弹性为 0.043，对于天然气普及率福利指标的半弹性为 0.249。这说明城镇化率的提升可以使天然气消费用户地理聚集，降低管网铺设成本，而天然气管网的接入能够惠及居民用户，提升居民使用天然气的可得性和可接受性。

第三节　民用天然气阶梯定价改革的情景分析

目前，各地区遵循国家发展改革委提出的居民生活用气三档阶梯价格制度的基本框架并陆续执行，但为兼顾居民公共福利与市场效率，当前各地实施的居民用气定价政策是否具有优化空间值得进一步探讨。

一、情景分析模型设定

由前述研究可知，居民天然气人均消费量直接体现了居民用户面对天然气政府规制进行的决策行为，所以，本章以阶梯定价对居民人均消费量的影响来考察不同的阶梯定价政策。实证检验动态面板模型进行估计的结果良好，因此，基于此估计结果，对阶梯定价模型进行情景模拟。具体表现形式见式（8-3）。

$$\ln pc_{i,t} = 0.806\ln pc_{i,t-1} + 0.035\ln PR_{i,t} + 0.005 Urate_{i,t} + 0.043\ln length_{i,t}$$
$$- 0.273\ln p_{i,t} + 0.768$$

$$(8-3)$$

　　从市场效率和居民公共福利权衡的角度来设计阶梯定价方案，具体情形如下：

　　情景一：国家发展改革委阶梯定价结构。2014 年，国家发展改革委颁布了《关于建立健全居民生活用气阶梯价格制度的指导意见》，对于居民用气全面推行阶梯价格制度。根据国家发展改革委的指导意见，居民用气价格分为三档：第一档在一定时期内保持相对稳定，保障居民基本生活用气需求，覆盖区域内 80% 的居民家庭用户；第二档在现有价格水平上稍有提高，调节和改善居民生活质量的合理用气需求，覆盖区域内 95% 居民家庭用户；第三档在第二档价格水平上继续提高，以体现资源的稀缺性，抑制过度消费，覆盖超出第二档的用气部分。各档气量价格实行超额累进加价，比例为 1∶1.2∶1.5。

　　情景二：提高三个档次价格比。此情景设定的出发点主要是效率。已有研究表明，阶梯定价中价格之间的差距越大，效率越高。[①] 一些实行阶梯价格的国家或地区，各档之间的价格差距都较高，比如美国佛罗里达州实施的三档阶梯电价，价格比为 1∶2.5∶3.8；韩国实施六档阶梯电价，各档价格比为 1∶2.1∶3.1∶4.5∶6.7∶11.6。而我国的建议阶梯气价比仅为 1∶1.2∶1.5。可以通过提高档次价格比，拉开各档之间的价格差距，通过惩罚超量使用天然气的用户来提高效率。所以，

---

　　① Lin, B., Jiang Z., "Designation and Influence of Household Increasing Block Electricity Tariffs in China", *Energy Policy*, Vol.42, 2012, pp.164–173.

设定三档价格比为 1 : 1.5 : 1.8 进行情景分析。

　　情景三：降低第一档价格。此情景设定的出发点主要是公平。低收入家庭所面对的天然气消费偏好价格比现有的统一定价水平低，国家发展改革委定价将会增加收入水平较低而天然气需求量较高的居民用户的用气支出。为保障较低收入家庭，可适当降低第一档价格。因此，假定第一档气价下降 0.1 元进行情景分析。

　　情景四：降低第一档价格，同时提高第二档、第三档的价格。此情景设定的目的是试图找到兼顾公平与效率的阶梯定价结构。在国家发展改革委建议的基础上，改进阶梯定价方案。

　　各情景模拟如表 8-5 所示。

表 8-5　居民天然气阶梯定价情景设计对比

情景模拟	情景一	情景二	情景三	情景四
第一档价格	P	P	P-0.1	P-0.1
第一档价格	1.2P	1.5P	1.2P	1.5P
第一档价格	1.5P	1.8P	1.5P	1.8P
设计要求	国家发展改革委阶梯定价结构	拉开阶梯价格各档价格差距	适当降低第一档价格，其余不变	适当降低第一档价格，同时拉开阶梯价格各档价格差距

注：国家发展改革委第一档基础价为 P 元 / 立方米。

　　根据 2010—2021 年各省（自治区、直辖市）城市化率、管网长度的增长趋势及国家经济与能源规划，对城市化率、管网长度进行假定预测。居民用气阶梯定价改革会对居民天然气消费平均价格和价格规制造成直接影响，因此，居民天然气平均消费价格根据国家发展改革委的指导意见与不同情境设计的阶梯定价结构，基于居民用气覆盖率对各档价格进行加权平均得到，同时假定该阶梯定价结构在未来

10 年不会发生变化。价格规制变量 2022—2031 年的数据根据 2010—2021 年各省（自治区、直辖市）石油与天然气开采业的固定资产投资与就业人数的增长趋势及不同阶梯定价结构的设计对生产者产生的不同激励来进行假定，进而得到 2022—2031 年当期价格规制变量的数据。

二、情景分析结果

相对于非阶梯性定价，居民用气价格实行阶梯定价以后，居民用户人均消费量都会降低，表明阶梯价格改革可以抑制天然气的过度消费。同时，天然气消费均价的提高在一定程度上保护了天然气企业的利益，提高了市场效率。从全国来看，不同情形下居民人均消费量的变化趋势如图 8-1 所示。

情景一为国家发展改革委目前的阶梯定价。相对国家发展改革委的建议，在情景二中，当提高各档价格比时，居民用气人均消费量会降低，即当追求效率来改进阶梯定价结构时，消费者公共福利会明显减少。

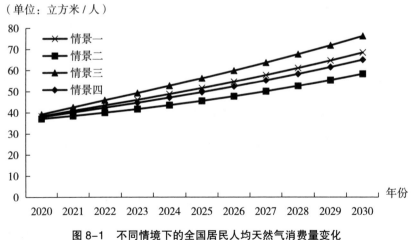

图 8-1　不同情境下的全国居民人均天然气消费量变化

在情景三中，当只降低第一档价格时，对比国家发展改革委建议的结果，人均消费量会增加，增进了消费者公共福利，但低价明显降低天然气企业的收益，从而降低天然气企业的积极性，不利于天然气民用行业的发展。在同时考虑居民公共福利和天然气使用效率的情况下，理论上可在降低第一档价格的同时提高第二档、第三档价格，在增进消费者福利的同时改善效率，情景四的结果也证实了这点。此时，相对于国家发展改革委建议的定价结构，天然气企业收益得到了保障，同时居民天然气的人均消费量在情景二有所提升，消费者福利得到改进。

阶梯定价在一定程度上减少了居民用户天然气消费，降低了居民公共福利，但通过科学设计阶梯定价结构，可以缓解居民公共福利的减少。与国家发展改革委的方案相比，情景四的方案能更好地兼顾公共福利和效率，即将民用天然气第一档价格降低 0.1 元，同时把价格结构由 1∶1.2∶1.5 修改为 1∶1.5∶1.8，拉开各档价格比。这样一方面可以保障天然气生产运输企业的利益和提高天然气的消费效率；另一方面能够兼顾低收入居民群体的利益，改善收入分配和提高社会公平。

三、进一步的研究

2013 年 9 月 10 日国务院发布《大气污染防治行动计划》以来，各地陆续出台大气污染治理相关政策，削减煤炭消费总量，增加清洁能源使用，以气代煤、以电代煤，减少冬季居民燃煤供暖。天然气作为优质高效，绿色清洁的低碳能源，在能源消费结构中的比重不断攀升，对空气质量提升和大气污染治理发挥着重要作用。因此本书进一步分析北方各省在煤改气转型下天然气消费量增加可能带来环境效益。这里借鉴吕承超等（2021）[①]的划分方法，将山东省、河南省、山西省、陕西省、甘肃省、青海省、新疆维吾尔自治区、河北省、天津市、北京市、内蒙古自治区、辽宁省、吉林省、黑龙江省、宁夏回族自治区 15 个省份划定为北方地区。

本书以 2015—2021 年的省级日度数据分析北方 15 个省份在冬季供暖期间增加天然气使用带来的大气环境改善。主要通过空气质量综合指标（AQI）反映天然气具有的环境效应，该指标衡量的主要空气污染物包括 SO_2、二氧化氮（NO_2）、颗粒物（PM_{10} 和 $PM_{2.5}$）、一氧化碳（CO）和臭氧（O_3），数据来源于司尔亚司（CEIC）数据库。为表现"煤改气"政策下各地天然气—煤炭消费替代，参考罗知等（2018）[②]构建的虚拟指标煤改气（mgq）。通过《中国能源统计年鉴》获得了 2015—2021 年各省份能源平衡表中供热和火力发电在加工转换过程中煤炭和天然气的年投入量，并比较供热煤炭量和天然气量的变化，当天然气量增加且煤炭量减少时，则取值为 1，否则为 0。由于各省的供暖期会对空气质量产生影响，根据各省具体规定确定供暖变量（heat），当处于供暖期间则为 1，否则为 0。同时考虑到其他因素也可能对地区空气质量产生影响，增加控制变量平均日温（tempmean），煤炭消费总量（coal），天然气消费总量（gas），地区经济生产总值（gdp），第二产业占比（industry），数据主要来源于《中国统计年鉴》。具体构建模型如下：

---

① 吕承超、索琪、杨欢：《"南北"还是"东西"地区经济差距大？——中国地区经济差距及其影响因素的比较研究》，《数量经济技术经济研究》2021 年第 9 期。
② 罗知、李浩然：《"大气十条"政策的实施对空气质量的影响》，《中国工业经济》2018 年第 9 期。

$$AQI_{it} = \alpha + \beta mgq_{it} \times heat_{it} + \gamma mgq_{it} + \theta heat_{it} + \phi control_{it} + \mu_i + \eta_t + \varepsilon_{it}$$

$$（8-4）$$

其中，被解释变量 AQI_{it} 为省份 i 在时间 t 的空气质量，交互项 $mgq_{it} \times heat_{it}$ 的系数 β 为核心系数，表示煤改气后北方地区供暖时期的空气污染是否得到缓解，mgq_{it} 表示省份 i 在时间 t 是否进行煤改气，$heat_{it}$ 为省份 i 在时间 t 是否集中供暖的虚拟变量，$control_{it}$ 为控制变量，μ_i 为地区固定效应，η_t 为时间固定效应。为保证结果的稳健性，参考"煤改气"空气污染的相关研究（Yu 等，2021）[①]，选择 AQI 的替代变量污染物 $PM_{2.5}$ 进行回归，具体结果见表 8-6。

表 8-6　煤改气对北方地区冬季供暖期空气质量的影响

变量	（1） lnAQI	（2） ln$PM_{2.5}$
$heat \times mgq$	−0.037*** （0.000）	−0.091*** （0.000）
mgq	0.018** （0.014）	0.063*** （0.000）
$heat$	0.096*** （0.000）	0.156*** （0.000）
ln$coal$	0.204*** （0.000）	0.268*** （0.000）
lngas	−0.278*** （0.000）	−0.404*** （0.000）
lngdp	−0.150*** （0.000）	−0.295*** （0.000）

① Yu C., Kang J., Teng J., Long H., Fu Y., "Does Coal-to-Gas Policy Reduce Air Pollution? Evidence from a Quasi-natural Experiment in China", *Science of the Total Environment*, Vol. 773, 2021,144645.

变量	（1） ln*AQI*	（2） ln*PM*_{2.5}
industry	−0.009*** （0.000）	−0.012*** （0.000）
tempmean	−0.010*** （0.000）	−0.020*** （0.000）
N	35795	35795
R−squared	0.451	0.486

注：括号内为 P 值，***、**、* 分别表示在 1%、5%、10% 的检验水平上显著。回归中控制的固定效应包括省份固定效应、年度固定效应、月度固定效应和日度固定效应。

表 8-6 中列（1）表示空气质量综合指标（*AQI*）为被解释变量的回归结果，列（2）作为稳健性检验部分，表示因变量空气污染浓度（$PM_{2.5}$）的回归结果。结果均显示，以气代煤下冬季供暖显著改善北方地区的空气质量。其中，从空气质量综合指标来看，冬季供暖使得空气质量指数上升 0.096，但从交互项结果来看煤改气的推进使空气质量指数下降 0.037，供暖造成的负面影响下降 38.54%。$PM_{2.5}$ 是雾霾天气的主要污染物组成，长期还会引发呼吸系统类疾病。北方冬季供暖导致污染物 $PM_{2.5}$ 浓度上升 0.156，而煤改气同样促进供暖带来的 $PM_{2.5}$ 污染下降 0.091。此外，天然气消费量的增加可直接推动 *AQI* 提升 0.278，降低污染物 $PM_{2.5}$ 的浓度 0.404，进一步说明天然气在能源消费体系中占比的扩大有利于改善大气环境。综上所述，天然气的使用会降低大气中的多种污染物浓度，具有显著的环境效益。

本章通过建立动态面板模型，研究天然气市场终端价格规制的公共福利效应，在此基础上设定了居民用气定价的不同阶梯价格结构，对阶梯气价改革进行情景分析。同时进一步利用北方地区冬季集中供暖下煤改气对于空气质量的影响分析天然气具有的环境效益。

（1）天然气价格规制未对居民公共福利产生一致性的正向作用。天然气价格规制有利于增加人均天然气消费量的福利效应；而从提升天然气普及率的公共福利角度来看，天然气价格规制的影响为负向但效果较小，说明低气价政策并没有充分提高居民用户的公共福利。天然气价格与天然气规制效应作用效果相同。天然气价格降低，居民人均天然气消费量增加，但同时会降低居民使用天然气的普及率。

（2）城镇化率和天然气管网建设都对居民公共福利产生正向作用，其中，天然气管网的建设对居民天然气普及率的提升尤为关键，是天然气市场化改革中需要重点考虑的因素。

（3）国家发展改革委的天然气阶梯定价在一定程度上减少了价格规制带来的市场效率的损失，但存在优化空间，可通过改进来提升公共福利效应。可适当降低第一档价格，增大第二、第三档价格比，此时，居民福利相对原方案有所提高，定价方案更能够兼顾效率和社会公平。

（4）天然气在北方居民供暖中的集中使用有利于减少大气污染物浓度，改善空气质量。天然气利用和中国碳减排息息相关，目前的天然气定价机制不能反映天然气的清洁环保属性，由此导致天然气只能依赖大规模的政府补贴才能得以推广。因此，耦合能源市场与碳排放市场，实现能源价格与碳价格的挂钩与互动，是未来中国天然气市场化改革的新思路。从能源转型的视角，在向碳中和迈进的 30 到 40 年间，天然气替代同为化石能源的煤炭和石油，能够大大降低碳排放，这将是关键的第一步过渡。未来天然气可以逐步由生物质甲烷替代，通过天然气管网输送，从而再次降低碳排放，将重塑未来的能源形态，以实现碳中和。

第九章　政府补贴与天然气产业终端价格

　　改革开放以来天然气行业的发展经历了供给推动的增长轨迹，这种高速发展很大程度上得益于中国政府对推广天然气所作出的一系列努力，尤其是在终端部门的补贴政策，极大地提高了天然气相较于传统高污染化石能源的竞争优势，从而突破了我国"少气"资源禀赋的约束，推动了天然气市场的长足发展（Shi 和 Sun，2017）[1]。在天然气市场化改革不断深入的进程中，正确认识政府补贴在天然气终端市场的作用，是实现天然气市场高质量发展的重要因素，必须予以高度重视。

　　在学理上，天然气市场的补贴政策带来的效果是实际价格在一定程度上偏移理论价格，从而形成总福利在生产者与消费者之间的合理配置（Lin 和 Kuang，2020）[2]。在我国，政府是天然气补贴政策的制定者和实施者。因此，我国天然气补贴政策的价格效应实际上是研究政府行为对终端价格偏移的影响（Ju 等，2017）[3]。我国政府对民用、工

　　① Shi X., Sun S., "Energy Price, Regulatory Price Distortion and Economic Growth: A Case Study of China", *Energy Economics*, Vol.63, 2017, pp.261–271.

　　② Lin B., Kuang Y., "Natural Gas Subsidies in the Industrial Sector in China: National and Regional Perspectives", *Applied Energy*, Vol.260, 2020, 114329.

　　③ Ju K., Su B., Zhou D., et al., "Does Energy-Price Regulation Benefit China's Economy and Environment? Evidence from Energy-Price Distortions", *Energy Policy*, Vol.105, 2017, pp.108–119.

业和商业部门用气的不同补贴政策和力度，塑造了不同部门之间的价格差异和部门内部实际价格与理论价格之间的偏差（Wang 和 Lin，2014）[①]。解析政府补贴带来的天然气产业终端价格效应，厘清市场配置力量与政策之间的协同关系，是实现兼顾"公平"和"效率"的中国天然气市场化改革目标的关键。

从已有研究来看，尚未有学者提供针对天然气市场价格偏差的测度方法，以及政府补贴对不同用气部门带来的价格效应。不过，已有研究为本研究提供了一些方法借鉴以及理论支持。陶小马等（2009）[②]基于超越对数生产函数在要素替代的框架下测度了能源实际价格和理论价格之间的偏差程度，发现我国能源市场化改革仍处于初级阶段，市场发育不完全导致实际价格偏低。之后，许多学者基于生产函数法测度并讨论了能源价格偏差对能源效率（Ouyang 等，2018）[③]、生产率和经济增长（Shi 和 Sun，2017[④]；Yang 等，2018[⑤]）、碳排放和污染（冷艳丽、杜思正，2016）[⑥] 等诸多方面的影响。这些研究既支持了补贴政策对能源转型的积极作用，也指出补贴政策需要与市场化进程实现兼容，同时为通过生产函数法测度能源理论价格

① Wang T., Lin B., "China's Natural Gas Consumption and Subsidies—from a Sector Perspective", *Energy Policy*, Vol.65, 2014, pp.541–551.

② 陶小马、邢建武、黄鑫、周雯:《中国工业部门的能源价格扭曲与要素替代研究》,《数量经济技术经济研究》2009 年第 11 期。

③ Ouyang X., Wei X., Sun C., et al., "Impact of Factor Price Distortions on Energy Efficiency: Evidence from Provincial-level Panel Data in China", *Energy Policy*, Vol.118, 2018, pp.573–583.

④ Shi X., Sun S., "Energy Price, Regulatory Price Distortion and Economic Growth: A Case Study of China", *Energy Economics*, Vol.63, 2017, pp.261–271.

⑤ Yang M., Yang F., Sun C., "Factor Market Distortion Correction, Resource Reallocation and Potential Productivity Gains: An Empirical Study on China's Heavy Industry Sector", Energy Economics, Vol.69, 2018, pp.270–279.

⑥ 冷艳丽、杜思正:《能源价格扭曲与雾霾污染——中国的经验证据》,《产业经济研究》2016 年第 1 期。

提供了支持。

　　随着我国能源品种的日益多元化，不同能源品种因其独有的禀赋特征、燃烧效率和污染排放，在多元化能源供应体系和能源转型中表现出不同的作用，从而形成了各自独有的市场化路径，由此推动能源定价的研究深入到了单一能源品种之中。一些学者从产业链的角度解析了我国天然气价格高于理论价格的原因，认为市场力是导致价格升高的主要诱因（Ju 等，2017[①]；Ju 等，2019[②]；Xu 和 Lin，2019[③]；Wang 等，2020[④]）。上述文献的共识是：由于我国"少气"的客观禀赋条件和产业链定价机制，我国天然气价格往往存在高于理论价格的风险，这突出了政府采用补贴政策在短期内协调福利分配的重要作用。但长期来看，补贴政策是不具有可持续性的，需要寻求其他市场化改革路径。从研究方法来看，上述研究采用以美国能源价格为理论价格的相对价格法。尽管这种方法操作简单且数据易得，但不能反映中国特定经济、政策环境下能源投入产生的实际市场价值。

　　天然气市场的政府补贴对天然气终端价格的显著影响已经被认可，但鲜有研究从机理层面对两者之间的关系进行分析，更不必说深入到不同终端用气部门的异质性研究。因此，本章首先基于佩尔兹曼

---

　　① Ju K., Su B., Zhou D., et al., "Does Energy-Price Regulation Benefit China's Economy and Environment? Evidence from Energy-Price Distortions", *Energy Policy*, Vol.105, 2017, pp.108-119.

　　② Ju K., Wang Q., Liu L., et al., "Measurement of the Price Distortion Degree for Exhaustible Energy Resources in China: A Discount Rate Perspective", *Emerging Markets Finance and Trade*, Vol. 55（12）, 2019, pp.2718-2737.

　　③ Xu B., Lin B., "Can Expanding Natural Gas Consumption Reduce China's CO$_2$ Emissions?", *Energy Economics*, Vol.81, 2019, pp.393-407.

　　④ Wang X., Lu X., Zhou N., et al., "Does Environmental Regulation Affect Natural Gas Consumption? Evidence from China with Spatial Insights", *Sustainability*, Vol.12, No.8, 2020.

模型，理论分析了政府补贴和天然气终端价格之间的关系。进而基于生产函数法和等热值法测度了工业、商用和民用部门天然气理论价格及其与实际价格之间的偏差。最后，采用计量经济分析解析了政府补贴对不同部门用气价格的影响，以及市场配置与政府补贴对天然气市场的交互影响，从而提供优化资源配置、提高天然气市场效率的可行建议。

第一节　政府补贴与天然气价格的理论模型

政府通过制定和实施政策，优化天然气厂商福利和下游消费者福利。厂商和消费者会对政府补贴政策形成响应，从而体现在补贴政策的成效上。因此，以实现政府补贴成效最大化为依据，决定补贴的最优水平。如果不存在补贴政策，天然气厂商显然倾向于尽可能提高天然气价格，提高上游福利，由此引致下游消费者福利的损失。因此，政府补贴的目的正是在于维持生产者剩余和消费者剩余的相对平衡，这就导致天然气实际价格会低于厂商的垄断价格。本章基于佩尔兹曼模型（Peltzman，1976）[1]厘清政府补贴于天然气价格的影响和作用机理，其中，M 表示政府补贴带来的治理成效，π 表示天然气厂商获得的利润，P 为天然气价格，补贴成效函数如式（9-1）所示：

$$M = M(\pi, P) \tag{9-1}$$

具体来看，天然气厂商获得的利润更大，厂商对政府补贴政策

---

① Peltzman S., "Toward a More General Theory of Economic Regulation", *The Journal of Law and Economics*, Vol.19, No.2, 1976, pp.211–240.

的支持度越高；天然气价格越低，下游消费者对补贴政策支持程度越高。据此，不妨将补贴函数设置为如式（9-2）所示：

$$M = a \times \pi - b \times P \tag{9-2}$$

其中，参数 $a > 0$，$b > 0$。

天然气厂商的成本函数为：

$$C = C_0 + c \times Q \tag{9-3}$$

其中，C_0 为固定成本，c 为单位可变成本。

天然气厂商的利润函数为：

$$\pi = P \times Q - C \tag{9-4}$$

下游消费者对天然气需求为：

$$Q = d - e \times P \tag{9-5}$$

首先可以求得天然气厂商利润最大化下的天然气市场价格 P_1：

$$\pi = (d + e \times c) \times P - e \times P^2 - C_0 - c \times d \tag{9-6}$$

令 $\dfrac{\partial \pi}{\partial P} = 0$，得：

$$P_1 = \frac{d + c \times e}{2 \times e} \tag{9-7}$$

接下来求解补贴成效最大化下的天然气实际价格 P_2，将式（9-3）、式（9-4）和式（9-5）代入式（9-2），得到式（9-8）：

$$M = (a \times d + a \times c \times e - b) \times P - a \times e \times P^2 + a \times c \times d - a \times C_0 \tag{9-8}$$

令 $\dfrac{\partial M}{\partial P} = 0$，得：

$$P_2 = \frac{a \times d + a \times c \times e - b}{2 \times a \times e} = P_1 - \frac{b}{2 \times a \times e} \tag{9-9}$$

式（9-9）中，$\dfrac{b}{2 \times a \times e} > 0$，这说明出于提高消费者社会福利、避免天然气价格过高的考虑，政府补贴后的天然气实际价格低于天然气厂商市场出清定价。因此，天然气需求价格弹性是决定政府补贴力度的主要因素（Zhang 等，2018）[1]。因此，从不同需求弹性的消费主体（终端用气部门）出发，分析政府补贴对不同部门用气价格的影响，能够提供政府对不同用气部门制定差异化补贴政策的学理性依据，有助于政府精准施策，减少价格规制带来的社会福利损失。

第二节　政府补贴与天然气价格的实证分析

一、天然气理论价格与实际价格偏差测度

（一）天然气价格偏差程度的测度方法

能源要素作为生产投入要素之一，不同能源品种都是以燃烧消耗的形式转化为生产动力进而实现经济产出的。因此，生产函数法测度的能源边际产出，实质是单位热值的经济产出。通过等热值法进行转换，即可近似得到不同能源品种的单位边际产出，这也是本节测度天然气理论价格的核心思想。本节基于理论模型的分析结果，参考已有研究方法（Yang 等，2018[2]；林雪等，2015[3]），运用扩展的柯布—道格拉斯（C-D）生产函数方法测度中国能源要素的实际边际产出，进而根据等热值法换算得到单位天然气的边际经济产出，最后计算边际产出与要素实际价格之比得到价格偏差程度。本节设定一个包含能源

①　Zhang Y., Ji Q., Fan Y., "The Price and Income Elasticity of China's Natural Gas Demand: A Multi-sectoral Perspective", Energy Policy, Vol.113, 2018, pp.332-341.

②　Yang M., Yang F., Sun C., "Factor Market Distortion Correction, Resource Reallocation and Potential Productivity Gains: An Empirical Study on China's Heavy Industry Sector", Energy Economics, Vol.69, 2018, pp.270-279.

③　林雪、林可全：《中国要素价格扭曲对经济失衡的影响研究》，《上海经济研究》2015年第 8 期。

要素的 C-D 生产函数，形式如下：

$$Y=\mathrm{A}K^{\partial}L^{\beta}G^{\gamma} \tag{9-10}$$

其中，Y 表示总产出；K 表示总资本投入；L 表示总劳动力投入；G 表示总能源投入。等式两边同时进行对数化处理，可以采用计量模型估计对应参数：

$$\ln Y_{it} = A + \beta_1 \ln K + \beta_2 \ln L + \beta_3 \ln G + \varepsilon_{it} \tag{9-11}$$

可以求出能源要素带来的边际产出为：

$$MP_G = \frac{\partial Y}{\partial G} = \gamma \mathrm{A}K^{\partial}L^{\beta}G^{\gamma-1} = \gamma \frac{Y}{E} \tag{9-12}$$

MP_G 的单位是万元 / 吨标准煤，实际含义是多个能源品种投入到实际生产中的平均边际产出，按照等热值法，1 立方米天然气的边际产出（理论价格）如下：

$$P_{gas-theory} = MP_{natural-gas} = k \times MP_G \tag{9-13}$$

k 为折算系数，本节取 k=12.997a。

在测算出天然气理论价格 $P_{gas-theory}$ 后，其与天然气实际价格 $P_{gas-actual}$ 的比值定义为价格偏差系数：

$$Dis = \frac{P_{gas-theory}}{P_{gas-actual}} \tag{9-14}$$

（二）数据说明

本节根据天然气价格监测数据，划分行业分别测度天然气价格偏差，从行业视角揭示补贴政策对天然气价格的异质性效应。数据来源

---

① 燃烧 1 万立方米天然气产生的热值约等于 12.997 吨标准煤燃烧产生的热值。基于这种处理方式，也可以测算出其他能源的单位理论价格。需要强调的是，这是一种从燃烧产出视角评价能源理论价格的方法，主要关注能源消耗过程中对经济产出的贡献，没有考虑能源资源储量、开采技术、战略意义等影响能源实际价值的其他因素。

于国家发展改革委价格监测委员会统计的中国 36 个主要城市的工业、民用和商业三个部门的天然气价格。其中，工业和商业的投入产出指标均采用对应部门的经济产出、资本投入、劳动力投入和能源投入。商业的行业细分与分行业能源终端消费的统计口径进行匹配，包括交通运输及仓储、邮政业，批发零售贸易、住宿和餐饮业，对应投入产出量为上述几个行业之和。民用部门的经济产出是内生于整个经济社会运行之中的，难以界定和量化。为了简化处理，研究采用全社会总产出、总资本存量、总劳动力数量和总能源投入作为代理变量，测度能源要素的平均边际产出，用于逼近全社会居民能源消耗带来的实际产出。资本要素、劳动力要素和能源要素投入指标进行如下处理和说明：

第一，部门总产出（Y_1、Y_2、Y_3 分别表示工业、商用和民用部门的总产出）：总产出用行业增加值表示，工业部门利用工业品出厂价格指数以 2003 年为基期进行平减，从而得到可比实际值。同理，商业利用商品零售价格指数进行平减，民用部门采用居民消费价格指数进行平减。

第二，资本投入（K_1、K_2、K_3 分别表示工业、商用和民用部门的资本投入）：本节采用分行业的资本存量来代表资本投入，用永续盘存法（PIM）来核算资本存量。

$$K_t = K_{t-1}(1-\eta_t) + I_t / P_t \qquad （9-15）$$

K_t 代表当前期的资本存量，I_t 代表当期新增投资额，P_t 代表固定资产投资价格指数，η_t 代表当期的资本折旧率。其中，新增投资额和固定资产投资价格指数来源于中国国家统计局，本节参考赫德（Herd,

2020）[①]的方法，分行业计算资本存量。

第三，劳动力投入（L_1、L_2、L_3 分别表示工业、商用和民用部门的劳动力投入）：本节使用细分行业的城镇集体单位年底职工人数作为分行业劳动力投入的代理变量。

第四，能源投入（G_1、G_2、G_3 分别表示工业、商用和民用部门的能源投入）：本节采用工业部门总能源消费、商用总能源消费和全社会总能源消费作为各部门能源消费的代理变量。

第五，分部门天然气价格（P1、P2、P3 分别表示工业、商用和民用部门的天然气实际价格）：中国公布了 36 个大中城市的天然气分行业的月度价格数据，本节按分行业天然气消费量进行月度平均处理计算出年度价格数据，平均处理后的数据使用燃料、动力类工业生产者购进价格指数进行平减处理得到可比价格。中国于 2002—2003 年开始大规模推广使用管道天然气，所以本节数据选取时间为 2003—2017 年。由于商业天然气价格数据自 2007 年起开始统计，故该部门价格数据的时间区间为 2007—2017 年。

以上数据来源于国家统计局、《中国固定资产投资统计年鉴》、《中国统计年鉴》、《中国劳动统计年鉴》、《中国工业统计年鉴》、《中国能源统计年鉴》以及 CEIC 数据库。表 9-1 为变量描述性统计。

表 9-1　变量描述性统计

变量	含义	观测量	均值	标准差	最小值	最大值
Y_1		15	16353.52	7006.60	5536.22	27511.93
Y_2	产业产值	15	6880.98	3548.13	2221.20	13333.45
Y_3		15	43908.86	21914.35	13742.20	83203.59

---

①　Herd R., "Estimating Capital Formation and Capital Stock by Economic Sector in China: The Implications for Productivity Growth", The World Bank, 2020.

续表

变量	含义	观测量	均值	标准差	最小值	最大值
K_1		15	160194.2	93251.01	43109.99	325999.3
K_2	资本存量	15	46549.69	23123.59	17424.04	90107.32
K_3		15	358037.7	190223.6	121828.4	716534.1
L_1		15	20251.57	2125.07	15760.60	22641.19
L_2	劳动力	15	21949.72	2709.50	18395.51	26755.02
L_3		15	76032.73	1217.96	73736.00	77640.01
G_1		15	2334.32	484.93	1315.65	2834.20
G_2	能源消耗	15	364.15	108.11	193.66	543.05
G_3		15	3372.71	762.32	1889.86	4369.53
$P1$		15	2.83	0.58	1.96	3.72
$P2$	天然气价格	11	2.93	0.44	2.09	3.63
$P3$		15	2.32	0.21	1.95	2.55

注：k（k=1, 2, 3）标注不同部门，1 为工业，2 为商业，3 为民用。

（三）天然气价格偏差程度的测度结果

基于式（9.2）构建的模型是多个小样本时间序列组成的多元回归模型，在验证序列之间的协整关系后，本节使用可行的广义最小二乘法（FGLS）估计，FGLS 是将各截面个体的残差向量代入截面异方差的协方差矩阵，并利用 GLS 方法得到参数估计值。FGLS 估计法可以修正横截面数据引起的异方差、序列相关、同期相关等问题，提高估计的一致性和有效性。边际产出测度模型回归结果如表 9-2 所示。

表 9-2　边际产出估计结果

变量	（1） 工业	（2） 商业	（3） 民用
lnK	0.4989*** （0.0257）	1.1225*** （0.0688）	1.1675*** （0.0929）

变量	（1） 工业	（2） 商业	（3） 民用
lnL	0.9512*** （0.2337）	−1.2523*** （0.1471）	−27.5183*** （4.5175）
lnG	0.3185** （0.1143）	0.4185*** （0.0793）	1.4075*** （0.0966）
Constant	−8.1850*** （1.4861）	6.8298*** （1.1068）	293.6709*** （48.8811）
adj–R²	0.9972	0.9719	0.9895
Log likelihood	42.6846	49.9118	57.9727

注：***、**、* 分别表示在 1%、5% 和 10% 水平下显著。

通过式（9.3）至式（9.5）可以得到中国不同部门的天然气价格偏差系数，如图 9-1 所示。

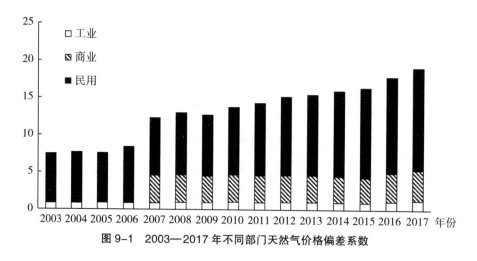

图 9-1　2003—2017 年不同部门天然气价格偏差系数

从上述结果来看，中国天然气价格平均偏差系数大于1，说明使用天然气带来的边际效益大于天然气的实际价格。从行业之间角度来看，天然气价格偏差系数在行业之间差别较大。工业用气的偏差系数远低于商业用气与居民用气，偏差系数一直在临界值1上下波动，大部分时间的工业天然气价格偏差系数小于 1，说明工业用天然气的边际效益要小于其现实价格。但在 2016—2017 年，中国工业天然气价格偏差系数开始超过 1，有向下偏离工业天然气理论价格的趋势，这一方面来源于近年进口天然气价格有所回落；另一方面则来源于工业企业采用天然气替代其他能源的资本投入已经逐步回收，使用天然气带来的经济效益和环保效益正在提升，两者之比有小于 1 的倾向，因此呈现实际价格相较于边际产出偏低。

民用天然气价格和商业天然气价格的偏差系数较大，且均高于临界值 1，说明 2003—2017 年，民用和公共服务部门的天然气价格低于其在生产生活中带来的边际效益。此外，从时间趋势上看，民用天然气和商业用气价格的偏差系数仍在不断增大，民用气价格偏差系数从 2003 年的 6.5601 上升至 2017 年的 13.6922，商业用气的价格偏差系数从 2007 年的 3.7212 上升至 2017 年的 4.1384，这离不开近些年"煤改气"政策在居民和商业部门的快速推广和政府补贴对冲需求扩张引发的价格徒增风险，表明补贴政策较好地保护了消费者福利。

二、政府对天然气行业的补贴程度测度

一般情况下，如果自然垄断行业存在明显的监管改革点，可以使用理想的 0—1 虚拟变量，但在天然气行业，政府没有披露天然气成本加成法定价的明显分割点，这就给测度天然气行业补贴程度带来了困难。阿弗奇和约翰逊（Averch 和 Johnson，1962）提出的"A–J 效应"是指企业的要素投入比重和偏好能够侧面反映出政府对某一行业的规制强度，在天然气市场表现为政府的补贴力度。一些学者在垄断行业的实证研究中，将资本—劳动力投入比作为政府补贴政策影响的替代

变量，以反映出油气行业在面临政府价格政策时，倾向于提升资本投入比重的偏好行为，有效测度了政府价格政策的影响力度（Aubert 和 Reynaud，2015）[1]。

本节采用 2003—2017 年石油与天然气开采行业的资本和劳动力的投入比例作为收益率规制，具体数据是规模以上工业企业平均用工人数和规模以上工业企业资产总计，单位为人／亿元。测度结果如图 9-2 所示。

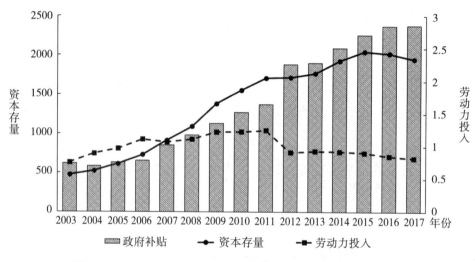

图 9-2　2003—2017 年天然气行业的资本、劳动力投入和政府补贴力度

三、政府补贴影响天然气产业终端价格的实证分析

（一）计量模型

考虑到天然气市场价格偏移与政府补贴政策都可能具有一定的时滞性，因此本节构建一个动态线性模型来探讨政府补贴对于天然气价

① Aubert C., Reynaud A., "The Impact of Regulation on Cost Efficiency: An Empirical Analysis of Wisconsin Water Utilities", *Journal of Productivity Analysis*, Vol.23, 2015, pp.383–409.

格偏移的影响，如式（9.16）所示。

$$Dis_t = \alpha_0 + \sum_{i=1}^{p} \beta_{0,t} Dis_{t-i} + \sum_{i=0}^{p} \beta_{1,t} GR_{t-i} + \sum_{i=0}^{p} \beta_{2,t} MP_{t-i} + \sum_{i=0}^{p} \beta_{3,t} IGP_{t-i} + \varepsilon_t$$

（9.16）

其中，Dis_t 代表第 t 年天然气市场价格的偏移系数；GR_t 为第 t 年天然气行业的政府补贴力度；控制变量包括 MP_t 和 IGP_t，分别代表第 t 年的天然气市场力和第 t 年的国际天然气市场价格。选取这两个控制变量的原因一方面是中国天然气呈现供不应求的客观现实，形成了卖方市场，因此存在市场力造成的价格偏移；另一方面是中国天然气价格受国际价格波动影响较为明显，国际天然气市场价格的短期波动和变化在中国天然气价格响应具有滞后性的前提下，可能会带来价格偏移。p 为最大滞后阶数，由于本节样本量较小，为了避免模型过于参数化，最大滞后阶数取 1。ε_t 为随机误差项。

模型（9.16）中，天然气价格偏移对第 k 个变量的短期弹性为 $\eta_k^s = \beta_k$。由于最大滞后阶数为 1，天然气价格偏移对第 k 个变量的长期弹性为 $\eta_k^l = \dfrac{\sum\limits_{i=0}^{p} \beta_{k,i}}{1 - \beta_0}$。

接下来对各变量进行单位根检验，结果如表 9-3 所示。

表 9-4　单位根检验结果

变量	检验信息					
	滞后阶数	统计量	结果	滞后阶数	统计量	结果
Dis_1	0	−2.6460	非平稳	1	−2.8423**	平稳
Dis_2	0	−2.1955	非平稳	1	−3.0950**	平稳
Dis_3	0	−1.8319	非平稳	1	−4.8571**	平稳
GR	0	−0.4174	非平稳	1	−4.6052***	平稳
MP	0	−2.3012	非平稳	1	−6.4427***	平稳
IGP	0	−0.9139	非平稳	1	−3.3958***	平稳

注：***、** 分别表示在 1%、5% 水平下显著。

从表 9-3 可以看出，在单位根检验下，所有变量的原始序列在 5% 水平上存在单位根，为非平稳序列。但各序列的一阶差分均拒绝了存在单位根的原假设，说明各序列的一阶差分形式是平稳的，均为一阶单整序列。进一步进行 Johansen 协整检验，结果如表 9-4 所示。

表 9-4　协整检验结果

阶数	秩统计量		
	工业	商业	民用
无	87.9429***	98.8450***	164.6452***
一阶	46.5824***	39.7793***	39.4543***
二阶	13.9916**	16.2930**	9.2261*
三阶	4.7847**	3.1749**	0.2877*

注：***、**、* 分别表示在 1%、5% 和 10% 水平下显著。

可以看出，所有原假设在 5% 水平上均被拒绝，表明工业、商业和民用天然气价格偏移系数与各个影响因素之间存在长期的、稳定的协整关系，同时说明了长期弹性显著存在。为了消除异方差，采用加权 OLS 方法估计模型的各项参数。

（二）实证结果与分析

进一步地，分别测算了不同部门天然气价格偏移系数对政府补贴、国际天然气价格变动和上游市场力的长期弹性和短期弹性，结果见表 9-5、表 9-6 和表 9-7。

表 9-5　工业部门短期弹性长期弹性估计结果

变量	系数	短期弹性	长期弹性
$Dis(-1)1$	0.4287** （0.1480）		
GR	0.1205** （0.0471）	0.1205	0.2079

变量	系数	短期弹性	长期弹性
GR（−1）	−0.0017 （0.0491）		
MP	0.0496 （0.0565）	0.0496	0.1283
MP（−1）	0.0237 （0.0143）		
IGP	0.0070* （0.0035）	0.0070	−0.0270
IGP（−1）	−0.0224*** （0.0034）		
C	−0.2033 （0.6258）		
adj-R^2	0.9723		

注：括号内为标准差；***、**、*分别表示在1%、5%和10%水平下显著。

从上述结果中可以发现：在工业部门，政府补贴是带来价格正向偏移的主要因素，且长期弹性要大于短期弹性；上游市场力对工业天然气价格的影响相对小于政府补贴，国际天然气价格波动的影响最小。结合工业天然气价格偏移系数长期小于1的现实情况来看，政府补贴显然正在驱动工业天然气实际价格接近其真实价格，补贴政策在修正工业天然气价格扭曲过程中发挥了积极作用。随着中国工业部门天然气资产成本的逐步回收，使用天然气的成本正在下降，同时随着中国环境治理力度逐年增强，工业企业使用天然气能够带来更多的环保经济收益。成本下降、收益增加，中国工业企业的边际收益显著提高，工业天然气价格正在接近真实的边际收益。

表9-6 商业部门短期弹性长期弹性估计结果

变量	系数	短期弹性	长期弹性
Dis（−1）2	0.3929** （0.1348）		

变量	系数	短期弹性	长期弹性
GR	0.2176 （0.1501）	0.2176	0.2672
GR（−1）	−0.0554 （0.1397）		
MP	−0.1741 （0.3041）	−0.1741	0.7371
MP（−1）	0.6216** （0.1878）		
IGP	0.0083 （0.0138）	0.0083	−0.0698
IGP（−1）	−0.0507*** （0.0086）		
C	−2.0275 （2.0012）		
adj−R^2	0.9685		

注：括号内为标准差；***、**、*分别表示在1%、5%和10%水平下显著。

在商业部门，政府补贴并未表现出对商业用气价格的显著影响，上游市场力和国际天然气价格波动则对商业用气价格表现出了明显的冲击作用。结合前文商业天然气价格偏移系数常年高于1来看，照付不议合同模式更有利于上游企业根据生产情况和市场预期制定有利于获取未来超额收益的商业用气协议；国际天然气价格波动短期来看对商用气价格偏移的影响不显著，长期来看驱动商业用气的实际价格逐步接近边际产出。

表9−7　民用部门短期弹性和长期弹性估计结果

变量	系数	短期弹性	长期弹性
Dis（−1）3	0.1975* （0.1329）		
GR	1.5850*** （0.1754）	1.5850	3.1098

续表

变量	系数	短期弹性	长期弹性
GR（-1）	0.9106*** （0.2320）		
MP	0.3812 （0.2773）	0.3812	1.6325
MP（-1）	0.9289*** （0.2374）		
IGP	0.0568*** （0.0097）	0.0568	-0.0926
IGP（-1）	-0.1311*** （0.0117）		
C	-8.5148** （2.5843）		
adj-R^2	0.9894		

注：括号内为标准差；***、**、*分别表示在1%、5%和10%水平下显著。

从民用部门来看，政府补贴是保持民用天然气价格相较于理论价格长期处于低位的主要因素。相较于商业部门政府补贴作用不显著，在民用部门，出于民生的考虑，补贴力度依然较强，这是维护居民用气福利的必然。

第三节　市场化与政府补贴

正如第一节理论模型所发现的，对天然气消费端过高和过低的价格补贴政策均不利于天然气市场福利的公平分配。补贴政策与市场化能否形成共存与协同，是今后天然气市场化改革成功的关键。

在式（9.16）基础上，引入代表市场化力量的国际气价和政府补贴两个变量的交互项，来解析市场化和政府补贴两种工具在天然气市场的相互作用，揭示两者之间是否存在冲突。以下仅汇报核心解释变量和交互项的估计结果（如表9-8所示）。

表9-8　市场化、政府补贴和价格偏移的调节效应分析

变量	工业	商业	民用
GR	0.2011** （0.0461）	0.3394 （0.1812）	1.2056*** （0.1809）
PG（-1）	0.0068 （0.0045）	-0.0397** （0.0119）	-0.2025*** （0.0241）
GR×PG（-1）	-0.0124*** （0.0016）	-0.0199 （0.0153）	0.0315*** （0.0257）

注：括号内为标准差；***、**、*分别表示在1%、5%和10%水平下显著。

从结果来看，市场化作用在工业和民用天然气市场产生了调节作用。其中，在工业部门，市场化作用产生负向调节效应，意味着进一步推进市场化，强化与国际气价联动机制，会降低补贴政策对工业天然气价格的影响。结合工业部门天然气价格的现实情况来看，政府补贴正在驱动工业天然气价格接近其真实价格，这一规制过程是有益于在工业部门提高天然气消费比重的。因此，工业部门应坚持补贴政策，特别是在国际能源形势不确定性增强的背景下，通过补贴、排污费（税）等措施鼓励工业部门深化"煤改气"举措，提高天然气在工业能源消费体系中的价值，形成合理的价格信号。在商业部门，市场化作用不显著，但交互项系数显著为负，说明商业部门进一步加强市场化有助于提高天然气利用效率。结合商业部门实际价格低于理论价格的实际情况来看，商业部门天然气定价应加强与国际气价对接与联动，从而增加城市燃气公司在商业部门供气的收益，提高天然气利用效率。在民用部门，交互项系数显著为正，结合补贴的系数显著为正可知，市场化会放松政府对民用部门天然气工业的收益率规制，从而

释放更多利润空间，由此进一步推高民用部门天然气的边际效益。因此，民用部门进行市场化改革是有益的，但并不是一蹴而就的，重点举措是逐步放松对城市燃气公司的利润率管制，设置并适当提高梯度价格，从而形成居民部门福利和城市燃气公司收益之间的相对平衡。

本章首先构建了一个理论模型，分析了政府补贴政策对天然气价格影响，进一步分析了不同部门政府补贴对用气价格带来的异质性效应。结果显示，政府补贴有利于提高工业部门的用气效率，但一定程度上限制了民用和商业用气的利用效率提升。进而通过对市场化和政府补贴对价格的交互作用，得出了不同部门市场化改革路径。具体建议如下：

（1）中国天然气价格在不同部门之间存在交叉补贴，随着天然气在民用部门和服务业部门边际效益的逐步提高，政府可以通过价格听证会，在居民可接受的价格范围内适当提高民用气价格。

（2）天然气产业链的价格形成机制必须与管网运营机制相适应，运销分离后可采取非捆绑定价。管网运营机制改革后，如果继续制定捆绑门站价格，天然气继续分散在各个城市门站实现交易，就会限制区域性天然气市场交易中心的壮大，限制天然气市场价格的真正形成。可取消门站价格规制，分别制定气源销售价格以及管道、地下储气库、LNG 接收站等天然气基础设施的服务收费价格，除特定气源外，其他天然气的气源销售价格均执行市场调节价，以解锁现有上下游价格并不能联动的态势，畅通产业链上下游之间的价格传导。

结　语

一、新时代天然气市场安全的内涵

2014年，习近平总书记在中央财经领导小组会议上首次提出中国必须推动能源消费、供给、技术、体制四个方面的革命，全方位加强国际合作的战略思想，为中国能源安全指明了方向。进入21世纪，各国能源竞争不断加剧，能源安全被提升到前所未有的政策高度。党的二十大报告首次将"国家安全"列专门章节论述，围绕深入推进能源革命、确保能源安全提出新要求。在向低碳能源转型过程中，天然气在一次能源结构中被赋予新的地位和作用；而在中国天然气市场逐渐完善的过程中，"产、运、销、储、用"高质量体系成为建设的重点；新时代对能源安全提出了新要求和新挑战，其内涵扩展到市场化层面和产业链层次。在此背景下，基于产业链的天然气市场安全观的内涵是：按照以高质量能源支撑能源转型的战略目标，使市场在资源配置中起决定性作用，建设一个面向全球的市场机制有效、微观主体有活力、资源配置有效率的天然气安全体系。

本书一定程度上突破传统上建立评价指数来评估能源安全态势的研究范式，在能源革命总体目标的指引下，沿着天然气上下游产业链分解制约能源安全的市场结构因素，树立天然气安全取决于市场化的理念，切实增强能源安全保障能力。

新时代的能源安全是一个系统的概念，仅进行进口资源多元化是不够的，要在市场和政策双重作用下对整个产业链进行全面支持，确保行业上下游运行顺畅。

新时代的能源安全要与产业链安全有机统一。传统能源逐步退出要建立在新能源安全可靠的替代基础上，这既是对前期全球能源紧缺的经验汲取与借鉴，也是对未来我国推行"能源革命"的根本要求。

新时代的能源安全实质上与打通市场化进程的"最后一公里"紧密联系。能源领域的问题都与供求关系、价格矛盾有关，所有这些问题背后有体制的原因，根本出路还是要通过市场化的改革与科学的顶层设计进行解决。

从以上逻辑出发，本研究发展了新时代背景下的能源安全理论，这一理论的关键是建立在能源市场化基础上。因此，研究剖析了国内外天然气的市场化和监管改革的进程。但是，天然气行业的改革和发展，必须把握住提升监管能力来保障国家能源安全这一核心。进一步地，本书针对天然气产业链上中下游的竞争垄断格局，分析其中市场化演进的规律和经验，找出堵点和痛点，分析制约天然气市场化深入的阻碍，提出促进市场要素流通和保障社会公平的政策措施。

二、研究展望

对全球天然气市场的分析可以看到，尽管进程不一，各国都进行了放松规制和市场化的改革，形成了有着一定联动的全球性市场。近两年天然气价格出现前所未有的波动，恰恰正是市场走向全球化和主体能源地位的表征。尽管能源转型如箭在弦上，但未来能源系统的设计必须考虑到能源安全。在天然气方面，重点应放在通过上游生产和基础设施开发发展多样化的天然气供应链上。储存还可以通过抵消供应链的中断风险，在确保能源安全方面发挥重要作用。

（一）能源市场化体制机制改革

对中国天然气市场的分析可以看出，中国渐进式的体制改革已经走到了最关键的环节，搭建起 N+1+N "管住中间，放开两头"市场体系。一方面，注重大规模的基础设施投资以及供给的推动，重点是天然气进口四大通道，四大通道主要交易形式是双边协议和长协，价格基本稳定，长期保持在 320—380 美元 / 千立方米，进口液化天然气价格指数在 10—20 美元 / 百万英热窄幅波动，远低于同期东北亚液化天然气市场和欧洲市场的波动率，以更高比例的长期合同对冲市场波动风险。另一方面，注重门站价格改革、终端价格改革和交易市场建设，中国正在通过上下游谈判长期合同与交易中心结合的形式寻找自己的"基准"价格。而对管输费的成本监审则是国际通行的激励性规制—收益率规制在能源市场的首次明确实施，至此才真正搭建起天然气市场化的架构。

（二）地缘政治冲突与油气供输韧性

中国天然气对外依存度逐渐提高的事实，表明中国天然气市场日益受到国际油气市场供需和价格的影响。对于进口国来说，天然气安全需要做到"买得到""买得起""运得回"。多年来，世界各国谋求更加多元化的进口结构，此举更推高了主要地区天然气市场的联系和价格之间的关联性。但是，今后应高度关注能源市场"黑天鹅事件"可能带来的冲击，石油、天然气价格紧密联动，容易产生"蝴蝶效应"，进而引发价格大幅度波动。对于中国来说，迫切需要建立能源监测预警机制和信息披露机制，统筹好管道气进口稳定性和液化天然气进口灵活性之间的关系（吕建中，2021）[①]，创新并发挥好中长期资源购销协议的保供稳价作用，建设韧性、安全的供应体系。国际能源署在2022年发布的《清洁转型中的能源安全》中特别指出，由于新冠疫情后经济的迅速复苏和乌克兰危机，与石油和天然气供应相关的传统能源安全风险，再次成为人们关注的焦点。油气在确保充足能源供应方面继续发挥着重要的作用。能源供应的风险程度和类型发生剧烈的变化，要求各国预测和管理现有和新出现的能源安全挑战。清洁能源转型的一个重要方面，是消费者如何看待它们的安全性、可靠性和可负担性。价格上涨可能对最弱势的消费者产生不成比例的影响，可能加剧能源贫困。因此，必须以确保能源供应和价格稳定的方式，进行清洁能源的转型。

　　中国进口的管道气和液化天然气传统上具有不同的定价机制，利益冲突无法避免，对于进口企业来说，应注意采取措施防范价格波动的风险。例如，进口企业通过长期合同商务条款来对冲价格风险，谨慎签署与现货价格指数挂钩的长期合同，适当控制合同交割量，同时通过目的地、转售条款等来提高合同执行的灵活性。此外，加大液化天然气运输业务发展力度，掌握液化天然气贸易主动性。从广东大鹏接收站发展至今，中国已经积累了较为丰富的液化天然气航运经验，

---

　　① 吕建中：《全球加速能源转型背景下的结构性风险与应对策略》，《世界石油工业》2021年第5期。

并成为液化天然气船最大的订单国。可通过进一步掌握液化天然气国际运输能力，增强买方对液化天然气贸易的谈判力度，还可以在国际市场上进行资源转售，以规避国内外、不同地区的市场价格倒挂的损失。

（三）基础设施建设与关键核心技术

通过资源税和会计政策的改革鼓励上游企业加大投入，提高常规与非常规天然气自我保障潜力。按照"稳油增气"的方针，加强油气风险勘探，积极开展科技攻关，加快"高效采气、提高采收率"和"海洋深水、陆地深层和非常规油气"开采技术、智能勘探开发等技术的突破和应用，力争低成本地取得更多更大的资源储量，夯实资源基础，发挥国有企业在国内油气生产供给的"压舱石"作用。充分发挥传统天然气工业技术与基础设施优势，实施新能源清洁替代工程、多能融合发展工程。因地制宜发展生物天然气，既可以多元化增加天然气供应，还可以利用现有管网设施混合输送，远期结合二氧化碳捕集利用与封存（CCUS）技术作为实现碳中和的一个重要途径。

（四）管网分离与油气改革

作为基础设施重要环节的天然气管网、储存将是今后市场体系建设的重点。国家基干管网建设更重视中部区域，区域管道更重视互联互通，省级管网向尚未通达管道气的县级市推进。"十四五"时期众多沿海液化天然气接收站和地下储气库的建成，基本确定中国双碳目标下的天然气的发展空间。管道互联互通是保障供应安全的重要组成部分。在相关规划指导下，"十四五"时期长三角将启动浙沪天然气联络线二期，以及与苏、皖、闽连接项目前期工作；环渤海地区正在建设的跨省长输管道将进一步增强该区域互联互通能力；南部沿海的西三线闽粤支干线、新粤浙天然气管道和北海液化天然气粤西支线将广东省、广西壮族自治区、浙江省、福建省的资源与市场紧密相连，既有利于区域互保，也为"南气北送"奠定更为坚实的基础；中部区域将主要依托新粤浙管道、湖北大型地下储气库进一步提升互联互通能力。

天然气市场的价格形成机制须与管网运营机制相适应而进行改革。管道独立、运销分离后，天然气在哪个环节实现销售，应该由作为市场参与主体的上游供应方与下游买方决定。根据 2020 年 3 月 16 日国家发展改革委发布的新版《中央定价目录》，宜采取"试点先行、分批放开"的方式，推动气源竞争充分的地区率先取消门站价管制，执行市场调节价。本书提出的"节点价格体系"确定边际成本上的溢价部分（传输使用费或拥堵租），为制定相对有效率的价格和管输费提供了参照系，并在一定程度上纠正价格扭曲。对于监管部门来说，监管的重点发生变化，对各级管道、地下储气库等天然气基础设施建立新的"准许成本加合理收益"价格机制。

三、天然气将在能源转型中发挥积极桥梁作用

本书重点探讨了中国天然气全产业链市场安全问题，但更多的是对过去中国在天然气改革方面取得主要成就的总结及讨论，而对当前能源转型和实现"双碳"目标天然气发挥什么样的作用仍然有待探索。

第一，从低碳走向零碳、碳中和，将是天然气行业进一步发挥其在能源转型中重要任务的不可忽视一环。天然气的开发、运输、终端利用过程仍存在潜在的环境风险，例如上游开发和运输中潜在的甲烷

泄漏、终端燃烧利用的二氧化碳排放等。碳中和 LNG 模式的出现及成功推行，为推动天然气行业采取更有效的碳减排行动提供内生动力。天然气企业逐步将碳减排作为天然气业务战略方向，从多角度积极探索绿色天然气的发展方式，目前已形成了以碳汇、绿色电力、电转气、生物天然气、液化生物天然气、碳捕集利用与封存（CCUS）等低碳甚至负碳技术。未来，这些低碳天然气供应端的技术创新及其运用，将为已具有一定优势的天然气行业开辟更加广阔的发展空间，助力实现天然气开发利用全生命周期的"零碳"运营。

第二，能源安全是实现低碳转型的基础。管理气候变化相关风险、积极探索能源转型机会，但不能不顾一切地追求绝对转型，而要同时兼顾能源安全与转型。为满足能源转型期需求，我国在提高资源保障程度、降低全产业链成本、推进天然气与新能源融合发展等方面，强化政策支持，促进天然气在构建清洁能源体系和实现碳中和目标中更好地发挥关键支撑作用。

参考文献

一、中文文献

[1] 毕燕茹、师博:《中国与中亚五国贸易潜力测算及分析——贸易互补性指数与引力模型研究》,《亚太经济》2010 年第 3 期。

[2] 成金华、刘伦、王小林、肖建忠:《天然气区域市场需求弹性差异性分析及价格规制影响研究》,《中国人口·资源与环境》2014 年第 8 期。

[3] 陈代云:《网络产业的规制改革:以电力、电信为例》,《中国工业经济》2000 年第 8 期。

[4] 陈蕊、孙文宇、吴珉颉:《国家管网公司成立对中国天然气市场竞争格局的影响》,《天然气工业》2020 年第 3 期。

[5] 崔巍、魏文治、孙晓琪等:《中国液化天然气进口脆弱性研究》,《世界石油工业》2022 年第 1 期。

[6] 崔守军、蔡宇、姜墨骞:《重大技术变革与能源地缘政治转型》,《自然资源学报》2020 年第 11 期。

[7] 董邦国、何春蕾、张颢:《重建中国天然气产供储销价格形成机制——兼论中国"十四五"天然气价格改革的中心任务》,《天然

气工业》2020 年第 5 期。

[8] 段宏波、蔡宗武:《创新、内生增长与气候变化:2018 年度诺贝尔经济科学奖得主的贡献简评》,《管理评论》2018 年第 10 期。

[9] 段宏波、汪寿阳:《中国的挑战:全球温控目标从 2℃到 1.5℃的战略调整》,《管理世界》2019 年第 10 期。

[10] 戴金星:《我国天然气资源及其前景》,《天然气工业》1999 年第 1 期。

[11] 丁剑平、刘敏:《中欧双边贸易的规模效应研究:一个引力模型的扩展应用》,《世界经济》2016 年第 6 期。

[12] 董秀成、周仲兵、李君臣、佟金辉、尹海彤:《基于库诺特模型的天然气管道一体化研究》,《中国石油大学学报(自然科学版)》2010 年第 6 期。

[13] 段宏波、唐旭、任凯鹏、丁聿:《多模型比较框架下中国天然气消费的中长期发展路径》,《天然气工业》2021 年第 2 期。

[14] 段天宇、徐博、张愉:《"十四五"中国天然气管网发展趋势分析》,《世界石油工业》2020 年第 3 期。

[15] 郭正权、张兴平、郑宇花:《能源价格波动对能源—环境—经济系统的影响研究》,《中国管理科学》2018 年第 11 期。

[16] 范英、衣博文:《能源转型的规律、驱动机制与中国路径》,《管理世界》2021 年第 8 期。

[17] 付俊涛、李鹏、李伟:《中国天然气价格市场化改革进展分析》,《国际石油经济》2019 年第 9 期。

[18] 高鹏、王培鸿、王海英、罗天宝:《2014 年中国油气管道建设新进展》,《国际石油经济》2015 年第 3 期。

［19］龚承柱：《天然气终端市场定价模型与政策模拟研究》，博士学位论文，中国地质大学（武汉）经济学系，2016 年。

［20］郭蕾、肖有智：《政府规制改革是否增进了社会公共福利——来自中国省际城市水务产业动态面板数据的经验证据》，《管理世界》2016 年第 8 期。

［21］何建坤：《碳达峰碳中和目标导向下能源和经济的低碳转型》，《环境经济研究》2021 年第 1 期。

［22］何建坤：《能源革命是我国生态文明建设和能源转型的必然选择》，《经济研究参考》2014 年第 43 期。

［23］黄维和、梅应丹、吴丽丽、梁赟玲、赵晓丽：《能源革命与中国能源经济安全保障探析》，《中国工程科学》2021 年第 1 期。

［24］姬强、范英：《新时代背景下的能源安全观》，《科技促进发展》2015 年第 4 期。

［25］李江龙、徐斌：《"诅咒"还是"福音"：资源丰裕程度如何影响中国绿色经济增长？》，《经济研究》2018 年第 9 期。

［26］林伯强：《碳中和进程中的中国经济高质量增长》，《经济研究》2022 年第 1 期。

［27］国家能源局石油天然气司：《中国天然气发展报告》，石油工业出版社 2017 年版。

［28］国务院发展研究中心、壳牌国际有限公司：《中国天然气发展战略研究》，中国发展出版社 2015 年版。

［29］胡杨梅、张金水：《Internet 拥堵的差别定价策略研究》，《数量经济技术经济研究》2014 年第 7 期。

［30］胡再勇、付韶军、张璐超：《"一带一路"沿线国家基础设

施的国际贸易效应研究》,《数量经济技术经济研究》2019 年第 2 期。

［31］黄满盈、邓晓虹:《中国双边服务贸易出口潜力及贸易壁垒研究》,《南开经济研究》2022 年第 2 期。

［32］金缀桥、杨逢珉:《中韩双边贸易现状及潜力的实证研究》,《世界经济研究》2015 年第 1 期。

［33］李博:《欧盟天然气市场化进程及启示》,《天然气工业》2015 年第 5 期。

［34］李宏勋、聂慧、吴复旦:《基于 PSR 模型的我国天然气进口安全评价》,《中国石油大学学报(社会科学版)》2020 年第 5 期。

［35］李华启、李东旭、游佳、关辉:《中国天然气资源开发与利用》,《天然气工业》2005 年第 8 期。

［36］李亚波:《中国与智利双边货物贸易的潜力研究——基于引力模型的实证分析》,《国际贸易问题》2013 年第 7 期。

［37］李政、孙丽玲、王子美:《基于关联网络的经济政策不确定性全球溢出效应研究》,《国际金融研究》2020 年第 4 期。

［38］林雪、林可全:《中国要素价格扭曲对经济失衡的影响研究》,《上海经济研究》2015 年第 8 期。

［39］刘劲松:《基于社会网络分析的世界天然气贸易格局演化》,《经济地理》2016 年第 12 期。

［40］刘青峰、江书竹:《从贸易引力模型看中国双边贸易安排》,《浙江社会科学》2002 年第 6 期。

［41］刘小丽:《中国天然气市场发展现状与特点》,《天然气工业》2010 年第 7 期。

［42］刘毅军:《中国天然气价格形成机制演变与趋势》,《天然气

工业》2015 年第 6 期。

［43］刘自敏、杨丹、冯永晟：《递增阶梯定价政策评价与优化设计——基于充分统计量方法》，《经济研究》2017 年第 3 期。

［44］吕淼：《对中国实施居民生活用气阶梯价格的思考》，《国际石油经济》2014 年第 6 期。

［45］吕建中：《欧洲能源危机的启示与思考》，《世界石油工业》2022 年第 1 期。

［46］聂光华：《基于 Stackelberg 博弈的天然气定价机制研究》，《中国石油大学学报（自然科学版）》2013 年第 6 期。

［47］彭莹、肖建忠、王小林、戴胜：《中国天然气市场均衡价格分析——基于变分不等式转换的古诺模型研究》，《资源科学》2015 年第 10 期。

［48］蒲明、马建国：《2010 年我国油气管道新进展》，《国际石油经济》2011 年第 3 期。

［49］任平：《能源的饭碗必须端在自己手里》，《人民日报》2022 年 1 月 7 日。

［50］施训鹏：《欧洲天然气枢纽发展经验及其对中国的启示》，《天然气工业》2017 年第 8 期。

［51］史丹、冯永晟：《深化能源领域关键环节与市场化改革研究》，《中国能源》2021 年第 4 期。

［52］苏鹏、张希栋、赫永达：《天然气价格规制的经济效应分析——基于可计算一般均衡 CGE 模型的政策模拟》，《经济问题》2015 年第 11 期。

［53］檀学燕：《我国天然气定价机制设计》，《中国软科学》2008

年第 10 期。

［54］唐要家：《电价管制刚性的政治经济学逻辑》，《中国地质大学学报（社会科学版）》2014 年第 4 期。

［55］唐旭、王建良、段宏波、刘明明、李明、李孶、丁聿、任凯鹏：《双碳目标下中国天然气产业发展路径与对策建议》，中国石油大学（北京）碳中和与能源创新发展研究院，2022 年 5 月 10 日。

［56］陶小马、邢建武、黄鑫、周雯：《中国工业部门的能源价格扭曲与要素替代研究》，《数量经济技术经济研究》2009 年第 11 期。

［57］汪锋、刘辛：《中国天然气价格形成机制改革的经济分析——从"成本加成"定价法到"市场净回值"定价法》，《天然气工业》2014 年第 9 期。

［58］王俊豪：《A-J 效应与自然垄断产业的价格管制模型》，《中国工业经济》2001 年第 10 期。

［59］王俊豪、程肖君：《网络瓶颈、策略性行为与管网公平开放——基于油气产业的研究》，《中国工业经济》2017 年第 1 期。

［60］王只坤、张在旭：《石油勘探开发系统动力学模型的建立及应用》，《中国石油大学学报（自然科学版）》2001 年第 2 期。

［61］吴刚强：《中国天然气价格改革进展》，《国际石油经济》2018 年第 11 期。

［62］肖建忠、胡超、王小林、成金华：《中国天然气市场演变及其保障研究》，《中国人口·资源与环境》2012 年第 12 期。

［63］肖建忠、彭莹、王小林：《天然气国际贸易网络演化及区域特征研究——基于社会网络分析方法》，《中国石油大学学报（社会科学版）》2013 年第 3 期。

［64］肖建忠、黎明、王小林：《中国民用天然气价格规制的公共福利效应与阶梯定价优化情景分析》，《中国地质大学学报（社会科学版）》2019 年第 1 期。

［65］肖建忠、赵银玲：《中国液化天然气进口流量与贸易潜力——基于贸易引力模型》，《北京理工大学学报（社会科学版）》2016 年第 5 期。

［66］肖建忠、陈杰：《国际天然气市场价格一体化的协整检验与分析》，《统计与决策》2014 年第 11 期。

［67］肖建忠、彭莹、王小林：《天然气国际贸易网络演化及区域特征研究——基于社会网络分析方法》，《中国石油大学学报（社会科学版）》2013 年第 3 期。

［68］肖兴志、韩超：《规制改革是否促进了中国城市水务产业发展？——基于中国省际面板数据的分析》，《管理世界》2011 年第 2 期。

［69］徐婧：《产能约束、管输约束和天然气管网的第三方准入——基于 MCP 模型的分析》，《产业经济评论（山东大学）》2015 年第 4 期。

［70］薛庆、刘明明、程承、李展：《中国天然气进口规模与结构仿真研究》，《石油科学通报》2021 年第 2 期。

［71］于静、张在旭、吴伟：《石油勘探开发系统动力学模型的建立与政策研究》，《武汉理工大学学报（信息与管理工程版）》2006 年第 5 期。

［72］张颢、何春蕾：《以管网改革为契机理顺天然气产业链价格》，《天然气技术与经济》2019 年第 5 期。

［73］张淑英、杨国玲：《当代我国天然气市场研究》，《天然气工

业》2004 年第 8 期。

［74］张希栋、娄峰、张晓：《中国天然气价格管制的碳排放及经济影响——基于非完全竞争 CGE 模型的模拟研究》，《中国人口·资源与环境》2016 年第 7 期。

［75］张昕竹、田露露：《阶梯电价实施及结构设计——基于跨国数据的经验分析》，《财经问题研究》2014 年第 7 期。

［76］张耀光、刘桂春、刘锴、张洪月：《中国沿海液化天然气（LNG）产业布局与发展前景》，《经济地理》2010 年第 6 期。

［77］张在旭、孙宁、宋杰鲲：《石油勘探开发系统动力学模型建立及应用》，《微计算机信息》2007 年第 31 期。

［78］赵连增：《中国天然气价格困局——天然气价格改革思考之一》，《国际石油经济》2011 年第 2 期。

［79］赵连增：《如何破解中国天然气价格改革困局——天然气价格改革思考之二》，《国际石油经济》2011 年第 3 期。

［80］周璇、董秀成：《英国天然气市场运行机制及其对我国市场化改革的启示》，《天然气工业》2017 年第 10 期。

［81］张希良、姜克隽、赵英汝、鲁宗相、赵晓丽、鲁玺、黄瀚、白恺：《促进能源气候协同治理机制与路径跨学科研究》，《全球能源互联网》2021 年第 1 期。

［82］张增凯、彭彬彬、解伟、廖华、唐葆君、赵晓丽、吴力波：《能源转型与管理领域的科学研究问题》，《管理科学学报》2021 年第 8 期。

［83］邹才能、何东博、贾成业、熊波、赵群、潘松圻：《世界能源转型内涵、路径及其对碳中和的意义》，《石油学报》2021 年第 2 期。

［84］张希良、黄晓丹、张达、耿涌、田立新、范英、陈文颖：《碳中和目标下的能源经济转型路径与政策研究》，《管理世界》2022年第 1 期。

二、外文文献

［1］Alim A., Hartley P.R., Lan Y. H., "Asian Spot Prices for LNG and Other Energy Commodities", *The Energy Journal*, No.1 2018.

［2］Amirnekooei K., Ardehali M. M., Sadri A., "Optimal Energy Pricing for Integrated Natural Gas and Electric Power Network with Considerations for Techno-economic Constraints", *Energy*, No.3, 2017.

［3］Arano,K. G. ,B. F. Blair, "An Ex-post Welfare Analysis of Natural Gas Regulation in the Industrial Sector", *Energy Economics,* No.3, 2008.

［4］Arellano,M. ,S. Bond, "Some Tests of Specification for Panel Data : Monte Carlo Evidence and an Application to Employment Equations", *Review of Economic Studies* , No.2, 1991.

［5］Asche F., Osmundsen P., Tveters R., "European Market Integration for Gas? Volume Flexibility and Political Risk", *Energy Economics,* No.3, 2002.

［6］Aubert C., Reynaud A., "The Impact of Regulation on Cost Efficiency : an Empirical Analysis of Wisconsin Water Utilities", *Journal of Productivity Analysis*, No.3, 2015.

［7］Averch H., Johnson L. L., "Behavior of the Firm Under Regulatory Constraint", *The American Economic Review*, No.5, 1962.

［8］Baker S. R., Bloom N., Davis S. J., "Measuring Economic Policy Uncertainty", *Quarterly Journal of Economics,* No.4, 2016.

［9］Barattieri A., "Comparative Advantage, Service Trade, and Global Imbalances", *Journal of International Economics,* No.1, 2014.

［10］Barnes R., Bosworth R., "LNG is Linking Regional Natural Gas Markets : Evidence from the Gravity Model", *Energy Economics,* No.1, 2017.

［11］Beladi H., Chao C. C., Ee M. S., et al., "Capital Market Distortion, Firm Entry and Wage Inequality", *China Economic Review,* No.8, 2019.

［12］Bhattacharya K., Mukherjee G., Saramki J., et al., "The International Trade Network: Weighted Network Analysis and Modelling", *Journal of Statistical Mechanics: Theory and Experiment,* No.2, 2018.

［13］Bhattacharya S. K., Bhattacharyay B. N., "Gains and Losses of India –China Trade Cooperation : a Gravity Model Impact Analysis", *CESifo Working Paper Series 1970,* 2007.

［14］Bond S., "Dynamic Panel Data Models: a Guide to Microdata Methods and Practice", *CeMMAP working papers,* No.CWP09 /02, 2002.

［15］BP, BP 2008 年世界能源统计年鉴（*BP Statistics Review of World Energy 2008*），2008.

［16］BP, BP 2022 年世界能源统计年鉴（*BP Statistics Review of World Energy 2022*），2022.

［17］Brandt L., Tombe T., Zhu X.D., "Factor Market Distortions

Across Time, Space and Sectors in China", *Review of Economic Dynamics*, No.1, 2013.

[18] Brau R., R. Doronzo,C. V. Fiorio,et al., "EU Gas Industry Reforms and Consumers' prices", *The Energy Journal* , No.4, 2010.

[19] Broadman,H. G., W. D. Montgomery, M. Russell, "Field Price Deregulation and the Carrier Status of Natural Gas Pipelines", *The Energy Journal* , No.2, 1985.

[20] Brown S. P. A., Yücel M. K., "Deliverability and Regional Pricing in U.S. Natural Gas Markets", *Energy Economics*, No.5, 2008.

[21] Cai H., Henderson J. V., Zhang Q., "China's Land Market Auctions : Evidence of Corruption?", *The Rand Journal of Economics*, No.3, 2014.

[22] Caldara D., Iacoviello M., "Measuring Geopolitical Risk", *American Economic Review*, No.4, 2022.

[23] Cambini,C.,L. Rondi, "Incentive Regulation and Investment : Evidence from European Energy Utilities", *Journal of Regulatory Economics,* No.1, 2010.

[24] Cetin,T. ,F. Oguz, "The Politics of Regulation in the Turkish Electricity Market", *Energy Policy* , No.3, 2007.

[25] Chai J., Guo J. E., Wang S. Y., et al., "Why Does Energy Intensity Fluctuate in China?", *Energy Policy*, No.12, 2009.

[26] Chen Z., An H., Gao X., et al., "Competition Pattern of the Global Liquefied Natural Gas (LNG) Trade by Network Analysis", *Journal of Natural Gas Science & Engineering,* No.7, 2016.

［27］Chen Z., Kleit A. N., Lei Z., et al., "The Linear-analog Method: A More Efficient and Effective Linearization Method for Natural Gas Transportation Optimization", *Journal of Natural Gas Science and Engineering*, No.8, 2020.

［28］Chiappini R., Jégourel Y., Raymond P., "Towards a Worldwide Integrated Market? New Evidence on the Dynamics of US, European and Asian Natural Gas Prices", *Energy Economics*, No.6, 2019.

［29］Copenhagen Economics, "Market Opening in Network Industries : Part II : Sectoral Analyses", *Copenhagen Economics*, 2005.

［30］Cremer H., Gasmi F., Laffont J. J., " Access to Pipelines in Competitive Gas Markets", *Journal of Regulatory Economics*, No.1, 2003.

［31］De Wolf, D., & Smeers, Y., "The Gas Transmission Problem Solved by an Extension of the Simplex Algorithm", *Management Science*, No.11, 2000.

［32］Den Butter F. A. G., Hayat R., "Trade Between China and the Netherlands: a Case Study of Globalization", *Tinbergen Institute Discussion Papers*, 2008.

［33］DeVany, A.,& Walls,W.D., "Cointegration Analysis of Spot Electricity Prices : Insights on Transmission Efficiency in the Western US. Energy Economics", No.5, 1999.

［34］Dickens W. T., Lang K., " A Test of Dual Labor Market Theory", *National Bureau of Economic Research*, 1984.

［35］Dirkse, S. P.,& Ferris, M.C., "The PATH Solver: a Non-monotone Stabilization Scheme for Mixed Complementarity Problems", *Optimization Methods and Software*, No.5, 1995.

［36］EIA, "Natural Gas Imports by Country", *Historical Data Series, Energy Information Administration*, 2020.

［37］EIA, "Natural Gas Pipeline Network", *About U.S. Natural Gas Pipelines*, 2020.

［38］EIA, " Shale Proved Reserves, Annual", *Open Data,* 2021.

［39］ELLIOTT D. R., "Caribbean Regionalism and the Expectation of Increased Trade: Insights from a Time−series Gravity Model", *Journal of International Trade & Econmic Development*, No.1, 2007.

［40］Fagiolo G., Reyes J., Schiavo S., "On the Topological Properties of the World Trade Web : A Weighted Network Analysis", *Physica A: Statistical Mechanics and its Applications*, No.15, 2008.

［41］Fagiolo G., Reyes J., Schiavo S., "The Evolution of the World Trade Web : a Weighted−network Analysis", *Journal of Evolutionary Economics*, No.4, 2010.

［42］Gabriel S. A., Kiet S., Zhuang J., "A Mixed Complementarity-based Equilibrium Model of Natural Gas Markets", *Operations Research*, No.5, 2005.

［43］Geng J. B., Ji Q., Fan Y., "How Regional Natural Gas Markets Have Reacted to Oil Price Shocks Before and Since the Shale Gas Revolution : A multi−scale Perspective", *Journal of Natural Gas Science and Engineering*, No.11, 2016.

〔44〕Gong C., Wu D., Gong N., et al., "Multi-agent Mixed Complementary Simulation of Natural Gas Upstream Market Liberalization in China", *Energy,* No.200, 2020.

〔45〕Growitsch, C., M., Stronzik, "Ownership Unbundling of Gas Transmission Networks-empirical Evidence", *Journal of Regulatory Economics* ,No.2, 2014.

〔46〕Herd R., "Estimating Capital Formation and Capital Stock by Economic Sector in China: The Implications for Productivity Growth", *The World Bank*, 2020.

〔47〕Huang Y., Luk P., "Measuring Economic Policy Uncertainty in China", *China Economic Review*, No.2, 2020.

〔48〕Hung,M. F. ,T. H. Huang, "Dynamic Demand for Residential Electricity in Taiwan Under Seasonality and Increasing-block Pricing", *Energy Economics* ,No.3, 2015.

〔49〕IEA, "Gas Pricing and Regulation-China's Challenges and IEA Experience", *International Energy Agency*, 2012.

〔50〕IEA, "International Natural Gas Imports and Exports", *Data and statistics*, 2021.

〔51〕IEA, "World Natural Gas Final Consumption by Sector", *Data and statistics*, 2020.

〔52〕IEA, "Gas Pricing and Regulation : China's Challenges and IEA Experience", 2012.

〔53〕IGU, "Wholesale Gas Price Survey", 2020.

〔54〕Jeff D. Makholm, "Regulation of Natural Gas in the United

States, Canada, and Europe : Prospects for a Low Carbon Fuel", *Review of Environmental Economics and Policy*, No.1, 2015.

［55］Jonathan Stern (eds) , "The Pricing of Internationally Traded Gas", *Oxford Institute for Energy Studies,* 2012.

［56］Ju K., Su B., Zhou D., et al., "Does Energy-price Regulation Benefit China's Economy and Environment? Evidence from Energy-price Distortions", *Energy Policy*, No.6, 2017.

［57］Ju K., Wang Q., Liu L., et al., "Measurement of the Price Distortion Degree for Exhaustible Energy Resources in China : A Discount Rate Perspective", *Emerging Markets Finance and Trade*, No.12, 2019.

［58］Kashani A. H. A., Molaei R., "Techno-economical and Environmental Optimization of Natural Gas Network Operation", *Chemical Engineering Research and Design*, No.11,2014.

［59］Li R., Joyeux R., Ripple R. D., "International Natural Gas Market Integration", *The Energy Journal*, No.4, 2014.

［60］Lin B., Kuang Y., "Natural Gas Subsidies in the Industrial Sector in China : National and Regional Perspectives", *Applied Energy*, No.2, 2020.

［61］Lin, B. Q., Z. J. Jiang, "Designation and Influence of Household Increasing Block Electricity Tariffs in China", *Energy Policy*, No.3, 2012.

［62］Lise W., Hobbs B. F., "Future Evolution of the Liberalised European Gas Market : Simulation Results with a Dynamic model", *Energy*, No.7, 2008.

［63］Liu,C. ,B. Q. Lin, "Analysis of the Changes in the Scale of

Natural Gas Subsidy in China and Its Decomposition Factors", *Energy Economics*, No.2, 2018.

［64］Lochner S., "Identification of Congestion and Valuation of Transport Infrastructures in the European Natural Gas Market", *Energy*, No.5, 2011.

［65］Matthew E. Oliver, "Natural Gas Pipeline Regulation in the United States : Past,Present, and Future", *Foundations and Trends in Microeconomics*, No.4, 2018.

［66］Miao X., Wang Q., Dai X., "Is Oil-gas Price Decoupling Happening in China? A Multi-scale Quantile-on-quantile Approach", *International Review of Economics & Finance*, No.1, 2022.

［67］Mu X. Z., Li G. H., Hu G. W., "Modeling and Scenario Prediction of a Natural Gas Demand System Based on a System Dynamics Method", *Petroleum Science*, No.4, 2018.

［68］Neumann A., "Linking Natural Gas Markets—is LNG Doing Its Job？，" *Energy Journal*, No.3, 2008.

［69］Nicola Secomandi N., "On the Pricing of Natural Gas Pipeline Capacity*", Manufacturing & Service Operations Management,* No.3, 2010.

［70］Oliver M. E., Mason C. F., Finnoff D., "Pipeline Congestion and Basis Differentials", *Journal of Regulatory Economics*, No.3, 2014.

［71］Oliver M. E., "Economies of Scale and Scope in Expansion of the US Natural Gas Pipeline Network", *Energy Economics*, No.11, 2015.

［72］Ouyang X., Wei X., Sun C., et al., "Impact of Factor Price

Distortions on Energy Efficiency：Evidence from Provincial-level Panel Data in China"，*Energy Policy*,No.7, 2018.

［73］Peltzman S., "Toward a More General Theory of Economic Regulation", *Journal of Law & Economics*,No.2, 1976.

［74］Ramirez,J. C. ,J. Rosellon, "Pricing Natural Gas Distribution in Mexico", *Energy Economics* , No.3, 2002.

［75］Reichelstein S., "Investment Decisions and Managerial Performance Evaluation", *Review of Accounting Studies*, No.2,1997.

［76］Reluna R. J., Cruz E., "Philippine Export Efficiency and Potential: An Application of Stochastic Frontier Gravity Mode", *MPRA Paper*,2014.

［77］Ritz R. A., "Price Discrimination and Limits to Arbitrage: An Analysis of Global LNG Markets", *Energy Economics*,No.9, 2014.

［78］Rivers N., Groves S., "The Welfare Impact of Self-supplied Water Pricing in Canada：A Computable General Equilibrium Assessment", *Environmental & Resource Economics*, No.7, 2013.

［79］Rogers,P. ,R. D. Silva,R. Bhatia, "Water is an Economic Goof：How to Use Prices to Promote Equity", *Efficiency and Sustainability, Water Policy* ,No.1, 2002.

［80］Shi X., Sun S., "Energy Price, Regulatory Price Distortion and Economic Growth: A Case Study of China", *Energy Economics*, No.63, 2017.

［81］Siliverstovs B., L'Hégaret G., Neumann A., et al., "International Market Integration for Natural Gas? A Cointegration Analysis of Prices in Europe, North America and Japan", *Energy Economics,* No.4, 2005.

［82］Sinaga A. M., Masyhuri, Darwanto D. H., et al., "Employing Gravity Model to Measure International Trade Potential", *IOP Conference Series Materials Science and Engineering*, No.546, 2019.

［83］Tatiana, "Gas Pricing Mechanisms : Overview, Comparative Analysis and Recommendations", IEEE, 2021.

［84］Vadim Marmer, Dmitry Shapiro, Paul MacAvoy, "Bottlenecks in Regional Markets for Natural Gas Transmission Service", *Energy Economics*, No.1, 2007.

［85］Van Blijswijk M. J., De Vries L. J., "Evaluating Congestion Management in the Dutch Electricity Transmission Grid", *Energy Policy*, No.12, 2012.

［86］Vogelsang, I. , J. Finsinger, "A Regulatory Adjustment Process for Optimal Pricing by Multiproduct Monopoly Firms", *Bell Journal of Economics* , No.1, 2000.

［87］Wang Q., "The Non-parametric Analysis of Wage Distortion Based on Ability in the Chinese Labour Market", *Applied Economics*, No.15, 2020.

［88］Wang T., Lin B., "China's Natural Gas Consumption and Subsidies—From a Sector Perspective", *Energy Policy*, No.2, 2014.

［89］Wang X., Lu X., Zhou N., et al., "Does Environmental Regulation Affect Natural Gas Consumption? Evidence from China with Spatial Insights", *Sustainability*, No.8, 2020.

［90］Wood D. A., "A Review and Outlook for the Global LNG Trade", *Journal of Natural Gas Science & Engineering*, No.6, 2012.

［91］Xiao J., Cheng J., Shen J., et al., "A System Dynamics Analysis of Investment, Technology and Policy that Affect Natural Gas Exploration and Exploitation in China", *Energies*, No.2, 2017.

［92］Xu B., Lin B., "Can Expanding Natural Gas Consumption Reduce China's CO_2 Emissions?", *Energy Economics*, No.81, 2019.

［93］Xu Z., Huang J., Jiang F., "Subsidy Competition, Industrial Land Price Distortions and Overinvestment: Empirical Evidence from China's Manufacturing Enterprises", *Applied Economics*, No.48, 2017.

［94］Yang M., Yang F., Sun C., "Factor Market Distortion Correction, Resource Reallocation and Potential Productivity Gains: An Empirical Study on China's Heavy Industry Sector", *Energy economics*, No.1, 2018.

［95］Zhang Y., Ji Q., Fan Y., "The Price and Income Elasticity of China's Natural Gas Demand : A Multi-sectoral Perspective", *Energy Policy*, No.2, 2018.

［96］Zhuang J., Gabriel S. A., "A Complementarity Model for Solving Stochastic Natural Gas Market Equilibria", *Energy Economics*, No.1, 2008.

责任编辑：张　蕾

封面设计：胡欣欣

图书在版编目（CIP）数据

中国天然气全产业链市场安全问题研究／肖建忠，彭甲超 著 . —北京：人民
　出版社，2024.9

ISBN 978−7−01−026614−5

Ⅰ. ①中… 　Ⅱ. ①肖… ②彭… 　Ⅲ. ①天然气工业−产业链−市场管理−安
全管理−研究−中国 　Ⅳ. ① F426.22

中国国家版本馆 CIP 数据核字（2024）第 108098 号

中国天然气全产业链市场安全问题研究

ZHONGGUO TIANRANQI QUANCHANYELIAN SHICHANG ANQUAN WENTI YANJIU

肖建忠　彭甲超 著

人民出版社 出版发行

（100706　北京市东城区隆福寺街 99 号）

北京汇林印务有限公司印刷　新华书店经销

2024 年 9 月第 1 版　2024 年 9 月北京第 1 次印刷

开本：710 毫米 ×1000 毫米 1/16　印张：19

字数：215 千字

ISBN 978−7−01−026614−5　定价：89.00 元

邮购地址 100706　北京市东城区隆福寺街 99 号

人民东方图书销售中心　电话（010）65250042　65289539